L'ÉCHAPPÉE
POCHE

23 rue Voltaire
75011 Paris
www.lechappee.org

graphisme **ADGP (atelier des grands pêchers www.adgp.fr)**

correction
**Lionel de La Fouchardière**

dépôt légal
**1er trimestre 2024**

isbn **978-23730915-1-9**

impression **Corlet**
n° d'imprimeur **23120395**

Ce livre est une édition revue, corrigée et augmentée de l'édition parue en 2020 aux éditions Marabout.

sabine duflo

# IL NE DÉCROCHE PAS DES ÉCRANS !

L'ÉCHAPPÉE
POCHE

Comment protéger nos enfants et nos adolescents

*À tous les parents, dont le devoir d'éducation est devenu si difficile aujourd'hui.*

# PRÉFACE
## PAR MICHEL BRILLIÉ

POURQUOI MOI? Erreur de casting? Ce livre, je n'avais aucune raison de l'apprécier. Au contraire. Tout ce que je suis, par mon métier et mon histoire personnelle, aurait dû m'inciter à m'en méfier, à ne pas l'ouvrir. C'est simple: je suis à l'opposé du monde de Sabine Duflo.

Mon job, ce sont les médias électroniques. À 14 ans, je force la porte d'une grande radio en pointe à l'époque. Je découvre un monde merveilleux, des personnalités étranges et fortes; je tombe dans la marmite jusqu'au cou. Le nouveau show-biz se presse dans ces couloirs et tout le monde tourne les yeux vers les États-Unis. On m'y envoie regarder ce qu'il s'y passe et je découvre alors ce que je considère, avec mes yeux de 20 ans, comme le paradis: des télés et des radios à gogo, qui font tout voir, tout écouter, qui montrent tout. À partir de là, j'ai touché un peu à tout, à tous les échelons. Pendant un demi-siècle, j'ai créé et dirigé l'antenne de réseaux de radio et de télévision. Aujourd'hui je produis des contenus en ligne, je développe des webradios. C'est ça mon monde, un univers (sur)excitant, abreuvé de phrases qui claquent et d'images qui flashent. Un métier dans la lumière, un métier de parade... D'apparences.

Sabine Duflo, elle, travaille dans l'ombre. Après l'université, elle fait un détour par l'enseignement de la philosophie – mais la bonne piste, pour elle, c'est la psychologie. Pour essayer d'aider les autres. Sur le terrain. Huit ans d'hôpital de jour, confrontée au monde des autistes. Des autismes, devrais-je dire. Puis la discrétion d'un centre médico-psychologique de la banlieue est. Pas de micros, de caméras, de projecteurs. Juste des enfants qui ont besoin d'être écoutés, soutenus, guidés. Et des parents. Des mères qui n'en peuvent plus d'essayer de renouer le fil avec leur fils, leur fille. Des pères qui se désespèrent de voir que ces *devices*, ces engins numériques, ces appareils électroniques, leur volent ce qu'ils ont de plus précieux: leurs enfants. Des pères et des mères eux-mêmes victimes de ces objets qui brisent les liens familiaux.

On est aux antipodes, Sabine et moi. Je pense qu'elle est trop passionnée. Oui, les gens ont les yeux rivés sur leur smartphone, ils ne se regardent plus, mais est-ce si grave que ça... Donc je suis d'abord un peu dubitatif quand je vais l'écouter parler en public du grand «bain d'écrans» dans lequel nous vivons et faisons grandir nos enfants.

Je suis de la génération des baby-boomers, une génération élevée dans le culte de la communication totale, radio et télé. On lorgnait avec envie sur les États-Unis et leur offre pléthorique, les multiples réseaux, les chaînes spécialisées. Quand le Net a déboulé, c'était le bonheur. Tout était disponible à tout moment, l'info, les archives, les jeux, les films, les mails ! On avait atteint le paradis des médiaphages. Où était le mal?

Aujourd'hui, dans tous les colloques et conférences où Sabine intervient, je vois se presser autour d'elle des parents et des professionnels de l'enfance qui lui parlent tous de ces enfants et adolescents enchaînés à leurs écrans. Dans les banlieues populaires de la région parisienne ou sur l'île de Ré, c'est la même inquiétude face à ce phénomène qui ne cesse de prendre de l'ampleur.

Alors je me prends à relire le livre prophétique de Marshall McLuhan, *Pour comprendre les médias*. Dès 1964, il tirait la sonnette d'alarme: «Les technologies créent un milieu humain entièrement nouveau: les médias sont des processus actifs. Tous les médias ont ce pouvoir d'imposer à quiconque n'est pas sur ses gardes les postulats sur lesquels ils reposent. Nous ne sommes pas plus préparés à affronter la radio et la télévision que l'indigène du Ghana à affronter l'alphabétisation qui l'arrache à son monde tribal collectif et le fait échouer sur les rivages déserts de l'individualisme.»

Il y a chez McLuhan des prévisions qui me frappent par leur actualité: «Aujourd'hui nous disposons d'anesthésiques qui nous permettent d'accomplir les uns sur les autres les plus effrayantes interventions chirurgicales: les nouveaux médias et les nouvelles technologies[1]. »

Son propos est très lucide sur la télévision. À son époque, déjà, elle exerçait une fascination, elle captait totalement l'attention. Déjà. C'était en 1964! Six décennies plus tard, « l'écran magique » et ses dérivés ratissent toute notre intelligence.

Le kidnapping de l'attention.

Comment sortir les tout-petits de ce laminage technologique? Depuis dix ans qu'elle les voit chaque jour, Sabine Duflo est témoin de la façon pernicieuse par laquelle les enfants sont happés par les écrans. Leur capacité d'attention est littéralement engloutie par les tablettes et surtout les smartphones, ces mini-ordinateurs soi-disant « intelligents » (*smart*) qui peuvent pourtant rendre idiots ceux qui s'en servent! YouTube, jeux vidéo, tous les stratagèmes numériques sont bons pour capter l'attention des enfants. Sabine décrit des enfants « scotchés » devant ces écrans, qui deviennent incapables de se concentrer. Et cette hypnose numérique les prive de leur possibilité d'apprendre le monde et d'exercer leurs relations avec les autres.

C'est une révélation. Sabine et moi, on se rejoint sur ce premier point. Sa défense d'une attention que menace la surconsommation des écrans, je l'ai en quelque sorte exercée à ma manière en étant avant tout un homme de la parole plutôt que de l'image. Car la radio, c'est ma conviction, développe une attention réfléchie et une concentration sur les mots.

*

Avec le temps, un autre aspect de son combat m'a attaché à Sabine Duflo. Dans sa lutte contre l'empire des écrans, une autre partie de son action est centrée sur un autre composant essentiel de la relation humaine: l'attachement. Ce qui me touche directement: mon histoire est précisément marquée par un manque d'attachement. Mon premier fils, aujourd'hui un adulte de 37 ans, est atteint d'autisme. Un autisme sévère, marqué par un réel handicap. Un retard mental grave, irrécupérable.

Avec toutes les manifestations de ce handicap: stéréotypies, déficit de communication orale et écrite, etc.

Il a été diagnostiqué assez tôt et a bénéficié rapidement, grâce au docteur Catherine Milcent et à l'association Les Petites Victoires[2], d'un suivi avec des techniques encore confidentielles à l'époque: Teacch, ABA. Malgré cette prise en charge, c'est comme s'il y avait eu une barrière entre lui et moi –et cela perdure. Son handicap m'a empêché de développer avec lui ce lien que j'ai pu créer avec mes autres enfants. Oui, être parent d'un autiste sévère, c'est dur. Il faut être le premier à initier le dialogue, à chercher le regard... Sans grand résultat.

Un jour, Sabine m'a parlé des enfants qu'elle suivait. Des enfants enfermés dans leur bulle. Et ce qu'elle me décrivait résonnait étrangement avec mon expérience. Elle décrivait des troubles très proches de ceux qui caractérisent l'autisme: retard, absence de langage, trouble de la relation, de la communication, intérêts restreints. Et ces manifestations caractéristiques de l'autisme concernaient des enfants qui passaient 4 à 6 heures par jour au contact des écrans, depuis leur naissance.

Ma première réaction a été empreinte de méfiance. Mon fils est handicapé et il n'a jamais passé de temps devant un écran! Même pas devant la télé. Mais ce que Sabine décrivait était troublant: Arthur qui, à 2 ans, court d'un coin à l'autre de la pièce; Hugo, 2 ans et demi, qui ne communique pas avec les autres enfants; Ali qui passe sa journée devant la télé et qui, quand elle est éteinte, fait tinter inlassablement les clés de sa mère. Puis le miracle, la sortie de la bulle, le retour progressif à la vie quand Sabine parvient à convaincre les parents d'arrêter les écrans. Avec son langage très concret, elle m'a décrit son travail avec ces enfants, comment elle est arrivée à les sortir de la situation dans laquelle ils se trouvaient.

Ma génération n'est pas née avec dix écrans par foyer. Dans le monde d'aujourd'hui où les enfants sont cernés par les écrans, ce que Sabine Duflo raconte confirme mon sentiment: il faut sans doute chercher d'autres pistes que la seule explication génétique pour comprendre une augmentation surprenante des diagnostics de TSA (troubles du spectre autistique). Une partie des cas diagnostiqués pourraient relever de ce que d'aucuns ont appelé «autisme virtuel», expression qui fait bondir certains professionnels et parents, mais qui dit bien ce dont il est question: la cause de ces troubles qui rappellent tellement ceux de l'autisme a surgi dans les années 2000, avec l'arrivée des écrans portables et de la connexion universelle permanente via les tablettes et les smartphones.

Sabine Duflo identifie très tôt le processus à l'œuvre: une relation parents-enfants empêchée par un appareil qui génère des images en mouvement, fait du bruit, émet de la lumière. Un écran. Qu'un petit enfant suit des yeux, ensorcelé. Et qui capte aussi trop souvent toute l'attention des parents. La psychologue se consacre à favoriser l'attachement des enfants à leurs parents et des parents à leurs enfants. Et combat donc de toutes ses forces l'attachement à cet écran qui bouge. Elle défend le lien humain contre les ravages de l'addiction au numérique. Et nous raconte l'histoire de ces enfants sauvés par une réduction drastique de leur exposition aux écrans.

«Grâce au temps ainsi dégagé, ils ont pu retrouver un lien plus fort avec leur entourage, varier leurs activités et finalement se reconnecter au monde», conclut-elle. C'est pourquoi elle se bat pour que tous les parents aient droit à cette information qui leur a fait défaut et grâce à laquelle ils pourront renouer des liens avec leur enfant. Des liens abîmés ou empêchés par une exposition précoce et intensive aux écrans.

*

Sabine Duflo est une battante qui ne craint rien. À la lumière de son expérience quotidienne avec les enfants, elle est prête à remettre en question des théories acceptées depuis des lustres. Comme pour les troubles d'allure autistiques, elle s'attaque à l'hypothèse du tout-génétique qui domine largement l'approche des TDAH (trouble du déficit de l'attention avec ou sans hyperactivité). L'histoire de Rémi, petit garçon qui a du mal à rester en place et capable de se livrer à d'impressionnantes colères, ou celle d'Axelle, qui présente de sérieuses difficultés d'attention, illustre le rôle des écrans dans les difficultés de ces enfants. Mais ces histoires montrent aussi comment le sevrage des écrans a permis une amélioration, sans recourir aux médicaments –car la voie «chimique» est encore trop souvent privilégiée pour «traiter» les TDAH.

Dénoncer la violence des jeux vidéo et des films est un autre combat majeur pour Sabine Duflo. Lors d'une de ses conférences, quelque part entre la Mayenne et le Loir-et-Cher, je suis mis à contribution pour gérer son PowerPoint. Je charge quelques extraits de jeux vidéo qu'elle souhaite montrer à son auditoire. Je n'avais jamais pris conscience de ce qu'il était possible de voir et de ressentir en participant à certains jeux pourtant interdits aux moins de 18 ans, mais que tous les gamins connaissent. La liberté du Net!

Ma génération a grandi avec ce slogan: «Il est interdit d'interdire.» Pour les contenus vidéo, les lions sont lâchés! Quand vous aurez lu ce livre, et les descriptions des images auxquelles peuvent être confrontés les enfants quand nous, leurs parents, n'y veillons pas, vous ne pourrez plus dire que «vous ne saviez pas». Ryan, Théo ou Hubert, dont Sabine Duflo nous raconte l'histoire, restent marqués par leur exposition à la violence audiovisuelle. Une violence qui constitue un traumatisme pour le cerveau et le psychisme de l'enfant.

Qui peut créer de telles atrocités? Quels développeurs douillettement installés dans leur fauteuil? Qu'est-ce qui les motive? Le fric? Un calcul cynique?

La violence règne sur nos écrans, à travers des jeux, mais aussi des films ou des vidéos facilement accessibles via YouTube et autres. Sans oublier les réseaux sociaux. Et la pornographie fait partie de cette violence qui touche les enfants. Car ils sont de plus en plus nombreux à être exposés très jeunes aux images à caractère pornographique, pour beaucoup à cause de visuels qui s'affichent à l'improviste quand ils surfent sur Internet. Liberté du Net, là aussi.

Violence, pornographie, mais aussi dépendance: les enfants dont Sabine raconte les destins ont vu leur vie bouleversée par un rapport réellement addictif aux écrans – même si cette addiction est encore minimisée en France, où l'on préfère parler pudiquement d'«usage problématique». Certes, il y a des «sages» qui voudraient tempérer, modérer: «Tout cela n'est pas grave, ce n'est qu'une question de mesure, il faut faire confiance aux enfants qui trouveront facilement le moyen de s'autoréguler, aux parents qui ont simplement besoin d'être là pour accompagner. Ce n'est qu'un problème de dosage…» Sabine Duflo démonte un à un leurs arguments et rappelle que c'est bien de dépendance dont parlent les parents de ces enfants qui ne parviennent pas à «décrocher» des écrans.

*

Le livre de Sabine Duflo nous ramène à l'essentiel: aider et protéger ces êtres vulnérables que sont les enfants. Ils sont aujourd'hui gangrenés par cette addiction du XXI^e siècle qui les exclut de toute relation, de tout échange avec leurs parents, leurs frères et sœurs, leurs copains. Soustrayons-les à la domination des marchands de cette drogue visuelle que sont les écrans. Avant qu'il ne soit trop tard. Car il y a urgence.

Des femmes et des hommes lancent depuis quelques années un cri d'alarme. Sabine Duflo et ceux avec qui elle a fondé le collectif CoSE[3]. Victoria Dunkley ou Karen Heffler aux États-Unis. Marius Zemfir en Roumanie. Naoufel Gaddour en Tunisie. Sami Timimi en Angleterre. Manfred Spitzer en Allemagne[4].

Ce qui est en jeu, c'est le risque d'une déshumanisation du monde. La fin des relations humaines. La fin de la pensée… «Je fais le constat que les progrès humains, éthiques, ne cessent de stagner, alors même que les progrès technologiques sont en plein essor», a déclaré le navigateur écrivain Patrice Franceschi[5]. Son dernier livre, *Dernières Nouvelles du futur*[6], dessine d'ailleurs le portrait d'un monde qui a perdu la raison. Le combat de Sabine Duflo est sans doute le seul qui compte pour les années à venir: un «combat de civilisation», comme l'a écrit Michel Rocard à la fin de sa préface à *Se distraire à en mourir*, de Neil Postman.

Ce pour quoi Sabine Duflo lutte me touche profondément. Si, grâce à elle et à CoSE, des parents peuvent voir leur enfant échapper à un diagnostic qui ne prend pas suffisamment en compte le poids de l'environnement dans l'éclosion de troubles d'allure autistique, je serai content que s'allège le fardeau qui pèse sur leurs épaules.

Et pour tous les autres enfants, diagnostiqués TDAH ou qui souffrent de cauchemars à répétition, de phobies des monstres et des zombies, je sais maintenant qu'il est possible de les aider. Qu'on les débranche de ces objets qui cassent leur développement et les déshumanisent, que l'on rende possible le plein développement de leur intelligence et de leur humanité.

Michel Brillié a dirigé les programmes d'Europe 1. Par la suite, il a créé plusieurs réseaux de radios FM et a dirigé l'antenne de RMC Info, de BFM Radio et de la chaîne iTélé. Il est aujourd'hui consultant en webradios.

## — INTRODUCTION
## SCOTCHÉS DEVANT L'ÉCRAN

IL EST 15H, un dimanche pluvieux d'avril. Antoine, mon fils, regarde un DVD. Le dessin animé *Caillou*, qui raconte en plusieurs courts épisodes les «aventures du quotidien» d'un petit garçon. Les histoires sont simples, bien racontées. Antoine, 3 ans, parle et comprend déjà bien. Vive *Caillou*!

J'ai épuisé toutes les activités que je pouvais faire avec Antoine ce jour-là. Alors, je le confie sans hésitation à *Caillou*: une heure, un dimanche après-midi. Et comme il aime vraiment, qu'il est toujours tranquille pendant ce temps, j'accepte qu'il en regarde quelques épisodes dans la semaine, pas plus d'une demi-heure en général. Quelques jours plus tard, nous parlons avec mon mari d'Antoine, de son bavardage incessant qui nous amuse, et mon mari m'avoue: «Je ne supporte plus cette voix qu'il a depuis quelque temps.—Ah, la voix pointue et haut perchée? —Oui, c'est nouveau. Ça ressemble à la voix de Caillou, non? —Ah oui, ça vient de là!» Antoine, sans souci d'imitation, a chopé cette voix qui ne le quitte plus. Nous cessons donc les épisodes de *Caillou*. Il faudra trois longs mois pour qu'Antoine, qui regardait *Caillou* une heure le dimanche et une demi-heure trois soirs par semaine, reprenne sa vraie voix.

*

Nous sommes en octobre 2010. Ce sont les vacances de la Toussaint. Un automne hélas fort pluvieux. Je suis en Bretagne, dans un centre de vacances, avec mes trois enfants de 9 ans, 6 ans et 3 ans. Nous occupons deux chambres équipées chacune d'une télévision. Je n'ai pas eu le choix. Les repas sont confectionnés par le centre. En revanche, les clubs de loisirs ne fonctionnent pas à cette époque de l'année. Et la pluie, qui décidément ne s'arrête jamais, nous oblige à rester confinés dans ces deux petites pièces de longues heures durant. C'est compliqué d'organiser des jeux pour les trois enfants dans cet espace réduit. Ils tournent vite en rond, se chamaillent. Pris dans l'excitation, ils ne m'écoutent guère. J'allume la télé. Comme ça, pour avoir un moment de paix. À l'aide Gulli, Disney Channel... Je suis épuisée. Je vais prendre un bain. J'obtiens aussitôt la paix sans avoir à m'impliquer: le bonheur! Je n'ai plus à m'inquiéter de chercher un jeu qui pourrait tourner à la dispute. À travers les murs de la salle de bains, j'entends la bande-son: des voix aiguës, toujours; des cris, souvent; les voix artificielles, moqueuses, des personnages de cartoons en rivalité permanente les uns avec les autres, se comparant, se défiant. Un débit saccadé et ultrarapide et puis les coups, les explosions, les tirs répétés: *Dragon Ball Z*, *Flash McQueen*, *Scoubidou*, etc. Ces contenus sont soi-disant «pour enfants». Ils offrent pourtant un flot ininterrompu de voix humaines chargées de stress, auxquelles s'adjoignent des images d'engins lancés à toute allure, d'explosions, de spirales de fumée –dix dans les trois minutes de *Flash McQueen* que je visionnerai plus tard. Quel bombardement pour le cerveau d'enfants!

Mais comme c'est bon, cette tranquillité obtenue comme par magie. Je voudrais que les choses durent toujours: les enfants qui arrêtent de me solliciter, qui cessent de bouger, de parler, scotchés devant l'écran, sages et *sédatés*.

Deux heures plus tard, je décide de prendre le relais de la nounou cathodique. Il est 17 h. La nuit tombe. Trop tard pour sortir. J'ai prévu une histoire pour Zoé et un domino pour les garçons. Avant d'éteindre, je les regarde. C'est merveilleux de les voir comme ça. Assis sur le lit, regards tendus vers la petite télé de la chambre, pas un seul membre qui bouge. Ils sont entièrement dévoués à *Flash McQueen*. Moi qui ai tant de mal à obtenir leur attention au quotidien, qui dois répéter les mêmes consignes dix fois de suite avant qu'ils les exécutent! Là ils sont attentifs, totalement.

Tout à mes réflexions, je n'ai pas vu que l'épisode était terminé et qu'un autre, très vite, s'enchaînait. J'attends encore cinq minutes, je les préviens que c'est le dernier épisode, puis j'appuie sur le bouton «off». Et là, en quelques fractions de seconde, sans que j'aie pu anticiper quoi que ce soit, une explosion de cris, de hurlements et de mouvements en tous sens se produit dans la petite pièce de dix mètres carrés. Leur corps, leur voix ont comme explosé. Je leur demande de se calmer, mais ils ne m'écoutent pas, n'entendent pas mes propositions de jeux. Antoine s'est propulsé sur le lit superposé comme le superhéros du dessin animé. Il s'est emparé du polochon et en assène de grands coups sur la tête de Mathieu, qui tente de le rejoindre en hurlant des mots incompréhensibles: «Action, boule de feu, extermination...» Repoussé par les coups de polochon, il tombe sur le lit et du même coup sur la tête de Zoé, qui se met à hurler. Je crie: «Stop, arrêtez!», mais ils ne sont plus en état de prêter attention à mes paroles. Je n'ai plus qu'une possibilité avant qu'un autre ne se fasse mal: frapper pour faire revenir le calme, car ils sont dans un état d'excitation paroxystique. Alors, j'attrape le plus grand par le bras, je lui donne une tape forte et tente de l'immobiliser. Je veux juste qu'il me regarde, qu'il sorte de cet état d'excitation intense où l'ont plongé les 120 minutes de courses-poursuites, d'échanges de tirs, d'explosions. Au bout de 15 minutes, le calme est revenu. À peu près.

Je me sens mal, honteuse. Mais à qui dois-je m'en prendre? À moi qui ne parviens pas à me faire écouter quand mes enfants sont devant l'écran? À eux qui surréagissent aux dessins animés qu'ils ont vus? Ou à la télévision qui provoque de si étranges réactions?

Cette scène va se reproduire à plusieurs reprises, car la pluie ne cessera de tomber durant tout ce séjour, nous confinant le plus souvent dans nos deux petites pièces. Je veillerai à limiter à une heure au maximum le temps devant la télé. Mais la réaction des enfants, quand j'éteins le poste, est toujours à peu près la même: excitation, cris, pleurs très souvent.

Quelques jours plus tard, j'observe un fait nouveau. Mathieu se lève le matin une heure plus tôt que les autres pour se rendre au salon du centre, où il s'empare de la télécommande et se branche sur *Flash McQueen* dès 7 h 30 du matin. Il n'a pas besoin de réveil. *Flash McQueen* le téléguide.

Durant les repas, les enfants me font désormais chaque jour la liste des cadeaux pour Noël: ils ne l'avaient jamais fait auparavant, en tout cas pas aussi tôt dans l'année. Ce qu'ils réclament? Ce qu'ils ont vu à la télé, des jeux que je ne connais pas, des marques. Zoé ne demande pas une poupée, mais des Monster High, des poupées qui sont des morts-vivants. Antoine ne réclame pas une toupie, il veut des Beyblade. Quand je les observe jouer ensemble, j'entends des répliques inédites, directement issues de leurs deux heures quotidiennes de télé: ils parlent un langage qui les traverse.

De retour chez nous, le calme revient: il n'y a pas de télé dans notre maison, deux ordinateurs seulement sur lesquels ils regardent de temps en temps un film. Mais quelque temps plus tard, les consoles font irruption. Antoine a 9 ans, Mathieu 7 ans. Les mêmes scènes de hurlements, de cris, d'excitation se répètent après chaque arrêt de temps de jeu, bien que je limite la durée et que je fasse très attention au contenu, toujours trop excitant selon moi, mais pas violent.

## EN CONSULTATION

Plus tard, quand j'ai retrouvé mon public d'enfants du CMP (centre médico-psychologique), j'ai repensé à ces mamans qui viennent me consulter. Mères souvent isolées mais pas toujours. Ces familles vivent dans des appartements étroits avec leurs enfants: 50, 60, 70 m², rarement plus. Elles n'habitent pas toujours à proximité d'un square ou d'un parc où les enfants pourraient jouer. Elles me racontent leur quotidien: les enfants crient beaucoup, ils n'écoutent rien, elles doivent toujours répéter. Ils sont très agités, courent partout, se chamaillent.

Alors parfois, elles craquent, tapent et se sentent honteuses. À l'école, la maîtresse se plaint de l'agitation permanente de leurs enfants, de leur manque de concentration. Ces mamans, peu informées, ont très facilement recours à la télé, à la console ou au portable pour calmer leurs enfants, les occuper. Elles se doutent que ce n'est pas terrible, mais n'imaginent pas d'autre solution possible. Obtenir quelques minutes de calme pour changer le plus petit, mettre une lessive en route, téléphoner à sa famille est une nécessité. Parfois, elles délèguent toute l'éducation à la nounou-écran, qui fonctionne en continu.

Comble de l'absurdité, excédées par ces enfants qui ne les écoutent pas, elles ont parfois recours au même objet pour punir et calmer: elles utilisent le chargeur de la console pour frapper l'enfant, rendu excité par les écrans!

Je ne peux pas en vouloir à ces mères: j'ai vécu deux semaines dans deux pièces avec mes enfants, deux télés et très peu de distractions, et j'ai cru que j'allais devenir folle. De quel droit pourrais-je juger ces mères et ces pères, qui vivent tous les jours dans ces mêmes conditions et qui sont si peu informés qu'ils n'imaginent pas que l'on puisse faire autrement avec des enfants?

Cette expérience m'a appris à voir différemment les enfants et adolescents que je reçois au CMP en tant que psychologue. Elle m'a éclairée sur leurs symptômes.

Quels sont ces symptômes? Globalement, on retrouve aujourd'hui trois types de troubles: des troubles d'allure autistique, des troubles de l'attention, des troubles des conduites[1].

- **Chez les enfants entre 2 et 6 ans, surexposés souvent dès la naissance aux écrans et en particulier aux écrans interactifs (smartphones, tablettes)**, on observe des troubles graves de la communication. Ces enfants ne regardent pas les personnes qui s'adressent à eux, ne communiquent pas, ne parlent pas ou très peu, ne recherchent pas la compagnie des autres. Ils sont très agités, ou au contraire très passifs. Certains peuvent présenter des symptômes proches de ceux que l'on rencontre chez des enfants souffrant d'autisme, même lorsqu'ils n'en sont pas atteints.

- **Chez les enfants entre 7 et 10 ans, très exposés mais de façon plus tardive**, les troubles observés sont généralement moins profonds, mais ils restent très alarmants. La difficulté à mobiliser une attention soutenue jointe à l'intérêt exclusif pour les écrans sous toutes leurs formes est ultra-fréquente. De ce double constat découle toute une série de symptômes: difficultés dans les apprentissages (en particulier la lecture), difficultés de compréhension, maladresse à utiliser les objets du quotidien, intérêt limité porté à l'environnement (objets et personnes) hormis les écrans, avec une focalisation presque obsessionnelle sur des contenus dont bon nombre sont déconseillés aux moins de 16 ans, voire 18 ans.

- **Chez les adolescents,** les troubles sont à peu près les mêmes. Si l'agitation motrice qui prédominait antérieurement se calme, les troubles de l'attention et les difficultés à établir une relation pérenne et de qualité avec l'autre sont manifestes. Un nombre de plus en plus inquiétant d'adolescents consulte à cet âge pour des difficultés de concentration. Ces difficultés entraînent nécessairement des difficultés d'apprentissage. La majorité de ces adolescents sont tous les jours en contact quasi ininterrompu avec un écran, en particulier leur smartphone. Leur rapport addictif aux écrans peut conduire à une déscolarisation, voire à une désocialisation, les enfermer dans un monde purement virtuel où les relations humaines sont calquées sur celles des personnages de fiction, où la violence, le non-respect de l'autre et la compétition deviennent des modèles identificatoires.

## UN MANQUE D'INFORMATION

Je me confie à mon collègue, le pédopsychiatre Bruno Harlé. Cela fait longtemps qu'il se pose les mêmes questions. C'est lui qui, le premier, a attiré mon attention sur le comportement particulier et récurrent de certains des enfants qui nous consultent. Nous prenons alors l'habitude de les questionner de façon précise sur leur journée et sur le temps qu'ils passent devant les écrans. Bruno Harlé note les titres des jeux, des séries ou des films préférés de ces enfants instables, inattentifs et souvent anxieux.

Il prend le temps de les regarder. Il me les montre, me fait jouer quand il s'agit de jeux vidéo... Et là je tombe des nues ! Ces enfants sont soumis quotidiennement, avec des temps d'exposition de plus en plus longs, à des contenus d'une violence hallucinante et/ou de pornographie. C'est un matraquage continu. Qui s'est penché sur cette situation inédite ?

En France, un chercheur en neurosciences, Michel Desmurget, a écrit un livre très exhaustif sur les effets de la télévision[2]. Bruno Harlé le contacte, on se rencontre. Michel parle comme il écrit : il est précis, détaillé, rigoureux, convaincant... et en colère. Il y a de quoi. Plus tard, Bruno Harlé me fera rencontrer le professeur Laurent Bègue, de l'université de Grenoble, qui travaille avec de jeunes adultes volontaires sur les effets des jeux vidéo sur le comportement. Son discours, comme ses livres d'ailleurs, est précis, clair, ses conclusions sont sans appel. Il publie dans des revues internationales, mais combien de personnes en France, dans le grand public, connaissent ses recherches ?

Pourquoi les parents sont-ils si mal informés des effets délétères des écrans sur le développement de l'enfant et de l'adolescent ? Qui relaie auprès d'eux les recommandations de l'Académie américaine de pédiatrie, laquelle publie régulièrement sur ce sujet ? Nous sommes en 2005 et, sur les plateaux télé ou sur les ondes de radio, seuls deux ou trois « experts », toujours les mêmes, assènent à longueur d'année les mêmes fausses explications, les mêmes mauvais conseils, qui bénéficient à l'économie du numérique mais n'aident guère les parents et maintiennent les enfants prisonniers des écrans. Ces experts préconisent seulement un accompagnement parental, ils prétendent l'autorégulation aisée et promettent un accroissement de l'intelligence des bambins grâce aux nouveaux supports. Toute position critique par rapport à leurs affirmations est taxée de « technophobie », jugée « réac ».

## UNE TRIBUNE DANS *LE MONDE*

Les années passent et la situation ne cesse d'empirer. Les téléphones connectés à Internet se multiplient, leur prix baisse et ils se retrouvent de plus en plus tôt dans les poches des enfants. Puis arrivent les tablettes interactives pour enfants. L'Académie des sciences juge leur usage intéressant dès 6 mois. Son avis rendu en janvier 2013 est scandaleux: sans citer aucune étude sur le sujet, il les prétend pourtant éducatives et en vante les mérites même avant 3 ans. «Les tablettes visuelles et tactiles suscitent au mieux, avec l'aide des parents, grands-parents ou enfants plus âgés de la famille, l'éveil précoce des bébés (0-2 ans) au monde des écrans, car c'est le format le plus proche de leur intelligence[3].» Sur les plateaux télé, ses deux principaux auteurs, le psychiatre Serge Tisseron et le psychologue Olivier Houdé, claironnent les vertus de ces objets. Le marché numérique du bébé est en train de prendre. Dans chaque foyer, les écrans se multiplient: ils sont à présent plus nombreux que ses habitants et que les pièces du logement. Les enfants que je reçois en CMP se montrent de plus en plus agités, perturbés, avec des retards du développement de plus en plus profonds. Les enseignants crient au secours. L'augmentation du nombre d'AESH (accompagnant d'élèves en situation de handicap)[4] sur les dix dernières années est proprement affolante et devrait, en toute logique, amener les pouvoirs publics à s'interroger. Mais la politique de l'autruche prévaut et l'on invoque, pour justifier cette croissance exponentielle, un «meilleur dépistage des élèves en difficulté».

Mais je garde espoir. Car, sur le terrain, nous sommes de plus en plus nombreux à faire le même constat. En septembre 2015, j'écris un texte, premier cri d'alerte que le quotidien *Le Monde* accepte de publier. J'y dénonce les effets constatés de ces jouets numériques nouveaux que sont les tablettes interactives: «Nous observons que l'usage intensif de la tablette: 1. augmente les troubles de l'attention, 2. retarde l'émergence du langage, 3. entrave la construction du principe de causalité et des premières notions de temps, 4. altère le développement de la motricité fine et globale, 5. nuit à une socialisation adaptée. Ce constat, nous l'avons fait en comparant de nombreux enfants avec d'autres moins exposés ou en étudiant les enfants dont la consommation a été réduite à la suite des limitations que nous prescrivons.» Quatre compagnons de lutte cosignent ce texte. Le docteur Harlé, bien sûr, mais aussi le Québécois Jacques Brodeur[5], enseignant à la retraite qui entraîne depuis longtemps les enfants des écoles à des diètes cathodiques afin de leur faire découvrir «le goût incomparable de la déconnexion». (J'ai rencontré Jacques lors d'un dîner à Lyon, chez Michel Desmurget. Son bagout et son entrain sont contagieux.) S'y adjoignent Janine Busson, initiatrice en France du Défi des dix jours sans écrans, enseignante à la retraite elle aussi, petit bout de femme énergique et combative, persuadée que la bataille ne peut se gagner que par des changements de pratique sur le terrain, ainsi qu'Emmanuelle Deschamps, orthophoniste en CMP qui s'alerte des troubles du langage de plus en plus inquiétants qu'elle observe, et enfin le docteur Osika, pédiatre et pneumologue, cinq enfants. Un gros bosseur, hyperactif, rencontré par hasard lors d'un dîner chez une amie. Dès ce moment, je suis convaincue que le combat doit être mené à plusieurs. Le nombre sera notre seule force face à une industrie toute-puissante dont je découvre chaque jour les ramifications tentaculaires. Je me démène pour que ce texte puisse être cosigné, avant publication, par le plus grand nombre possible de professionnels de la petite enfance. La diffusion du texte reçoit très rapidement un grand nombre de signataires. Malheureusement, *Le Monde* n'en publie que soixante, le reste de la liste étant diffusé uniquement dans l'édition numérique.

Après cette tribune, les demandes d'interviews radio et papier affluent: RMC, France Inter, Radio Bleue, France Culture, *Midi Libre*, *Télérama*, etc. Je crois naïvement que je suis en train de changer le cours des choses. Mais l'emballement médiatique retombe vite, très vite. Et sur les plateaux télé, ce sont toujours les mêmes qui sont invités et servent un discours volontairement rassurant aux parents, mâtiné de quelques recommandations que nul ne peut suivre tant elles sont déconnectées des réalités du terrain.

Des préconisations faciles à mettre en œuvre me semblent cependant essentielles. Lorsque j'interviens en conférence, je perçois combien les parents comme les professionnels de l'enfance sont à la recherche d'outils simples: «D'accord, nous avons compris les effets délétères des écrans, mais à présent dites-nous comment faire au quotidien avec ces enfants hypnotisés.»

Comment ce que j'observe avec mes propres enfants ou dans mon cabinet du CMP peut-il rester ignoré? Et puis, nous sommes de plus en plus nombreux à faire le même constat[6]. Mais au fait, s'agit-il d'un simple constat ou d'une découverte?

Les deux. Nous observons une exposition croissante des enfants aux écrans (souvent plus de la moitié de leur temps d'éveil) et nous découvrons que le retrait ou la diminution drastique de ce temps d'exposition, avec un accompagnement parental fort, produit des changements incroyables. Je vois des enfants présentant un diagnostic de TSA (troubles du spectre autistique) sortir de leur bulle en quelques semaines seulement. Des enfants diagnostiqués TDAH (trouble du déficit de l'attention avec ou sans hyperactivité) qui s'apaisent sans traitement médicamenteux. J'ai l'impression d'être un démiurge, une bonne fée. Pourtant ce que je propose est tellement simple!

## LES «4 PAS»

C'est en lisant et en relisant les recommandations de l'American Academy of Pediatrics (surtout celles de 2009[7]) que j'ai élaboré, en 2012, les « 4 pas», une méthode simple qui explique aux parents ce que les écrans font au cerveau de leur enfant et à quels moments on doit éviter de les y exposer. Mais pour qu'elle soit diffusée à grande échelle, il faudrait qu'elle soit mise en forme par un graphiste. Les « 4 pas» vont donc dormir quelques années dans un tiroir. Jusqu'au jour où la chargée de communication de l'établissement public de santé mentale de Ville-Évrard[8], qui trouve le concept sympathique et la démarche plutôt inhabituelle de la part d'une psychologue de CMP, fait réaliser la mise en page des «4 pas». Le livret est mis en ligne sur le site de Ville-Évrard: désormais, j'ai un outil que je peux proposer à l'issue des conférences. Les «4 pas» vont connaître un succès énorme et inattendu, leur promotion se faisant sans publicité aucune. Enseignants, orthophonistes, pédiatres, directeurs de crèches, médecins, infirmières scolaires, éducateurs spécialisés, son public est étendu. Beaucoup réclament une diffusion papier que l'EPS de Ville-Évrard ne peut malheureusement pas offrir.

En 2013, un enseignant d'une faculté des Émirats arabes unis me contacte pour savoir s'il existe une version anglaise des «4 pas», inquiet de ce qu'il observe autour de lui. Je réalise alors que la détresse des parents est mondiale. Comme j'ai la chance de vivre et de travailler au sein d'un CMP cosmopolite, je n'ai aucun mal à trouver des pédopsychiatres et psychologues qui vont s'atteler à traduire ce livret. En mars 2018, le service d'interprétariat inter-migrants de Garges-lès-Gonesse, à la suite d'une conférence que j'ai donnée dans cette ville, me propose de faire la traduction de l'affiche en plusieurs langues. J'accepte. Le succès des «4 pas» est énorme. Certes, la vague reste haute: c'est le combat de David contre Goliath, des bonnes volontés contre la toute-puissante économie du numérique et de ses vassaux. Mais le nombre fait notre force. Chaque jour, de nouveaux collègues me contactent, qui font les mêmes constats sur le terrain et m'encouragent à poursuivre. Un jour de 2015, je me rends à un spectacle de hip-hop intitulé «Sans le savoir», à Montreuil. La salle est pleine à craquer de jeunes qui semblent tous se connaître. Moyenne d'âge: 20 ans. Peau noire, look cité. Sur scène, des danseurs de hip-hop, accompagnés d'un slameur qui raconte avec des mots simples une histoire d'emprise des écrans sur nos vies et qui invite les spectateurs à briser leurs chaînes pour mieux se relier aux autres et à soi. Touchant, simple, efficace. À l'issue du spectacle, le chorégraphe, Messaoud Azerou, un petit bonhomme tout en discrétion, monte sur scène et invite deux orthophonistes à le rejoindre: Carole Vanhoutte et Elsa Job-Pigeard. Il fallait oser! Messaoud ose et ça marche. Je me rue sur ces trois-là. Je chope d'abord les orthophonistes et échange rapidement avec elles: elles sont sur le terrain depuis longtemps[9] et partagent les mêmes observations que moi, sont engagées dans le même combat: notre vécu est le même. Elles ont entendu parler de moi et connaissent les «4 pas». Je croise Messaoud: il parle avec conviction, comme il imagine ses chorégraphies. À sa demande, je monterai sur scène comme Carole et Elsa, à la fin de ses spectacles, afin de poursuivre le dialogue avec le public. Avec lui, je me retrouverai dans des lieux improbables: une conférence lors de la rencontre annuelle des musulmans de France et, quelques mois plus tard, dans les studios de… Radio Courtoisie. Entre-temps, j'aurai été invitée à Radio Judaïca et été interviewée pour un article à la fois par *La Croix* et *Gazelle Mag*, le «magazine de la femme maghrébine». Chrétienne, juive ou musulmane, de droite ou de gauche, laïque ou croyante, il n'y a pas une famille, aujourd'hui, qui ne se sente concernée et affectée par ce phénomène inédit à l'échelle de l'humanité: des objets qui captent si fortement l'attention qu'ils détournent la mère de son enfant et l'enfant de sa mère, la sœur de son frère et inversement. Pour moi, je n'exclus aucun endroit où me rendre pour expliquer ce que j'observe au quotidien et comment nous pouvons lutter contre ce qui détruit ce qui nous unit: l'attachement et, plus généralement, le lien familial et social. Au gré des rencontres, les contacts s'étoffent: parents ou professionnels de la santé, tous observent la même dérive.

## NAISSANCE DU COLLECTIF CoSE

Un soir de 2017, je tombe une vidéo postée sur YouTube. Une femme, le docteur Anne-Lise Ducanda, médecin de PMI dans l'Essonne, assise devant une table sobre en bois, raconte pendant 20 minutes sans s'arrêter ce qu'elle observe tous les jours dans ses consultations: de plus en plus d'enfants qui présentent des retards graves du développement, une surexposition quotidienne aux écrans et le miracle des redémarrages chez ces enfants quand on les soustrait aux écrans. C'est un choc. Ce que je vis au quotidien, ce que j'essaie de raconter au fil des interviews, des articles, elle le raconte d'une façon extraordinairement claire, simple et vivante. Je dois absolument l'appeler! Je suis certaine qu'elle sera une alliée précieuse.

Le contact passe immédiatement. Elle a entendu parler de moi, a lu l'un de mes articles parus en septembre 2016 dans *Médecine et enfance*. Je sais d'emblée que nous allons faire du chemin ensemble. Sa vidéo rencontre un immense succès. On lui conseille d'en faire une autre, plus courte: elle s'exécute et sort quelques semaines plus tard une version abrégée qui dure 9 minutes. Pas loin de 500000 vues à ce jour pour la version longue[10], sans compter les passages dans les écoles, les crèches, les PMI. Je pense alors qu'il faut de nouveau noter noir sur blanc ce que nous sommes si nombreux à observer au quotidien. Je propose de rédiger en commun un article pour le soumettre au *Monde*. Et me voici repartie à écrire la trame d'une tribune qui s'enrichit, se modifie et se nourrit des remarques de chacun. Cette fois, nous sommes onze en piste[11]. Dans cette tribune, l'alerte se veut plus forte que dans celle de 2015: «Nous, professionnels de la santé et de la petite enfance, souhaitons alerter l'opinion publique des graves effets d'une exposition massive et précoce des bébés et des enfants à tous types d'écrans: smartphones, tablettes, ordinateurs, consoles et télévision. [...] La surexposition aux écrans est pour nous une des causes de retard grave du développement sur laquelle nous pouvons agir de façon efficace. Ce problème doit être un enjeu de santé publique[12].»

Le succès de cette tribune, jointe à la vidéo du docteur Ducanda, nous permet d'attirer enfin l'attention des médias audiovisuels. Les demandes d'interviews affluent: environ dix par jour au début. Nous sommes sur tous les fronts, nous répondons vite et nous nous répartissons la tâche. Si l'un ne peut pas, il renvoie sur l'autre. Nous n'avons aucune stratégie, aucun plan de communication. Nous sentons seulement qu'il faut rester soudés pour que le message ne s'étiole pas. Un jour, je prends mon téléphone et j'appelle Anne-Lise Ducanda: «Tu serais d'accord pour fonder un collectif? Pas une association, c'est trop compliqué, trop hiérarchisé. Juste un collectif.—Oui, bien sûr, il le faut.» Anne-Lise est toujours partante. Je téléphone à Éric

Osika, Carole Vanhoutte et tous les autres. Tous sont d'accord: c'est ainsi que le collectif est né, en cinq minutes et dix coups de fil.

Nous allons mettre un peu plus de temps à trouver son nom. ASEE (Association surexposition enfants écrans)? Non, cela ressemble trop à l'ASE (Aide sociale à l'enfance) que nous ne connaissons que trop bien. Lydie Morel propose CoSE (Collectif Surexposition Écrans): nous l'adoptons aussitôt. Le nom sonne juste.

Il nous reste à trouver un logo, qui sera un repère visuel pour ceux qui voudront nous rejoindre. Nous connaissons tous les dessins de bonshommes récoltés par le docteur Peter Winterstein lorsqu'il a mené sa recherche, il y a une vingtaine d'années, sur les enfants exposés à la télévision. De jolis bonshommes bien détaillés réalisés par les enfants peu ou pas du tout exposés et des bonshommes aux lignes maladroites, primaires, provenant des enfants plus exposés, c'est-à-dire ceux qui n'ont pas pu explorer avec tous leurs sens le monde physique. L'un de ces petits bonshommes s'est tout naturellement inséré dans notre sigle: CoSE était né [13] !

## UN COMBAT DIFFICILE

À l'époque, nous croyons –à tort– qu'il suffit de décrire de la façon la plus authentique possible ce que nous observons pour être entendus. Au début, notre enthousiasme et notre bonne volonté fonctionnent à merveille. Les médias s'intéressent enfin à notre discours, les témoignages de parents et de professionnels de l'enfance affluent. Nous acceptons, à la demande des journalistes, d'ouvrir nos cabinets et, avec l'accord des parents de nos petits patients, nous montrons au public le miracle de l'arrêt prolongé des écrans.

Cela nous prend une énergie incroyable et aussi beaucoup de temps. Nous souscrivons très naïvement à ce que cherchent les journalistes: montrer. Hélas, nous découvrons assez rapidement l'envers du décor. Participer et s'impliquer de façon authentique lors d'un tournage n'implique pas forcément que nous ayons la maîtrise du discours final. Or ce discours est sous l'emprise de psys très médiatisés, un discours rassurant pour les parents et pour l'industrie du numérique, émanant de psys qui privilégient le *statu quo* en matière de prévention. Après l'alerte lancée dans *Le Monde*, tous les membres du CoSE font l'expérience suivante: être contacté par des journalistes de l'audiovisuel, accepter de trouver des familles, des patients pour témoigner, passer un temps très long à accompagner le tournage, discuter avec les réalisateurs... pour découvrir, au moment de la diffusion de l'émission, qu'ils ne seront pas invités sur le plateau pour commenter un film qui pourtant n'aurait pu se faire sans eux! Neuf fois sur dix, l'invité est un «expert» qui sert un discours consensuel et qui ne manque jamais une occasion de critiquer CoSE. Le comble se produit avec l'émission-choc *Envoyé spécial*, dont le tournage débute en mars 2017. Il va durer quatre mois, pendant lesquels Anne-Lise Ducanda accepte que la journaliste de l'émission suive l'évolution de l'un de ses petits patients, Rayan, surexposé aux écrans et qui présente des troubles graves du développement. Un investissement humain et affectif énorme! CoSE accepte également que l'une de ses réunions soit filmée en direct[14].

**Envoyé spécial**

Nous attendons tous avec impatience la diffusion, car nous pressentons que cette émission très suivie pourra permettre une prise de conscience collective beaucoup plus large. Or, deux jours avant cette diffusion, programmée le 18 janvier 2018, nous apprenons que le docteur Ducanda ne sera pas sur le plateau pour commenter l'émission. L'unique invité sera le psychiatre Serge Tisseron, qui n'a pourtant de cesse de critiquer la démarche d'Anne-Lise via la presse, la radio ou sur son blog[15]. Un coup bas auquel nous ne nous attendions pas tant notre crédulité à l'égard des médias était grande. Apprenant cela, je perds toute patience: l'injustice m'insupporte depuis toujours. J'appelle la journaliste de France 2 et je lui dis tout le mal que je pense du procédé. Elle semble paniquée, m'assure qu'elle n'est pour rien dans ce choix éditorial. Et elle dit certainement vrai. Mon éclat me permet de parler à un responsable de programmation, qui n'est guère plus clair sur les raisons (pressions?) qui l'ont poussé à inviter pour cette émission la personne qui empêche depuis si longtemps une information claire du grand public. Je menace d'appeler *Médiapart* et *Le Monde*, de rendre public ce coup bas. Le responsable de France 2 finit par accepter qu'Anne-Lise Ducanda participe à l'émission pour parler de son travail, mais avec Serge Tisseron à ses côtés! La présence de ce dernier semble le prérequis pour toutes les émissions télévisées. Mais qui décide? Et pourquoi? Il nous faudra six longs mois, un système d'expérience et de recherche pour comprendre que la présence systématique d'experts de ce genre sur les plateaux ne doit rien au hasard. Nous sommes, sans le savoir, entrés en lutte contre un système: celui de l'information audiovisuelle de masse, aux ramifications tentaculaires, aux liens très étroits avec le pouvoir. Un système qui connaît parfaitement les méfaits de ses productions sur le cerveau des jeunes et des moins jeunes et qui a installé depuis longtemps des garde-fous, des *gatekeepers*[16] chargés de défendre ses intérêts.

L'émission *Envoyé spécial* rencontre un succès énorme: 2,37 millions de téléspectateurs. La reporter Adèle Flaux a réalisé un très louable travail et elle s'est courageusement impliquée. Sur le plateau, Élise Lucet a accepté de briser un tabou en donnant la parole à des gens qui ne sont pas issus des médias audiovisuels. Des soignants, mais aussi des citoyens bénévoles, qui veulent aider plus d'enfants. À partir de cette émission, le ton change. On sort d'une mise en scène binaire du problème: les réacs technophobes contre les modernes technophiles. De plus en plus de journalistes, parce qu'ils sont aussi parents, souhaitent mettre en avant notre discours, malgré leur difficulté à critiquer ce qui les nourrit. Et partout dans le monde, nous observons au même moment cette prise de conscience.

Nos contacts à l'étranger avec des pédiatres, des pédopsychiatres, des psychologues, des éducateurs se multiplient et nous confortent dans nos constats. Bilingue et très à l'aise en anglais, à l'écrit comme à l'oral, le docteur Bruno Harlé multiplie les prises de contact, organise des échanges par Skype, partage les études de plus en plus nombreuses et alarmantes qui s'élaborent aux quatre coins du monde[17].

**Une attaque inattendue**

Un premier tabou, sur les dangers liés à la surexposition aux écrans, tombe. Mais rapidement en surgit un second, auquel nous n'étions pas préparés: l'emploi, par Anne-Lise Ducanda, du mot «autisme» pour décrire les troubles et les retards graves qui touchent les enfants surexposés aux écrans a choqué certains parents d'enfants atteints de TSA (troubles du spectre autistique)[18]. Désorientés et se sentant souvent comme abandonnés des pouvoirs publics, ils brandissent l'équation «autisme = trouble neurodéveloppemental d'origine génétique» face à toute personne qui s'interroge sur cette nébuleuse qu'est l'autisme[19].

Le docteur Ducanda ignore tout du conflit qui oppose depuis des années les associations de parents d'enfants atteints d'autisme à la pédopsychiatrie et à la psychanalyse. Elle n'est ni psychiatre ni psychanalyste. Seuls son bon sens, de très bonnes capacités d'observation jointes à une grande empathie la guident dans son travail au quotidien. C'est un vrai médecin. Parmi les autres membres du collectif, certains, plus au fait de cette guerre, se montrent plus prudents. Le collectif comprend en effet trois pédopsychiatres, un neuropédiatre et deux pédiatres. Comme le docteur Ducanda, ce sont des gens de terrain. Des médecins qui savent que les batailles se gagnent bien souvent en bricolant dans l'ombre… Qui partent de ce qu'ils observent et émettent des hypothèses cliniques dont ils cherchent ensuite à vérifier la validité.

Notre collectif vit mal ces attaques répétées. Certains craquent et décident de partir, ils vont continuer le combat loin du feu des médias[20]. Mais nous sommes allés si loin, les soutiens au niveau international sont si nombreux que nous ne pouvons plus faire marche arrière. Une prise de conscience est en train de s'opérer: l'exposition précoce et répétée aux écrans des bébés génère des troubles de l'attention de type TDAH mais aussi des symptômes d'allure autistique[21]. Des spécialistes du monde entier soutiennent notre combat: Naoufel Gaddour, professeur associé en psychiatrie de l'enfant et de l'adolescent à l'université de Monastir, en Tunisie; Lounes Lallem, docteur en psychologie et chargé de cours à l'université de Bouira, en Algérie; la psychologue américaine et thérapeute familiale Marilyn Wedge[22]; Michael Waldman, professeur d'économie à la Cornell University; la psychologue américaine Lori Frome; le psychologue roumain Marius Zemfir; ou encore le psychiatre Manfred Spitzer[23], chef de la clinique psychiatrique universitaire d'Ulm, en Allemagne.

Comme nous, ils ont subi pressions et attaques. Après nos échanges, ils se sont sentis réconfortés. Nous savons que nous allons gagner, que les enfants de demain seront des victimes moins faciles de la surexposition aux écrans: ce n'est qu'une question de temps.

Et les pouvoirs publics dans tout ça? Nous n'avons cessé de les solliciter au cours de ces deux dernières années, enchaînant les rendez-vous: avec le sénat en 2016, avec Santé publique France, avec l'Élysée et avec la Direction générale de la santé (DGES). Le scénario est toujours le même: nous prenons sur notre temps de travail pour nous rendre à ces rendez-vous dont nous attendons beaucoup, on nous reçoit dans de très luxueux locaux situés dans les quartiers chics de Paris ou dans une banlieue aisée, dans des bureaux rarement équipés de matériel informatique (nous devons chaque fois apporter ordinateur, rétroprojecteur, etc.), on nous écoute avec attention et nous repartons au bout de deux heures, toujours munis des mêmes conseils absurdes: alertez les sociétés savantes, entamez des recherches. Mais nous ne sommes pas chercheurs! Mais les sociétés savantes ne se pencheront sur ce sujet que si la demande vient d'en haut! Nous réalisons alors, au fil de ces rencontres, que ce ne sont pas les politiques qui changent les choses en matière de santé publique: c'est l'engagement long et fastidieux des gens de terrain. Les politiques ne sont là que pour acter un changement, ils ne bougent que lorsque la pression est devenue trop forte. Quand des médecins de plus en plus nombreux, alliés aux chercheurs du monde entier, auront réussi à s'unir et à faire pression sur les gouvernements alors les acteurs politiques accepteront de s'engager dans de vraies campagnes de prévention, d'investir dans la recherche. Pas avant. Jamais. Les intérêts financiers pèsent trop lourd pour qu'ils s'intéressent au sort de milliers d'enfants voués à la déficience parce que leurs parents ne sont pas informés du danger que présentent les écrans. C'est injuste, mais c'est ainsi. Aujourd'hui je ne crois plus qu'en la force d'un collectif d'hommes et de femmes de bonne volonté et je mets tout mon espoir dans une réaction salutaire des victimes de cette machine effroyable qui broie les consciences.

1re PARTIE

# ÉCRANS
# LE GRAND BAIN
# POUR TOUS

## — I
## DES FAMILLES ENGLOUTIES DANS UN BAIN D'ÉCRANS

Je me suis amusée à recenser les pays dont sont originaires les familles qui viennent me consulter au CMP[1]. J'en ai compté plus d'une vingtaine: Algérie, Tunisie, Maroc, Libye, Sénégal, Mali, Congo, Sierra Leone, Brésil, Cap-Vert, Roumanie, Russie, Pologne, Bulgarie, Espagne, Italie, Portugal, Laos, Vietnam, Cambodge, Chine, Pakistan, Inde, France.

Le monde franchit chaque jour la porte de mon petit cabinet de banlieue. Mes patients me font voyager. La diversité de leurs cultures et de leurs histoires est une source inépuisable d'enseignement pour moi. Pourtant, ce n'est jamais pour me parler de ce monde-là qu'ils viennent, mais pour trouver une réponse aux complexités inattendues de ce monde-ci: parce qu'ils n'arrivent plus à exercer de façon harmonieuse et heureuse leur parentalité, parce qu'ils ont le sentiment que leurs enfants leur échappent, alors même qu'ils pensent leur donner bien davantage que ce qu'eux-mêmes ont reçu.

Ces parents aux origines pourtant si différentes me confient un quotidien qui se ressemble étrangement, parce qu'il est à présent rythmé, organisé autour d'un objet central: l'écran, ou plutôt les écrans. Les informations, les séries télévisées, les réseaux sociaux, YouTube, les dessins animés, les jeux vidéo, etc., ont absorbé toute l'attention de chacun des membres de la famille, ils empiètent sur toutes les autres activités: les enfants ne prennent pas leur petit déjeuner en famille, mais devant Gulli pendant que les parents consultent leurs e-mails; le soir, le dîner se déroule devant la télévision et chacun consulte son portable pendant ce temps. Les soirées se passent devant un écran, différent pour chacun. Les écrans ont pris la place des échanges, de la discussion et de la transmission.

## COMBIEN D'ÉCRANS ? QUELS ÉCRANS ? COMBIEN DE TEMPS ? QUELS USAGES[2] ?

L'institut Ipsos dénombre, en 2022, 6,4 équipements par foyer. Jusqu'en 2021, lorsqu'il s'agissait de fournir des chiffres français de temps d'exposition par tranche d'âge et des usages, je me trouvais bien en peine. En effet, les études ne prenaient généralement pas en compte le temps d'exposition des tout-petits (0 à 5 ans), de plus elles ne prenaient en compte que le temps passé devant un seul média, la télévision, alors que le marché des écrans nomades avait explosé (tablettes, smartphones), et enfin elles dataient. Les chiffres dont je disposais étaient très loin de ceux récoltés sur le terrain. Seul le site américain Common Sense Media fournissait (et fournit toujours) des chiffres identiques à ceux récoltés au sein de mon cabinet. Mais en 2022, Ipsos a fait paraître une étude commandée par l'Open (Observatoire de la parentalité et de l'éducation numérique) et l'Unaf (Union nationale des associations familiales). Cette étude a été réalisée en juillet 2021, soit deux mois après la dernière période de confinement[3]. L'étude fournit des tableaux faciles à consulter et très intéressants. Les temps d'exposition sont sidérants. Ils sont concordants avec les études américaines de 2020 issues de Common Sense Media (CSM), site qui fournit des chiffres non cumulés d'exposition aux écrans. Il est étonnant que les résultats de cette étude aient été si peu cités, voir quasiment jamais par les médias. En revanche, ce qui a été récemment largement cité et commenté ce sont les résultats issus de la cohorte Elfe qui porte sur les enfants nés... en 2011. Comme on le comprendra à la lecture de ce livre, le filtrage des sources, le choix opéré sur les données, leur interprétation font partie, je pense, d'un dessein plus général visant à ralentir les prises de conscience citoyennes qui pourraient contraindre les politiques à faire des choix plus favorables aux populations.

### Combien de temps par jour ?

Les enfants de 0 à 2 ans passent 3 h 11 par jour devant un écran (CSM : 49 min), entre 3 et 6 ans, ils y passent 3 h 40 (CSM : 2 h 30 pour les 2-4 ans), entre 7 et 10 ans ils y passent 4h42 (CSM: 4 h 44 pour les 8-12 ans), entre 11 et 14 ans ils y passent 8 h 23 par jour (CSM: 7h22 pour les 13-14 ans), entre 15 et 18 ans, ils y passent plus de 8h par jour[4]. Ces chiffres impressionnants de l'étude IPSOS résultent du fait qu'il s'agit d'un temps d'écrans cumulé. En effet, aujourd'hui les enfants, surtout les adolescents, regardent fréquemment plusieurs écrans à la fois: une série Netflix sur le poste de télévision tout en discutant via WhatsApp avec les copains. Pour certains adolescents, se concentrer sur un seul contenu audiovisuel à la fois est difficile.

Mais leurs parents, que font-ils pendant ce temps-là? À peu près la même chose...

Ils passent en moyenne 4 h 43 par jour sur leur smartphone et 3 h 43 par jour de week-end. Ils passent 4 h 20 devant la TV en semaine, 3 h 49 le week-end. Ces derniers chiffres sont particulièrement éloquents car ils montrent combien le pouvoir addictif du numérique ne s'exerce pas seulement sur les plus jeunes. On pourrait résumer les choses ainsi. Aujourd'hui, la préoccupation principale des parents c'est leur smartphone. Ça tombe bien, pour leurs enfants aussi.

Les temps d'exposition ont-ils augmenté ces dernières années? Oui, beaucoup.

Citons ici les chiffres de l'étude Ipsos de 2015, mentionnée dans la version précédente de cet ouvrage. Les 4-14 ans passaient en moyenne 2 h 22 par jour devant la télévision (vidéo live ou à la demande);

les 7-10 ans lui consacraient 2 h 53, les 11-14 ans 3 h 34[5].

### Qu'est-ce qui retient l'attention des enfants et de leurs parents si longtemps derrière un écran?

Les parents font des achats en ligne (78%), se rendent sur les réseaux sociaux (70%), regardent des vidéos de courte durée (64%). Et que font leurs enfants? Entre 7 et 17 ans, ils regardent des vidéos de courte durée (50%), ils écoutent de la musique, regardent des clips vidéo (50%), ils jouent à des jeux vidéo (46%), ils regardent des films, ils regardent des séries TV. Ils lisent des livres, des bandes dessinées assez rarement (14%), encore plus rarement ils écoutent des podcasts (9%). Cette étude reflète assez bien ce que j'observe sur le terrain. Manque toutefois un élément qui a pris une ampleur considérable chez les adolescentes ces deux dernières années: le temps passé sur les réseaux sociaux (voir troisième partie)

## CHEZ LES TOUT-PETITS : BEAUCOUP DE TEMPS PASSÉ SUR LA TÉLÉVISION ET LE SMARTPHONE POUR REGARDER DES VIDÉOS COURTES

L'étude Ipsos donne le détail suivant des temps passés par jour devant les différents écrans par les tous petits.

Entre 0 et 2 ans: 1h22 de TV, 44 min de smartphone (!), 34 min de tablette, 14 min d'ordinateur, 14 min de console!

Entre 3 et 6 ans: 1h38 de TV, 45 min de tablette, 32 min de console, 24 min de smartphone, 19 min d'ordinateur.

La connexion internet étant à présent possible sur tous les supports –on peut regarder YouTube sur la TV, sur tablette, sur l'ordinateur– il est surtout pertinent de s'intéresser aux contenus visionnés.

Entre 0 et 2 ans, 26% regardent des vidéos courtes, 28% de la musique et des clips vidéo, 22% des films (!). Entre 3 et 6 ans, ils sont 34% à regarder des vidéos courtes et 37% des films.

## LES TOUT-PETITS : UNE EXPOSITION TRÈS PRÉCOCE CHEZ LES POPULATIONS PLUS DÉFAVORISÉES

En 2015, l'AAP rend publique une étude portant sur 350 enfants âgés de 6 mois à 4 ans, vus d'octobre à novembre 2014 dans une clinique pédiatrique[6] (l'enquête est elle-même une réplique de l'enquête menée par CSM en 2013). Il s'agissait principalement d'enfants issus d'une population minoritaire à faible revenu. **À l'âge de 4 ans, la moitié des enfants avaient leur propre télévision dans leur chambre et les trois quarts possédaient un écran mobile.** Presque tous utilisaient les écrans mobiles (96,6%) et la plupart ont commencé avant l'âge de 1 an.

Cette étude a montré aussi que les parents avaient recours aux écrans pour occuper leur enfant quand eux-mêmes étaient pris par des tâches ménagères (70%), pour les calmer (65%) et au coucher (29%). À l'âge de 2 ans, la plupart des enfants utilisaient un appareil quotidiennement et passaient un temps d'écran comparable sur la télévision et sur les écrans mobiles. **La plupart des 3-4 ans utilisaient les appareils seuls** et un tiers d'entre eux se livrait au multitâche médiatique: beaucoup surfaient sur YouTube ou sur Netflix[7]!

L'étude française Elfe[8] (présentée comme récente dans les médias en 2022 alors qu'elle portait sur des enfants nés en 2011) corrobore ces résultats concernant une exposition très précoce et prolongée chez les enfants des classes populaires. Le style est jargonneux à souhait mais le fond reste le même «Que ce soit à 2 ans ou à 5 ans et demi, il y a toujours quatre à cinq fois plus d'enfants non utilisateurs parmi les enfants des fractions intellectuelles des classes supérieures que parmi les enfants des fractions non qualifiées des catégories populaires. [...] À 5 ans et demi, les enfants qui utilisent le plus tous les écrans se recrutent principalement parmi les enfants des classes populaires[...] (qualifiées ou non): près d'un sur cinq est concerné, contre environ un sur sept pour les classes moyennes [...] et un sur huit pour les fractions intellectuelles des classes supérieures.»

Nous possédons aujourd'hui suffisamment de recul sur les générations précédentes pour tirer de ces données de solides conclusions: une exposition importante aux écrans a, dans l'ensemble, des effets plutôt inquiétants sur le sommeil, l'attention, la mémorisation et la sociabilité. Mais qu'en est-il pour cette nouvelle génération d'emblée immergée dans le tout-écran? Des écrans qui se sont multipliés dans les foyers, auxquels les parents eux-mêmes consacrent un temps supérieur à celui de la génération précédente! Nul besoin d'être devin pour imaginer que les effets néfastes, déjà bien décrits[9] et identifiés, n'ont fait que croître. Ce sont ces effets que ce livre tente de décrire. Et avant que des études longues et coûteuses ne viennent confirmer ce que tout le monde sait, j'en appelle au principe de précaution. Principe qui est appliqué dans bien des domaines de la santé mais qui, curieusement, ne l'est pas concernant les écrans. Pourquoi? La réponse tient en un mot: l'argent.

## UNE INDUSTRIE FLORISSANTE

Jamais une industrie n'aura produit un tel chiffre d'affaires. Les chiffres relatés pour l'industrie du Net sont gigantesques!

Concentrons-nous sur la France avec un secteur phare: l'industrie du jeu vidéo.

### Les jeux vidéo

**Entre 2017 et 2022, les revenus du secteur du jeu vidéo en France ont progressé de plus de un milliard d'euros pour atteindre les 5,53 milliards d'euros en 2022[10].**

Les jeux les plus vendus chaque année depuis 2017 restent *grosso modo* les mêmes. Les chiffres sont fournis par le SELL, le syndicat des éditeurs de logiciels de loisirs. Ce classement est très instructif, notamment si on s'intéresse à la place réservée aux jeux déconseillés aux moins de 18 ans avec des contenus hyperviolents (voir le chapitre «Écrans, une école de la violence»). En tête, on trouve FIFA, un jeu de foot classé premier depuis plusieurs années. FIFA 23 réalise 1,75 million de ventes. Juste après la médaille d'argent revient à un jeu vidéo de guerre, Call of Duty, Modern Warfare 2 (1 million de ventes), violent à souhait, classé PEGI 18 et qui occupait déjà la seconde place en 2017. En troisième position se trouve, comme en 2017, l'addictif Pokémon (717026 ventes) et en quatrième position le sulfureux GTA, Grand Theft Auto (grand vol de voitures) avec un PEGI 18, (504994 exemplaires vendus). Derrière, deux autres jeux vidéo (God of War Ragnarok et Horizon Forbidden West) avec respectivement un PEGI 18 et un PEGI 16.

La présence récurrente des jeux vidéo déconseillés aux moins de 18 ans, ou moins de 16 ans, dans le classement des meilleures ventes n'a rien d'étonnant quand on sait les mesures d'encouragement dont a bénéficié cette industrie, qui semble pourtant n'en avoir guère besoin étant donné son potentiel addictif. L'un des ministres qui l'a le plus encouragée fut sans conteste Fleur Pellerin, ministre de la Culture d'août 2014 à février 2016, qui en a reçu un hommage appuyé lors de son départ: «La profession a salué les qualités d'écoute de l'ancienne ministre de la Culture et déplore le sobriquet de "ministre des jeux vidéo" qui lui a été donné[11].» Fleur Pellerin a de quoi être remerciée: elle a en effet obtenu l'élargissement du crédit d'impôt au jeu vidéo et engagé le fonds de prêts participatifs au jeu vidéo, un dispositif d'aide fiscale au secteur.

Cet élargissement du crédit d'impôt concerne les jeux vidéo PEGI 18, c'est-à-dire les plus violents. Actée par décret le 25 juin 2016, la décision permettant d'obtenir «un financement à hauteur de 20 % des coûts de production était en place depuis 2008 mais excluait jusqu'alors les jeux PEGI 18, qui représentent pourtant un tiers des ventes en France pour l'année 2014 et sont souvent les jeux à plus fort budget[12]».

D'une façon générale, les différents gouvernements, en France, se sont toujours montrés extrêmement favorables à l'industrie du numérique, en favorisant son essor dans tous les domaines: l'armée bien sûr, mais aussi la santé et l'éducation. Une campagne de relations publiques entamée depuis les années 1990 a convaincu tout un chacun que le numérique était l'avenir de notre société, que les écrans connectés étaient bons pour tous, à tous les âges. Jusqu'à récemment (et le changement d'opinion en France doit beaucoup au travail de CoSE), tout questionnement, tout doute, était systématiquement banni. Ce n'est qu'aujourd'hui, alors qu'il est trop tard pour refuser une «silicolonisation du monde[13]» mais peut-être encore temps pour exiger un minimum de protection pour les plus fragiles, qu'une critique est devenue possible. Ironie du sort, la critique la plus virulente vient des concepteurs eux-mêmes. Ainsi James Williams, 35 ans, ex-stratège de Google, déclare que l'industrie de la tech est pour lui «la plus importante, la plus standardisée et la plus centralisée des formes de contrôle de l'attention de l'histoire de l'humanité[14]».

## — II
## ALERTER LES PARENTS

L'UNIVERS dans lequel les enfants évoluent aujourd'hui, de leur naissance jusqu'à l'entrée à l'école élémentaire, n'a plus rien à voir avec celui dans lequel ils grandissaient il y a vingt ans. Un objet fait toute la différence: l'écran. Omniprésent, protéiforme, il sature leurs paysages perceptif, affectif et mental, modifiant en profondeur leur rapport au monde, aux autres et à eux-mêmes.

Dans des familles suréquipées, on ne peut s'étonner de la place croissante que les écrans occupent désormais dans la vie des tout-petits. Fixes ou nomades, ils accompagnent les enfants pendant la plus grande partie de leur vie. On observe chez les jeunes enfants une augmentation constante du temps passé devant la télévision, les tablettes et les smartphones. Pour certains, les écrans sont devenus le principal support éducatif. Or, l'écran n'est pas un objet neutre. Tant s'en faut. Il capte l'attention des enfants et donne aux parents une tranquillité d'esprit pour faire autre chose. Lorsque les enfants sont scotchés à un objet connecté, les adultes peuvent vaquer en toute sérénité à leurs occupations domestiques ou personnelles, sans craindre d'être sollicités. En toute bonne conscience, puisque la plupart des «experts» jugent la télévision récréative, la tablette «éducative», tandis que le portable de papa ou de maman peut être chargé d'applications ludiques adaptées aux tout-petits. D'ailleurs, les pouvoirs publics font entrer massivement le numérique à l'école, la publicité ne cesse de faire l'éloge des écrans pour nos enfants et leur usage est cautionné par les psys sur les plateaux de télévision. Et l'Académie des sciences a dit tout le bien qu'elle pensait de l'usage des écrans pour nos enfants[15].

Pourtant, de nombreuses études portant sur l'impact de la télévision sur les jeunes enfants exposent, dans leur ensemble, des conclusions négatives, mais elles sont assez peu diffusées[16]. Les études sur les jeux vidéo sont elles aussi globalement convergentes pour alerter sur leurs conséquences néfastes pour les jeunes cerveaux[17]. L'arrivée assez récente et massive des tablettes numériques et des applications pour smartphones, avec une nouvelle clientèle à conquérir, celle du bébé, n'a fait qu'accentuer un processus déjà bien enclenché et contre lequel il est souvent difficile de lutter. Nous, parents, n'allons tout de même pas priver nos enfants d'objets destinés à les rendre plus intelligents, plus habiles, plus créatifs, plus polyglottes !

## DES ÉCRANS QUI VOLENT LES TEMPS D'APPRENTISSAGES

Pour comprendre ce qui se joue entre l'enfant et l'écran, il est important de déterminer comment ce dernier agit sur l'attention d'un tout-petit et quels sont ses effets sur son cerveau, indépendamment du contenu qu'il propose.

Le premier effet d'un écran qui s'anime, c'est sa potentialité addictive. Les écrans sont particulièrement attirants, pour les adultes comme pour les enfants. L'enfant ne peut pas de lui-même réguler le temps qu'il passe devant les écrans. Pas plus que nous ne le pouvons, nous les adultes, qui regardons 220 fois par jour notre smartphone, qui le touchons 2617 fois par jour[18], qui passons 5 heures par jour connectés. Si nous ne le pouvons pas nous-mêmes, comment nos enfants pourraient-ils se limiter, se réguler, se détacher volontairement de leur écran pour faire autre chose ? Un écran est hypnotique pour un enfant.

Dès leur plus jeune âge, les enfants se retrouvent facilement touchés par une véritable dépendance. La manifestation la plus nette de cette addiction à l'écran est la réaction émotionnelle disproportionnée de l'enfant lorsque l'on éteint l'écran ou qu'on lui retire des mains le portable ou la tablette. Les parents font tous la même observation: l'enfant crie, entre dans une colère intense, présente des signes de grand désarroi, n'a de cesse de rechercher l'objet soustrait. « Il est en manque », dit une maman pour décrire la réaction de son fils de trois ans; « Il est accro », dit une autre maman. Aucun autre objet ne suscite chez l'enfant une telle réaction de détresse quand on l'en prive.

Mais pour le tout-petit, cette addiction est différente de celle qui nous lie, nous adultes, à nos objets connectés: elle est bien plus intense. Nos écrans nous prennent du temps libre alors que l'exposition aux écrans vole à nos enfants leurs temps d'apprentissages. Et la différence est énorme. En effet, l'écran empêche le tout-petit de se consacrer à l'acquisition de compétences fondamentales qui ne pourront être développées plus tard de façon optimale. Les deux effets sont liés: le caractère fortement addictif de l'écran engendre une impossibilité pour l'enfant de se détacher de cet objet. Il se trouve alors soustrait, malgré lui, à des apprentissages essentiels.

## RETENIR ET RELANCER SANS CESSE L'ATTENTION

Mais pourquoi l'enfant délaisse-t-il si facilement toutes ses activités au profit d'une seule, l'écran ? En raison d'un processus de captation de son attention exogène, un processus non volontaire, réflexe. Comme le démontre Jesús Bermejo Berros, les dessins animés, même ceux destinés aux tout-petits, sont truffés d'effets formels saillants: variations sonores, flashs visuels, changements de plans, multiplication des angles de vue, sons aigus, enchevêtrement rapide des séquences narratives, etc. Ces effets tout à la fois captent l'attention de l'enfant et la relancent en permanence[19], l'empêchant ainsi d'apprendre à garder son attention focalisée sur un stimulus plus neutre, plus stable, comme un livre d'images, l'écoute d'un adulte qui s'adresse à lui ou les éléments de son environnement naturel. Cette sur-stimulation de l'attention involontaire nuit au développement de l'attention volontaire (ou concentration), pourtant indispensable au développement d'autres compétences. Or, plus l'enfant est stimulé de cette façon, plus il s'y habitue et plus il en redemande.

Cette addiction fait que l'enfant est prêt à renoncer à toute autre forme d'activité. Le danger est d'autant plus grand dans les deux premières années de la vie d'un bébé, période où se produisent en lui des milliers de changements, d'évolutions et de conquêtes expérimentales. À 24 mois, un bébé correctement stimulé doit pouvoir s'adresser à l'autre en le regardant dans les yeux, a acquis le jeu imitatif et le pointage protodéclaratif –l'enfant pointe son doigt vers un objet non pas pour le demander à l'adulte, mais pour attirer l'attention de ce dernier et partager avec lui une émotion ou un étonnement–, ainsi que la capacité à produire quelques phrases de deux mots. «Correctement stimulé» signifie que l'adulte qui prend soin du bébé au quotidien interagit suffisamment avec lui en le regardant et lui parle en s'adressant à lui. Pour un bon développement, l'essentiel du temps d'éveil de l'enfant doit être nourri par ces interactions qu'aucune activité numérique ne peut remplacer. Car l'objet connecté mime la relation, mais ne la remplace pas et ne la complète pas.

## INDÉFINIMENT INTERROMPU

Pire encore, l'écran «indirect», celui de la télévision allumée dans une pièce dans laquelle se trouve un tout-petit, a également un effet majeur sur lui, même s'il ne la regarde pas. La plupart des enfants qui grandissent dans une famille où le petit écran est allumé en permanence ne manquent pas pour autant de jouets adaptés à leur âge. Mais très souvent ils n'en utilisent aucun correctement: ils en prennent un pour le rejeter aussitôt et en saisir un autre, etc. Ils passent d'un jeu à l'autre sans jamais s'y attarder. Ils ne construisent rien avec les gros Lego, ne savent que faire des cubes de tailles différentes.

Pourquoi l'enfant bercé en permanence par la télévision présente-t-il ces déficits d'attention? Parce que, dès qu'il a pu saisir un objet dans les mains, une balle en mousse par exemple, son exploration sensorielle de l'objet a été dérangée par ses coups d'œil répétés vers la télévision. C'est un réflexe que nous partageons tous, enfants comme adultes. Lorsque l'on se trouve quelque part, si des sons forts ou stridents résonnent, des flashs lumineux intenses, des mouvements rapides se produisent en dehors de notre champ visuel, nous tournons systématiquement la tête vers la source de ces signaux. C'est exactement ce qui se produit pour un enfant installé dans une pièce où la télévision est allumée, même s'il ne la regarde pas. Il est interrompu dans la découverte sensori-motrice de l'objet qu'il tient: un son intense, une lumière soudaine lui font tourner la tête vers le petit écran, l'obligeant à chaque fois à reprendre à zéro son exploration. Empêché de se concentrer sur ses expérimentations, il ne progresse pas. À 2 ans, il appréhende les objets qui l'entourent comme un bébé de 6 mois. Il en a une perception «éclatée»: le mou, le rond, le doux ou le vert ne sont pas pour lui les propriétés d'un seul et même objet: sa balle en tissu vert. Le transfert intermodal –c'est-à-dire la capacité du bébé dès 6 mois à transférer sur un même objet ses différentes perceptions sensorielles afin de s'en constituer une image unifiée et stabilisée– n'a pu se réaliser. Le bébé ignore la fonction de la balle en mousse, car il n'a pu l'explorer suffisamment longtemps de façon continue. Il en est ainsi de pratiquement tous les objets familiers qui constituent son univers d'exploration. Accaparé par l'écran, toujours interrompu dans son travail de découverte sensorielle, il a pris un grand retard.

De même, la notion de cause à effet n'est pas développée de façon adéquate. La découverte de cette notion essentielle dépend majoritairement des expériences physiques. Si un enfant fait tomber un œuf, il peut observer que ce dernier se casse et ne se répare pas. Il découvre que l'œuf est quelque chose de fragile qui contient un liquide transparent un peu gluant et une matière jaune. Quand l'enfant «s'amuse» avec des œufs sur sa tablette, il joue avec des œufs virtuels, sans propriétés physiques fixes: il ne peut donc en déduire des lois. L'œuf virtuel peut ne pas rouler, il peut tomber sans se casser ou bien se reconstituer comme par magie. Avec les œufs numériques, l'enfant ne fera jamais une omelette et n'apprendra pas à la faire. À 3 ans, un enfant grand amateur de tablettes numériques est souvent bien désorienté dans le monde des objets physiques. Il a acquis ce que deux chercheuses ont appelé un «déficit vidéo[20]» à partir de l'expérience suivante: on accroche à la main d'une poupée, par un Velcro, un gant dans lequel est caché un grelot et l'on présente cette poupée à un enfant de 12 ou 15 mois;

si l'on détache le gant, qu'on le secoue pour faire tinter le grelot et qu'on le remet en place, on observe que l'enfant tente de détacher le gant et de faire tinter le grelot. Si l'enfant observe cette expérience sur une vidéo et qu'on lui présente ensuite une vraie poupée, il ne cherchera pas à décrocher le gant pour faire tinter le grelot. Il n'a tiré aucun enseignement de ce qu'il a observé via l'écran. Ce déficit de compréhension des lois physiques est le résultat d'une exposition aux écrans qui le prive d'une possibilité de manipulation et d'exploration sensori-motrice.

## APPRENDRE LES LOIS PHYSIQUES DU MONDE

Un argument souvent employé par les défenseurs de la tablette tactile consiste à opposer la «passivité» de la télévision à l'«activité» de la tablette[21]. Serge Tisseron avance ainsi, dans l'un de ses livres: «Dès sa naissance, le bébé commence à développer sa connaissance du monde et de lui-même [...]. Les nouveaux objets numériques, comme les tablettes tactiles, peuvent être intégrés dans ces apprentissages[22].» On pourra déplorer qu'une telle affirmation, proposée à des parents et professionnels désorientés par la place grandissante des écrans dans nos vies, ne soit étayée par aucune étude prouvant le bienfait de cet objet sur le développement du bébé ou nous assurant de son absence de nuisance.

Certes, avec la tablette tactile, outre la vue et l'audition, le toucher est aussi sollicité, puisque c'est lui qui permet, par un contact sur l'écran, de mettre en route une musique, de déplacer un personnage virtuel, de modifier sa couleur, etc. Ce faisant, l'enfant découvre un large choix d'actions possibles programmées par l'ordinateur. Mais ces actions ne remplacent aucunement ses expérimentations sur le monde physique. Avec la tablette, l'apprentissage consiste à maîtriser le déplacement du doigt sur un écran, pas à intégrer les lois physiques du monde réel. Or c'est parce qu'il engage tout son corps dans des manipulations sensorielles, qu'il les appréhende par différents modes sensoriels: la vue, l'audition mais aussi et surtout le toucher, l'odorat et le goût, que l'enfant intègre une connaissance de l'objet et de ses propriétés. Les notions de poids, de masse, de volume, de texture s'apprennent en manipulant l'objet, en le faisant tomber, en le portant à la bouche.

## UNE SOCIALISATION EMPÊCHÉE

Un autre des apprentissages que l'objet numérique ne peut ni enrichir ni remplacer relève de la socialisation avec les autres enfants, laquelle doit se faire, chez le tout-petit, avec la présence d'un adulte. L'adulte joue en effet un rôle important de régulateur dans les relations de l'enfant avec ses pairs: il lui apprend la «bonne façon d'aller vers les autres» et à trouver du plaisir dans l'échange et le partage[23]. Le temps volé par les écrans empêche d'expérimenter suffisamment les relations avec d'autres enfants.

Enfin, la tablette tactile, selon les défenseurs de son emploi chez les tout-petits, permettrait un apprentissage par répétition et tâtonnement dans lequel «l'erreur n'est jamais sanctionnée[24]». Miracle de la tablette interactive qui ne se fâche pas quand bébé échoue à construire sa tour de cubes... Comme si le lot des enfants était de subir l'opprobre de leur maman ou de leur enseignant quand ils échouent à empiler des cubes, à remplir le rond de jolies couleurs sans déborder! Tout au contraire, les enfants «privés» de tablettes interactives ont souvent une maman assise à leurs côtés pour soutenir leurs efforts par des mots bienveillants, pour trouver intéressant ce qu'ils font, pour ouvrir cette activité sur d'autres possibles:

«Regarde ces petits cubes, si on les met comme ça, ça devient un train, tchou-tchou...»

Les écrans privent donc les jeunes enfants de la possibilité de développer un certain nombre de compétences essentielles, comme un langage de bonne qualité, mais aussi une utilisation adéquate des objets, l'intégration des notions de causalité, des compétences graphomotrices, une relation adaptée aux autres. On observe d'ailleurs chez les tout-petits une augmentation des troubles du comportement[25]. Parmi les «mordeurs» et «cogneurs» en herbe, nous retrouvons une proportion importante de petits téléphages, qui sont souvent des enfants impulsifs, faute d'avoir appris à entrer en contact de façon adaptée avec d'autres enfants, et chez qui un retard de langage peut augmenter encore cette difficulté.

## PRÉADOS ET ADOS : LE MYTHE DU « LIEN SOCIAL »

Les défenseurs des écrans avancent souvent l'argument d'une plus grande sociabilisation des jeunes: «Les réseaux sociaux constituent un nouvel espace d'expérimentation sociale qui permet aux jeunes de se définir et de définir le monde qui les entoure [...]. Ils augmentent les chances d'organiser des relations plus fortes et plus durables[26].»

Dans les faits, les choses sont loin d'être aussi simples. Que les réseaux sociaux soient devenus pour les jeunes et les moins jeunes le média le plus utilisé pour communiquer, soit. Que le nombre de gens que l'on y «fréquente» soit incomparablement plus élevé qu'avec les anciens moyens de communication, c'est une évidence.

Mais en déduire que le jeune «renforce ses compétences sociales» grâce à ces réseaux, qui «augmentent ses chances d'organiser des relations plus fortes et plus durables[27]», est une affirmation qui se situe très loin des études et des observations de terrain, lesquelles montrent au contraire une fragilisation des relations amicales via Internet et le passage facilité vers des conduites d'agression et/ou de victimisation.

Référons-nous ici à un article paru en 2015 qui traite des usages d'Internet et du Web 2.0 par les adolescents, en interrogeant leurs pratiques des réseaux sociaux. Les auteurs prennent appui sur les résultats de l'étude JAMES (N = 1169), menée en Suisse en 2012. S'ils observent le rôle clé joué par les réseaux sociaux comme technologie relationnelle, ils montrent aussi que «les pratiques offensantes demeurent l'une des conséquences indésirables de l'immersion des adolescents dans l'univers des réseaux sociaux, [que] la violence symbolique et les jeux de positionnement hiérarchique (la recherche de popularité) demeurent omniprésents, notamment entre

12 et 15 ans[28]». On est donc bien loin ici des «relations fortes et durables» décrites par Serge Tisseron. Tout au contraire, il est désormais déploré régulièrement, comme dans l'étude citée ci-dessus, une généralisation des pratiques d'agression verbale, de comparaison et de discrimination.

L'acquisition précoce d'un téléphone connecté ou smartphone est également vantée par certains auteurs[29], mais cet enthousiasme est en contradiction avec les résultats exposés par Jean-Pierre Bellon et Bertrand Gardette dans leur livre *Harcèlement et cyberharcèlement à l'école. Une souffrance 2.0*[30]. Les deux auteurs, l'un proviseur et l'autre sociologue, tentent de faire la synthèse des travaux existants et présentent les résultats d'une étude sur une large cohorte de collégiens: plus l'acquisition d'un portable connecté à Internet est précoce, plus les possibilités de devenir un harceleur ou de connaître des situations de harcèlement sont augmentées. Le smartphone et l'ordinateur ne sont donc pas seulement des outils qui potentialisent les situations «classiques» de harcèlement: ils créent des formes particulières de harcèlement, plus fortes et plus destructrices. Sur la base d'un questionnaire aux collégiens, les auteurs estiment que 20% des élèves du collège enquêté pourraient être désignés comme victimes du harcèlement.

Ce chiffre qui paraît énorme ne l'est guère quand on écoute les collégiens décrire «leur vie au collège». Si les situations de harcèlement sont peu souvent évoquées en première instance, elles sont fréquemment abordées dans la suite des entretiens –qu'elles soient encore actives ou passées, elles ont laissé des traces indélébiles. Le smartphone expose en effet le jeune enfant à la possibilité de recevoir et/ou de diffuser rapidement, intensément et en permanence des messages violents et/ou à caractère sexuel (nous y reviendrons plus loin).

2$^{e}$ PARTIE

# DE 0 À 5 ANS
# LE RISQUE DE COMPORTEMENTS DE TYPE AUTISTIQUE

## — I
## EXPOSITIONS AUX ÉCRANS : CE QUI SE JOUE CHEZ LE TOUT-PETIT

L'EXPOSITION MASSIVE des tout-petits aux écrans a quasiment toujours des conséquences sur leur développement. Pour s'en convaincre, il est essentiel de savoir comment les écrans agissent sur le cerveau des plus jeunes. De nombreuses études permettent de comprendre les mécanismes majeurs qui conduisent à des dysfonctionnements. Des dysfonctionnements qui ressemblent à s'y méprendre aux symptômes des troubles du spectre autistique.

### DÈS LA NAISSANCE, L'ACCORDAGE ÉMOTIONNEL

Le bébé allaité ou qui prend son biberon lové dans les bras de sa maman ou de son papa a nécessairement les yeux orientés vers le visage de l'adulte. Au début très myope, il ne voit pas ce qui est à plus d'un mètre de lui. Ces moments répétés dans les bras d'un adulte lui permettent de rencontrer avec une grande régularité des yeux qui le fixent, un sourire, des paroles qui lui sont adressées et qui sont autant de stimulations nécessaires, parce qu'elles varient juste ce qu'il faut pour lui. Le parent produit en effet une mélodie particulière dès qu'il a le bébé dans les bras: mots simples, voix un peu chantante, intonation un peu plus haute. L'adulte écarquille spontanément les yeux tout en maintenant un sourire prolongé. Cette sensation est agréable et sécurisante pour le bébé, qui découvre que ces yeux, cette voix, cette bouche réagissent très rapidement, dès qu'il se met lui aussi à les scruter, à sourire en réponse au sourire qui lui est adressé –à partir d'un mois de vie. Tous ces éléments de communication non verbaux forment ce que l'on appelle l'accordage émotionnel. Or, cet accordage est essentiel pour permettre au bébé d'accéder à une communication verbale humaine, c'est-à-dire adressée à l'autre et sensée[1]. Elle lui est indispensable pour comprendre le monde. Pendant les premiers mois, il faut un cerveau de parent branché sur un cerveau d'enfant pour que ce dernier se développe normalement.

Sans cet accordage, sans cette construction subtile et continue du lien à sa mère ou à son père, le bébé, pourtant «câblé» pour communiquer, a de grands risques de se replier sur des autostimulations: balancements, tapotements, etc., car sa curiosité pour l'autre n'est pas suffisamment stimulée.

## QUAND L'ATTENTION DU PARENT FAIT DÉFAUT

Le bébé doit être impérativement connecté un minimum à ses parents par le regard, les sourires et la voix pour pouvoir intérioriser un sentiment de sécurité qui le rende capable de développer sa curiosité pour le monde. Mais il arrive que l'accordage parent-enfant ne se fasse pas, faute d'attention suffisante du parent, souvent très sollicité dans notre monde saturé d'écrans. Aujourd'hui, les parents, comme tous les adultes, consultent sans cesse leur téléphone, chattent, répondent à leurs e-mails, surfent sur Internet, vont sur les réseaux sociaux, jouent, regardent des vidéos. La rencontre bébé-parent peut ne pas se faire, car le bébé ne rencontre pas suffisamment souvent un regard qui lui est adressé. Il vit alors de façon répétée l'expérience du *still face* («visage impassible»), décrite par le docteur Edward Tronick en 1964 dans le cadre de ses recherches sur les compétences relationnelles du bébé.

Cette expérience, qui a été filmée[2] et répliquée maintes fois, nous renseigne sur le désarroi d'un enfant que l'adulte ignore. Elle se déroule dans le bureau de consultation du médecin, avec un enfant bien portant d'environ 1 an et sa maman.

La maman s'assied face au bébé, qui est placé dans son transat ou sa chaise haute. Elle commence à jouer avec lui. Elle babille et son bébé lui répond. Il se met à pointer avec son doigt différents endroits autour de lui. À travers leurs échanges, le bébé et sa mère coordonnent leurs émotions. Le bébé est tout à fait à l'aise dans cette situation. Elle lui est manifestement familière. Puis, à la demande du médecin, la maman se détourne. Lorsqu'elle refait face à son bébé, son visage est impassible. Elle ne sourit plus, ne répond plus aux appels de l'enfant. Son regard est fixe et sans expression. Cela ne dure que deux minutes, mais le bébé comprend très vite que quelque chose a changé. Alors il use de toutes ses compétences pour essayer de faire réagir sa mère et la ramener dans l'interaction. Il lui sourit, il babille avec détermination, il montre du doigt des objets pour que sa mère regarde vers l'endroit qu'il désigne, comme elle le faisait juste avant. Il tend ses deux mains vers elle comme pour lui pour dire: «Qu'est-ce qui se passe?» Rendu inquiet par la situation, il envoie des sons stridents en direction de la mère qui signifient: «Viens, reprenons ce que nous faisions!» Au bout de ces deux minutes pendant lesquelles sa mère lui montre un visage impassible, le bébé affiche des émotions négatives, puis se détourne d'elle. À ce moment-là, il «se désorganise» à cause du stress de la situation. Il crie, se cabre, pleure, puis cherche à s'enfuir.

Combien de bébés se retrouvent aujourd'hui dans une situation similaire parce que leur père ou leur mère est capté par l'écran, celui de leur portable notamment? Le bébé qui naît en 2024, dans un monde saturé d'écrans, vit de fait bien plus d'expériences de coupures relationnelles que les bébés tests de l'époque du docteur Tronick. Pour certains, l'expérience se répète inlassablement, plusieurs fois par jour.

La majorité des parents ayant cette attitude ne sont pas des parents déprimés ou maltraitants. Seulement des parents mal informés ou désinformés. L'habitude de regarder son portable en moyenne 220 fois par jour ne s'interrompt pas, pour la plupart d'entre eux, avec la venue du bébé. Ni celle d'avoir une télévision allumée en continu. Entre ces parents et leur bébé, la relation va avoir du mal à se mettre en place, faute de temps partagé.

## À 6 MOIS, ENSORCELÉ PAR LE SMARTPHONE DE MAMAN

Dès que le bébé se tiendra assis, vers 6 mois, et qu'il sera capable de tenir un objet entre ses mains, ses parents pourront être tentés de lui confier leur portable, comme ça, pour voir.

Ils ont déjà remarqué que leur bébé est très attentif à tout ce qui brille et fait du bruit. Les hochets, les grelots, les jouets de son âge ne l'attirent pas autant que, quand il est assis sur les genoux de papa ou maman, l'écran allumé de l'ordinateur. Tout à coup, il est comme ensorcelé et se tient très tranquille. Avec le portable dans les mains, il est tout aussi fasciné. Maman ou papa télécharge un petit jeu très facile, adapté: un son qui sort chaque fois que l'on appuie sur une forme. Bébé est captivé. Il «apprend très vite», disent Serge Tisseron et Olivier Houdé dans leur *Avis de l'Académie des sciences*. Il ne crie plus, ne pleure plus, ne cherche plus à tout attraper ni à ramper sur le ventre. Les parents ont pris soin de ne le mettre que face à des jeux dits «éducatifs» ou des dessins animés «pour les tout-petits».

Le bébé en raffole tellement que ses parents décident de lui offrir, pour son premier anniversaire, une tablette «adaptée», connectée pour pouvoir télécharger ce que l'on veut. Et l'effet magique se poursuit. La tablette est ergonomique, elle ne glisse pas des mains de bébé qui désormais la réclame à toute heure. Et de plus en plus souvent: dans le train, au restaurant, au supermarché, dans la salle d'attente du pédiatre... Elle permet de l'occuper pendant tous les moments d'attente. D'ailleurs, il ne peut plus s'en passer.

Progressivement, le bébé réagit moins aux objets classiques qu'on lui met entre les mains, il s'en détourne plus vite. Pire, le regard de maman, ses sourires ou ses grimaces semblent l'intéresser beaucoup moins aussi. À leur insu, les parents sollicitent moins ce bébé qui les regarde moins qu'avant, qui ne les recherche plus aussi souvent. Et ils lui donnent de plus en plus sa tablette ou leur smartphone, seuls objets qui semblent désormais retenir son attention. Pour manger, pour s'endormir et pour s'occuper: un écran est désormais toujours dans les mains et sous les yeux de bébé. Un cercle vicieux s'est mis en place, instaurant une habitude dont il sera bien difficile pour l'enfant comme pour son parent de s'extraire.

De fait, sans son doudou numérique, l'enfant ne supporte plus aucune attente, aucune frustration. Il a maintenant 2 ans mais ne s'exprime que par des pleurs ou des cris. Devenu dépendant, il ne développe pas les compétences propres à son âge et s'enferme chaque jour davantage dans la bulle sensorielle de sons, de couleurs et de mouvements que diffusent les écrans.

Vers 2 ou 3 ans, il est adressé au CMP par la crèche ou l'école maternelle, qui s'inquiète pour cet enfant qui ne communique pas. Le professionnel de santé qui le reçoit découvre alors un enfant qui présente les caractéristiques principales de l'autisme: troubles massifs de la communication et retard de langage, troubles des relations sociales, fuite du regard, intérêt exclusif pour certains objets, utilisation inadaptée et très pauvre des objets réels, etc.

Voici la reconstruction qu'il m'a été possible de faire grâce au suivi long et régulier des familles de ces bébés captés par les écrans. Par la connaissance très précise des habitudes des familles, jointe au récit de l'enfance de ces bébés, j'ai acquis la certitude qu'il en est ainsi pour un grand nombre de bébés aujourd'hui, dont certains nés sans troubles ni fragilités particulières vont progressivement s'enfermer dans des comportements de type autistique. J'ai donc choisi de nommer syndrome d'allure autistique le tableau clinique repéré comme potentiellement régressif chez ces enfants. L'autisme déclenché ou accru par l'exposition aux écrans mérite en effet qu'on l'aborde avec un œil nouveau.

## — II
## LES TROUBLES D'ALLURE AUTISTIQUE GUETTENT

LES CONSULTATIONS des CMP sont aujourd'hui assaillies de très jeunes enfants surexposés aux écrans dès le berceau et qui présentent des symptômes en tout point semblables à ceux des enfants autistes. Ils constituent un tiers de ma consultation. Les prises en charge sont souvent longues et coûteuses en temps et en énergie. Bien des enfants que je suis aujourd'hui au CMP auraient été orientés directement en hôpital de jour[3] s'ils avaient été reçus par un collègue peu convaincu du rôle central des écrans... ou par moi-même dix années plus tôt. Les progrès considérables de ces enfants ne tiennent pas aux compétences de la thérapeute que je suis, mais à une intuition juste: les écrans sont toxiques chez les très jeunes enfants. Les mêmes résultats sont obtenus par les professionnels de santé du CoSE et par tous ceux qui ont su observer, s'interroger et accepter de remettre en question leurs certitudes et leur façon de procéder. À l'heure où j'écris, plusieurs études viennent confirmer cette intuition clinique du rôle profondément délétère des écrans dans la constitution des compétences relationnelles, du langage et de l'attention[4].

### L'AUTISME INFANTILE SELON LA CIM

En préalable à ce chapitre, il est sans doute utile de rappeler la définition de ce trouble telle qu'elle apparaît dans la classification internationale des maladies dite CIM 10[5]. L'autisme infantile y est décrit comme un «trouble envahissant du développement, caractérisé par un développement anormal ou déficient, manifeste avant l'âge de 3 ans, avec une perturbation caractéristique du fonctionnement dans chacun des trois domaines suivants: interactions sociales, communication, comportement (caractère restreint et répétitif). [...] Ce trouble survient trois à quatre fois plus souvent chez les garçons que chez les filles».

La description des dysfonctionnements est très complète: «Les altérations qualitatives des interactions sociales se traduisent par une appréciation inadéquate de signaux sociaux ou émotionnels comme en témoignent l'absence de réaction aux émotions d'autrui, la faible utilisation de messages sociaux, la faible intégration de comportements de communication, sociaux et émotionnels, et surtout, le manque de réciprocité sociale et émotionnelle.» En clair, les enfants présentent une voix robotisée, qui ne s'accorde pas aux intonations de leur interlocuteur, une expression sans émotion, une absence de curiosité et des focalisations sur certains objets, comme les trains, les voitures... ou, de nos jours, les écrans, «un attachement spécifique, surtout chez le petit enfant, à des objets insolites, typiquement de consistance dure» (en guise de doudou, on trouvait jadis une petite voiture, aujourd'hui c'est le portable des parents), etc. Par ailleurs, «les enfants autistes présentent souvent divers autres problèmes non spécifiques [à l'autisme] tels que des peurs ou des phobies, des troubles du sommeil et de l'alimentation, des crises de colère et des comportements agressifs. [...] Il existe un retard mental significatif dans environ trois quarts des cas».

Parmi les enfants que j'ai reçus ces dernières années, quelques-uns, rares, présentaient tous ces troubles et étaient donc des autistes typiques ou autistes de Kanner. Autrement dit, la sévérité de leurs troubles, les anomalies de leur développement observées dès la naissance par leurs parents et la faible modification de leurs symptômes après un changement de certains éléments de leur mode de vie incitaient à leur supposer une origine génétique. Mais pour la plupart des enfants qui m'étaient adressés pour des comportements d'allure autistique, des changements opérés dans leur environnement, en particulier la réduction drastique de leur exposition aux écrans, ont eu un effet très important sur l'amélioration de leurs symptômes.

## L'EXPLOSION DES CAS D'AUTISME

Depuis de nombreuses années, les troubles de type autistique détectés chez les enfants affichent une incroyable augmentation. En 1943, quand Leo Kanner décrit pour la première fois l'autisme[6], il fonde son observation sur 11 enfants seulement. Mais il prédit que le syndrome qu'il a décrit et qui «semble assez rare est probablement plus fréquent que ne le suggère la rareté des cas observés». Sa prédiction a été plus que vérifiée. Une étude de 1966[7] portant sur des enfants scolarisés de 8 à 10 ans et vivant dans le Middlesex (Angleterre) estimait déjà une prévalence de 4,5 cas pour 10000. Dès 1992, aux États-Unis, on a diagnostiqué 19 cas d'autisme pour 10000 chez les enfants de 6 ans[8]. Les chiffres sont montés en flèche pendant la première décennie du XXIe siècle, selon les données des centres américains pour le contrôle des maladies et la prévention CDC[9] d'Atlanta (Géorgie), qui ont montré que, à partir de 2006, plus de 90 pour 10000 enfants américains de l'âge de 8 ans étaient atteints d'autisme. Autrement dit, un enfant sur 110.

C'est une véritable explosion!

Jusque dans les années 2000, cette augmentation spectaculaire s'expliquait, selon les experts, par l'élargissement du diagnostic du TSA et par un diagnostic plus précoce chez des enfants présentant un retard mental. Mais à partir des années 2000, certaines études ont commencé à remettre en cause l'aspect un peu sommaire de ces explications et ont entrepris d'examiner l'impact de facteurs environnementaux.

Ce sujet est très sensible. Parce que les parents s'inquiètent facilement de savoir s'ils peuvent faire quelque chose pour prévenir la maladie ou au moins l'endiguer, les chercheurs ont été très prudents pour évoquer des origines environnementales. Au départ, l'autisme a été expliqué, par Kanner puis par Bruno Bettelheim, par le comportement des mères, froides et inaffectives. Cette théorie a causé bien plus de tort aux enfants et à leurs parents qu'elle n'a aidé à guérir ce trouble sévère. Elle a depuis été remise en cause mais a pourtant contribué à invalider toute hypothèse d'une cause externe –*a fortiori* environnementale– pour centrer les recherches sur la seule piste génétique. L'idée de facteurs environnementaux expliquant en partie les TSA reste controversée. Il existe pourtant d'autres maladies où la croyance en une cause purement génétique est abandonnée au profit de la recherche de facteurs environnementaux. C'est ainsi le cas pour l'asthme, le diabète de type 2, les allergies alimentaires et certains types de cancers.

Résultat: le «dogme» du tout-génétique pour expliquer les troubles d'allure autistique a pour le moment engendré bien plus de dépenses qu'il n'a apporté de découvertes. Durant la dernière décennie, le gouvernement fédéral américain a investi 1 milliard de dollars dans la recherche des troubles génétiques de l'autisme et seulement 40 millions dans la recherche d'éventuels facteurs environnementaux!

À l'heure actuelle, personne ne peut prétendre connaître de façon certaine la cause de l'autisme. Tout porte à croire que les gènes et l'environnement se combinent dans l'apparition des TSA chez ces enfants.

Pour comprendre l'augmentation phénoménale des cas d'autisme, il est nécessaire d'évaluer les différents facteurs et leur impact. Néanmoins, avec la hausse rapide constatée ces dernières années, beaucoup considèrent le facteur environnemental comme une explication fondée. Dans une étude extensive de 2009, Peter Bearman, sociologue à la Columbia University de New York, s'est efforcé de comprendre quelle était la part des facteurs sociaux dans cette augmentation[10]. Il a mis en regard les quelque 5 millions de naissances dans l'État californien entre 1992 et 2000 et les 20000 cas de TSA diagnostiqués sur cette même période, pour dresser un tableau très riche de la démographie et de l'histoire individuelle des personnes atteintes d'autisme, des données susceptibles de fournir des indices sur les facteurs sociaux pouvant influencer le diagnostic.

À l'heure actuelle, selon Bearman, on ne peut expliquer qu'un peu plus de 50% de l'augmentation constatée.

- Environ 25% peuvent être attribués à un élargissement des critères de diagnostic. En regardant les dossiers médicaux,

Bearman a trouvé que certains enfants qui auraient été diagnostiqués dix ans plus tôt avec un retard mental seraient aujourd'hui considérés comme à la fois autistes et déficients mentaux.

- 15% peuvent être attribués à une plus grande prise de conscience de l'autisme –de plus en plus de parents et de pédiatres en sont informés.
- Le facteur géographique représenterait 4% selon Bearman. Le regroupement géographique le plus fascinant se trouve sur et autour des collines de Hollywood, en Californie. Les enfants qui vivent dans la zone de 900 km² autour de West Hollywood ont une probabilité quatre fois plus élevée d'être diagnostiqués atteints de TSA que ceux habitant dans une autre partie de l'État! Selon Bearman, la cause d'une telle concentration de cas d'autisme diagnostiqués dans cet endroit pourrait s'expliquer par les relations de voisinage: un parent dont l'enfant souffre de TSA pourra expliquer à un voisin dont l'enfant présente des troubles similaires où trouver de l'aide et comment se débrouiller dans les méandres du système médical et éducatif. Les parents impliqués sont alors plus nombreux, des spécialistes sont susceptibles d'installer leur cabinet dans cette zone, donc de diagnostiquer et de traiter plus d'enfants.
- Enfin, 10% peuvent être expliqués par un changement social ayant des conséquences biologiques: l'âge plus élevé des parents. Des études ont prouvé que des enfants nés de parents de 35 ans présentaient un risque plus grand d'être diagnostiqués atteints de TSA. Il resterait alors 46% de cas non expliqués. «Le fait que ce pourcentage important de l'augmentation des cas d'autisme ne puisse être expliqué ne veut pas forcément dire que la cause est environnementale, précise Bearman. Il y a sans doute beaucoup d'autres facteurs que ceux que nous avons identifiés.»

Aujourd'hui, de nombreux chercheurs pensent qu'au moins une partie de l'augmentation des chiffres de l'autisme peut s'expliquer par des facteurs environnementaux. Mais plutôt que de batailler sur les chiffres, ils préfèrent tourner leurs efforts à trouver ces causes.

Dans son article «The Prevalence Puzzle: Autism Counts», la journaliste américaine Karen Weintraub a recueilli l'analyse de Lisa Croen, directrice du programme de recherche sur l'autisme au centre de santé Kaiser Permanente à Oakland (Californie). «La majeure partie des recherches sur l'autisme s'est concentrée sur la génétique, explique-t-elle. Nous avons certes appris beaucoup, mais on n'a pas encore trouvé la solution miracle. Je pense que c'est parce que nous n'avons pas tout le tableau[11].»

En conclusion, l'élargissement des critères de diagnostic explique certainement une partie de l'augmentation des cas, mais une partie seulement. D'autant que le tableau descriptif de l'autisme tel qu'il apparaît dans le DSM 5 ou la CIM 10 reste un tableau symptomatologique «lourd», qui ne devrait *a priori* concerner qu'un nombre restreint d'enfants, ce qui n'est pas le cas pour l'instant.

L'explosion récente des troubles du spectre autistique conduit naturellement le professionnel de l'enfance à s'interroger sur le rôle des facteurs environnementaux dans l'apparition de ces troubles pour une partie des enfants diagnostiqués. J'ai pu observer que bon nombre de ces enfants, en dépit d'un tableau de signes autistiques complet, présentaient ponctuellement des émergences de conduites relationnelles adaptées, comme des échanges de regards certes furtifs, mais possibles, voire de sourires, des imitations gestuelles et faciales. Certains d'entre eux sont capables de réagir aux interactions sociales de façon plus fréquente que les «autistes classiques», en particulier lorsque ces interactions sont initiées par le parent. Il est donc possible de faire quelque chose pour ces enfants afin de les conduire vers une évolution positive, voire la rémission totale de leurs troubles. Cette hypothèse entre en contradiction avec la doxa actuelle qui voit dans l'autisme un trouble d'origine génétique, non rémissible quoique modifiable à condition que la prise en charge soit précoce et intense. Point de vue tout à fait juste dans les faits mais je pense que l'on pourrait beaucoup gagner en efficacité si l'on posait la question de l'exposition aux écrans dans l'histoire de vie de ces enfants! Car une fois cet objet supprimé et remplacé par de nombreuses et chaleureuses relations avec les parents ou la fratrie, j'ai pu observer maintes fois des «redémarrages» de l'enfant que je n'ai jamais pu obtenir par d'autres moyens[12].

Le constat est là: les diagnostics de TSA augmentent au même rythme que l'usage des écrans. Entre 1980 et 2000, nous avons assisté à une véritable explosion des produits vidéo dédiés aux enfants. Or, cette courbe de croissance suit celle de l'autisme... Coïncidence?

Sans doute pas. Les usages audiovisuels des enfants se sont, pendant cette période, totalement transformés.

## COMMENT L'EXPOSITION AUX ÉCRANS MODIFIE LES MÉCANISMES DE L'ATTENTION

Que se passe-t-il dans le cerveau de ces bébés stimulés dès la naissance par les couleurs et les sons des écrans et non plus par le regard et la voix de leurs parents?

Deux chercheurs proposent une hypothèse neurophysiologique de ce processus en pointant une compétition entre cerveau social et cerveau audiovisuel[13].

Les écrans stimulent le cerveau des bébés d'une façon très particulière, observent les chercheurs. L'exposition à un écran mobilise et développe certains circuits aux dépens d'autres. Elle provoque une stimulation sensorielle particulière. Le cortex occipital (visuel) est la partie du cerveau qui se développe le plus rapidement, dans les tout premiers mois qui suivent la naissance, tandis que les zones cérébrales frontales, associées entre autres aux activités mentales, ont un développement plus lent qui survient dans un second temps. L'exposition sensorielle aux écrans pendant les deux premières années de vie, qui domine sur les autres perceptions, altère très probablement les circuits neuronaux à un moment déterminant du développement. La plupart des programmes pour tout-petits cherchent à mobiliser l'attention des bébés par des stimuli qui mobilisent les circuits cérébraux non sociaux. Couleurs très vives, sons dynamiques, mouvements rapides, tous ces traits saillants ont pour but de « scotcher » l'attention de l'enfant. Jusqu'à 9 mois, le bébé est davantage capté par la lumière et le son qui émanent de l'écran que par les stimuli « pertinents socialement », c'est-à-dire les visages, le mouvement humain... Des chercheurs ont ainsi montré que le jeune enfant aura tendance à fixer son regard sur les objets lumineux et en mouvement plutôt que sur des points fixes[14]. Les circuits du cerveau qui traitent les stimuli audio et vidéo se retrouvent donc en compétition avec ceux qui permettent l'attention aux stimuli sociaux, plus neutres. De plus, les tout-petits ne peuvent pas faire la différence entre une action qui a du sens (l'image d'un enfant qui construit une tour) et celle qui n'en a pas (un caillou qui roule sur la route). Un flux massif de stimulations audiovisuelles durant les premiers mois de vie surcharge le traitement sensoriel principal et entrave les processus cognitifs de niveau supérieur.

Alors que le cerveau du nouveau-né commence à se relier et réagit de plus en plus aux demandes de stimulation auditive et visuelle, le comportement de l'enfant, dans un univers saturé d'écrans, se modifie progressivement de sorte qu'il focalise toute son attention sur ces stimuli sensoriels principaux et diminue l'attention dirigée vers d'autres éléments de son environnement lui permettant de développer des niveaux plus élevés de la pensée, comme les visages, le monde qui l'entoure et les processus sociaux. Cette connexion sensorielle devient un obstacle au développement cognitif d'un niveau supérieur.

À partir de 9 mois, si le bébé a été normalement stimulé par les interactions sociales et s'il continue de l'être, il va se mettre à préférer les stimuli sociaux aux stimuli non sociaux: le sourire de sa maman qui le regarde au mouvement de la toupie. Mais on peut penser que si le bébé a été fortement stimulé par un écran, il risque de conserver son goût pour les stimulations audiovisuelles en les préférant aux stimuli sociaux et neutres.

Après 3 ans, l'enfant peut comprendre l'aspect narratif des contenus audiovisuels parce qu'il a pu développer des circuits neurologiques dédiés au traitement de l'information externe grâce à la parole et à la relation sociale. Pour les adultes, le monde audiovisuel (film, jeu vidéo) s'ajuste parfaitement au monde réel et vient même parfois l'enrichir: ce qui fait sens pour un adulte n'en a aucun pour un bébé.

## TSA OU SYNDROME D'ALLURE AUTISTIQUE ?

Chez les enfants atteints de TSA, le traitement du monde réel semble très proche du traitement du monde audiovisuel chez les tout-petits. Ils montrent par exemple un déficit dans l'aptitude à reconnaître les visages. Ce déficit est d'ailleurs confirmé par l'IRMf (imagerie par résonance magnétique fonctionnelle). Le gyrus fusiforme, zone du cerveau liée à la reconnaissance des visages, montre une moindre activité chez les sujets autistes. Les cerveaux des sujets atteints de TSA traitent les visages de la même manière qu'un cerveau d'un individu normal traite les objets.

Les stimuli de la parole et de l'audition reçoivent aussi un traitement différent chez les enfants atteints de TSA. Des chercheurs ont ainsi montré que les individus souffrant d'autisme sévère préfèrent les sons mécaniques à la prosodie du langage[15].

Chez les nourrissons, dès 2 jours, on observe une préférence pour le mouvement biologique. Une préférence qui ne se dément plus par la suite. En revanche, chez les sujets atteints de TSA, on constate un traitement neuronal atypique dans la perception du mouvement biologique, c'est-à-dire un mouvement reproduisant une réalité physique du monde. Si l'on montre à des enfants de 2 ans atteints de TSA un écran en deux parties avec, d'un côté, une vidéo présentant un mouvement biologique et, de l'autre, des images à l'envers et qui ne suivent pas un mouvement naturel, ces bébés ne montrent pas de préférence pour la première partie de l'écran. Ce qui captive avant tout un enfant TSA, c'est la synchronisation entre le son et l'image, indépendamment de son contenu.

Un enfant présentant un TSA est plus attentif à la synchronie audiovisuelle qu'au mouvement biologique, à la bouche qu'aux yeux, à une parole automatique qu'à une parole qui lui est adressée. Les chercheurs supposent que cette spécialisation du cerveau audiovisuel non social altère les réactions à l'expérience sociale. Les enfants atteints de TSA traitent avec efficacité les stimuli audiovisuels mécaniques ou abstraits, mais ils obtiennent un score de traitement en dessous de la normale quand ils doivent analyser des visages et des voix.

Les effets très positifs d'une intervention précoce chez certains enfants souffrant de TSA amènent à penser qu'une cause environnementale de l'autisme existe. Une prise en charge comportementale précoce qui réadapte l'enfant à des comportements sociaux tout en le soustrayant à la télévision et aux écrans porte souvent ses fruits. Un certain nombre de chercheurs ont déjà tenté l'expérience.

Une technique a été mise au point, l'approche Denver, qui met l'accent sur l'interaction sociale en incluant une stratégie de coupure de la télévision ainsi que de tous les écrans et jouets électroniques qui sont en concurrence avec l'attention sociale. Ces interventions précoces qui éliminent ou réduisent l'exposition aux écrans audiovisuels favorisent de ce fait l'interaction sociale en face à face et l'attention partagée. En appliquant cette technique, des chercheurs ont pu mettre en valeur une amélioration du langage et d'un comportement social adapté chez des enfants diagnostiqués TSA. Ils ont rassemblé des preuves sur une activité normalisée lorsque des visages sont présentés, symptomatique d'une amélioration des circuits neuronaux sociaux[16]. L'intervention précoce diminuerait donc la stimulation des zones du cerveau qui réagissent à un apport audiovisuel, tout en augmentant la stimulation du cerveau social.

Une étude a souligné une consommation précoce de la télévision plus importante chez les enfants diagnostiqués TSA que chez les autres[17]. Ces enfants commencent en moyenne à regarder la télévision dès 6 mois alors que les autres démarrent à 12 mois. A également été mis en évidence un développement dégradé du langage associé à un visionnage précoce de DVD ou de vidéos. Les auteurs de cette étude ont observé que les enfants ayant commencé à regarder la télévision avant 12 mois et qui la regardaient plus de 2 heures par jour avaient six fois plus de risques de développer un retard de langage.

Une autre équipe a étudié des enfants entre 2 mois et 4 ans et s'est rendu compte que chaque heure de télévision était associée à une réduction importante de la vocalisation entre l'adulte et l'enfant[18]. On peut donc supposer que le retard de langage, dans ce cas de figure, résulterait d'une exposition insuffisante à un langage parlé interactif, autrement dit à des échanges verbaux. C'est à cette conclusion qu'arrivent deux auteurs d'une étude citée plus haut: «Il semble que la plupart des parents ne connaissent pas l'existence d'études liant le temps-écran et l'autisme. Pour les parents, les principaux facteurs causals des TSA sont la génétique, la structure cérébrale, la volonté divine, la toxicité des vaccins et la pollution de l'environnement, entre autres. Malheureusement, on ignore l'exposition aux écrans des petits enfants comme agent potentiel de l'autisme[19].»

Deux études viennent soutenir cette hypothèse. L'une d'elles, émanant de chercheurs chinois, est parue en juin 2017[20]. Son but était d'évaluer les relations entre temps d'écrans, durée de sommeil nocturne et problèmes de comportements sur un échantillon d'enfants d'âge préscolaire en Chine. La cohorte est impressionnante: 8900 enfants âgés de 3 à 6 ans! Les troubles du comportement étaient évalués par des questionnaires scientifiques internationaux[21]. Les scores de ces questionnaires se sont révélés plus élevés chez les enfants avec un temps d'écran supérieur à 2 heures par jour et un temps de sommeil inférieur à 9 h 15. Ces enfants présentaient un plus grand risque de difficultés cumulées: difficultés émotionnelles, troubles des conduites, hyperactivité, problèmes avec les pairs, problèmes sociaux, ainsi que des troubles du comportement entrant dans le spectre autistique.

Une autre étude essentielle a fait un peu parler d'elle dans la presse française, pour être critiquée bien entendu. Elle émane du psychologue roumain Marius Teodor Zamfir, qui dirige un centre d'accueil pour jeunes enfants porteurs de TSA. L'étude décrit les effets d'une surexposition aux écrans chez des enfants ayant reçu un diagnostic de TSA entre 2012 et 2017. Elle a été réalisée de façon longitudinale et porte sur 62 enfants. Elle compare deux groupes d'enfants: l'un exposé à plus de 4 heures d'écrans par jour et l'autre n'ayant pas subi cette surexposition entre 0 et 3 ans[22].

Le projet de cette étude a débuté il y a sept ans, après que des psychologues roumains ont constaté une guérison rapide dans le cas de patients TSA qui venaient de commencer le programme de soins. Comparés aux cas habituels, ces enfants présentaient des améliorations spectaculaires dans tous les domaines de développement. En regardant de plus près l'anamnèse (l'histoire de la maladie) de ces enfants, les psychologues ont identifié un point commun: une consommation moyenne minimum de 4-5 heures d'écrans entre 0 et 3 ans. Généralement, ces enfants présentaient des problèmes relatifs à la compréhension et à l'expression correcte et complexe des émotions humaines et des interactions. Ils avaient en particulier des difficultés à comprendre les choses abstraites, les allusions, l'ironie et, d'une façon générale, les effets de langage utilisés dans la conversation. Après guérison, ces enfants présentaient un profil très proche de celui des enfants diagnostiqués Asperger.

Ces observations suggèrent qu'une *déprivation* sensorimotrice et socio-affective, causée par la consommation de plus de 4 heures par jour d'écrans, peut activer des comportements et des symptômes semblables à ceux trouvés chez les enfants diagnostiqués TSA. «Les résultats de cette étude nous autorisent à faire un diagnostic différentiel entre les formes classiques d'autisme et une nouvelle forme d'autisme appelé autisme dû au virtuel. Ce diagnostic d'autisme ne peut être posé qu'après avoir supprimé la consommation d'écrans dans l'environnement du jeune enfant jointe à un programme de soins», conclut Marius Teodor Zamfir.

Les différents travaux exposés dans ces pages se complètent et convergent dans leur conclusion. Ils confirment l'hypothèse d'une corrélation entre les troubles d'allure autistique et une exposition massive et précoce des enfants aux écrans. Ils permettent à mon sens de distinguer deux cas de figure:

- des enfants «sains» à la naissance et qui, après une exposition précoce et intense aux écrans, présentent divers troubles d'allure autistique (type I). Leurs symptômes régressent relativement vite après arrêt des écrans si l'on intervient suffisamment tôt;
- des enfants porteurs de potentialités autistiques dès la naissance et qu'un environnement saturé d'écrans fait éclore et/ou renforce (type II). Ces enfants, une fois guéris, présentent un tableau proche de celui des enfants Asperger.

N'entrent pas dans cette typologie les enfants atteints d'autisme dont le trouble serait d'origine purement génétique. Pour eux, la suppression des écrans ne modifie pas fondamentalement leur comportement.

Une autre hypothèse, très semblable, est soutenue par la psychologue Victoria Dunkley qui, comme Marius Zamfir Teodor, affirme une potentialité autistique qui se révélerait plus fréquemment dans un univers saturé d'écrans[23].

Le parallèle pourrait être fait avec l'obésité, qui concerne davantage les enfants nés dans des sociétés où règnent l'hyperconsommation et la nourriture industrielle. Même si l'on admet certaines prédispositions génétiques pour cette pathologie, la part environnementale (alimentation, habitudes de vie) joue un rôle considérable dans son développement.

Selon Victoria Dunckley, les enfants présentant potentiellement un trouble du spectre autistique sont particulièrement vulnérables au temps d'exposition aux écrans. Pourquoi? Parce que le cerveau des personnes atteintes d'autisme possède des caractéristiques propres que le temps passé devant un écran exacerbe. Leur cerveau est à la fois plus sensible et moins adaptable. Pour certains enfants, les écrans agissent «comme la caféine, les amphétamines ou la cocaïne, écrit Victoria Dunckley. Ces stimulants ont tendance à rendre les enfants irritables, pleurnichards et se focalisant sur un sujet de façon obsessionnelle et compulsive, incapables de dormir. Les stimulants peuvent aussi exacerber les tics, les conduites auto-agressives ou hétéro-agressives et les problèmes sensoriels.» Or les enfants souffrant d'autisme sont particulièrement sensibles aux stimulants de toutes sortes, qu'ils soient pharmaceutiques ou électroniques. Par ailleurs, la difficulté à éduquer, comprendre, interagir avec un enfant atteint d'autisme est si complexe, si éprouvante aussi qu'elle conduit bien des familles à avoir plus facilement recours aux écrans. Les parents s'entendent dire que «jouer à un jeu vidéo est normal», voire anodin.

Ils sont alors encouragés à introduire le numérique plus tôt et plus souvent. Enfin, il peut arriver qu'ils rencontrent des thérapeutes qui utilisent les jeux vidéo ou d'autres applications[24] et en font l'éloge pour soigner les troubles du spectre autistique.

Finalement, les parents et les cliniciens sont régulièrement encouragés à utiliser les écrans avec les enfants atteints d'autisme parce que l'idée selon laquelle ils peuvent contribuer à réduire leurs troubles ou améliorer chez eux la sociabilité et la communication est largement répandue et rarement interrogée. Alors qu'aucune étude n'a pu l'évaluer.

## UNE HYPOTHÈSE CONTESTÉE : DANS LE DÉTAIL DES CRITIQUES

Expliquer le développement de troubles d'allure autistique par une exposition massive précoce (dès la naissance) aux écrans est jugé «scandaleux» parce qu'une telle hypothèse remet en cause certains dogmes et préjugés, obligeant à s'interroger sur les pratiques actuelles de la recherche en santé mentale. Certaines critiques valent cependant la peine que l'on s'y attarde. Soulignons d'abord que celles qui cherchent à invalider cette hypothèse sont sans commune mesure avec le nombre très important de témoignages de parents ou de professionnels de France ou d'ailleurs qui la confortent[25].

Ensuite, en règle générale, les critiques les plus virulentes de la notion d'«autisme virtuel» n'émanent ni de parents d'enfants atteints d'autisme, ni des associations qui prennent en charge ces enfants. Certaines associations ont même pris contact avec nous pour échanger sur des questionnements communs[26].

Les critiques proviennent en majorité de «chercheurs» qui ne côtoient pas ces enfants[27]. J'ai parfois l'impression qu'ils sont tellement occupés à trouver, à coups de compilations d'études et de statistiques, une cause endogène (interne) aux TSA qu'ils semblent avoir oublié combien l'univers de nos enfants a été bouleversé par l'introduction massive des écrans dans les foyers.

**Une attaque contre les mères ?**

«Cette dénonciation est surtout une nouvelle manière de dire que les enfants deviennent autistes parce que les parents ne les élèvent pas bien. La remise en question de la "bonne maman" est un vieux fantasme», assène le docteur Catherine Barthélémy, pédopsychiatre et professeur émérite de l'université de Tours, dans un article de *L'Express* du 16 septembre 2017[28]. Cette critique peut tout à fait se comprendre de la part de celle qui a combattu avec vigueur la thèse des «mères froides» présentée alors comme cause de l'autisme. Depuis les années 1990, Catherine Barthélémy a contribué à imposer un modèle biologique et neurologique comme unique facteur causal de l'autisme. Ce modèle a permis de valoriser les prises en charge comportementales, qui visent à diminuer les comportements non sociaux des enfants atteints d'autisme et à promouvoir des modes de communication fondés sur des images[29]. Pour avoir travaillé pendant huit ans dans un hôpital de jour qui recevait des enfants souffrant de TSA, je peux affirmer que ces méthodes ont tout leur sens auprès des autistes typiques.

Un bémol toutefois: dans cet hôpital, comme tous ceux recevant des enfants souffrant de TSA, seuls 5% des patients présentaient un autisme typique. Le reste rentrait dans la catégorie de l'autisme atypique, défini comme un «trouble envahissant du développement qui diffère de l'autisme infantile par l'âge de survenue ou parce qu'il ne répond pas à l'ensemble des trois groupes de critères diagnostiques d'un autisme infantile »: altérations franches des interactions sociales et de la communication, comportement social restreint, stéréotypé et répétitif. Les parents mentionnaient très régulièrement la survenue des symptômes chez leur enfant vers l'âge de 18 mois ou 2 ans, jamais avant. Certains, pour nous convaincre, apportaient même des films sur lesquels on pouvait voir des échanges de regards et de sourires avec leur enfant qui avaient totalement disparu par la suite.

Pour la plupart de ces enfants, le diagnostic était flou, difficile à porter et souvent sujet à discussions tendues entre des soignants qui le réclamaient et des médecins qui tardaient à le donner, car rien n'est plus complexe qu'un diagnostic en pédopsychiatrie. Le contact régulier avec les familles de ces enfants m'avait cependant très vite permis de comprendre le rôle considérable de l'environnement dans la genèse des troubles, à l'exclusion des enfants présentant un autisme typique. Pour une grande part, les incohérences éducatives, une absence de repères clairs jointes à une stimulation précoce et très importante par les écrans étaient le lot commun. Les mères de ces enfants n'étaient pas des « mères froides ». Seulement des mères mal informées, doutant de leurs compétences et évoluant dans une société qui encourage le face-à-face de l'enfant avec l'écran. La question de la place des écrans et de leur rôle dans la genèse des troubles restait secondaire, voire inexistante, lors des entretiens auxquels j'assistais. À l'époque, je n'avais pas encore compris toute l'importance de cette question.

Chercheurs et médecins ont-ils pris toute la mesure des bouleversements qui ont eu lieu dans notre société et nos foyers depuis 30 ans ? Aujourd'hui, un bébé grandit dans un environnement où les échanges avec sa mère ne sont quantitativement et qualitativement plus les mêmes que dans les années 1980. Partout la connexion aux écrans s'est substituée aux échanges parents-enfants, par manque d'information des familles sur la toxicité des écrans et non parce que les mères seraient déprimées, comme on le répète à l'envi.

À partir du moment où, en tant que psychologue ou médecin, on réalise l'ampleur de ces nouveaux usages numériques, il est de notre devoir de soignants d'alerter les parents sur les effets toxiques des écrans sur le cerveau d'un tout-petit. De leur expliquer que les échanges humains par le regard et la voix sont ce qu'il y a de meilleur pour un cerveau de bébé, tandis que les stimulations sonores et auditives qui émanent des écrans perturbent son développement cérébral.

Les mères comprennent très bien ce discours, l'entendent sans se sentir coupables, mais avec l'envie d'agir pour réduire les symptômes chez leur enfant. Elles sont soulagées d'apprendre qu'elles ne sont pas à l'origine de ces troubles. Surtout, elles sont souvent surprises que personne ne les ait alertées plus tôt. Car l'exposition aux écrans, du bébé comme de ses parents, est un cercle vicieux: elle les empêche de communiquer et ce manque d'échange provoque le repli de l'enfant sur lui-même qui conduit au retard des acquisitions sociales. Cet enchaînement a pour résultat d'augmenter le stress de la mère, stress qui renforce l'éloignement mère-enfant.

En proposant d'agir sur l'exposition aux écrans, le cercle vicieux devient un cercle vertueux. Le renforcement des échanges mère-enfant provoque une amélioration de la communication, qui favorise une reprise de confiance de la maman dans sa compétence parentale. Cette confiance stimule le cerveau social de l'enfant et génère un sentiment de gratification chez la mère, qui encourage naturellement son bébé à poursuivre ce type de communication.

### Une carence de l'environnement ?

Un second type de critique, qui rejoint le précédent, émane de chercheurs comme Franck Ramus, qui n'a, de son propre aveu, aucune expérience clinique des enfants atteints de TSA.

«Je suis un chercheur qui s'intéresse aux causes. Je ne suis pas un clinicien et ce n'est pas ma spécialité», avance-t-il, prudent, dans une conférence à l'École normale supérieure[30]. Pour autant, ce manque de connaissance du terrain ne l'empêche pas de prendre position, lorsque le docteur Anne-Lise Ducanda poste sa vidéo pour prévenir les parents des risques liés à une surexposition aux écrans:

> L'excès d'exposition de l'enfant aux écrans traduit une carence de l'environnement. Les troubles observés ne sont pas dus à l'objet lui-même. [...] On sait bien que les enfants élevés dans un placard ne se développent pas normalement et on n'incrimine pas l'exposition aux placards, on en déduit juste que c'est une carence de l'environnement, affirme-t-il dans une interview pour *L'Express*. La question est de savoir si ce sont les écrans qui ont intrinsèquement un effet négatif sur le développement cognitif de l'enfant ou si c'est simplement que le temps passé devant les écrans remplace le temps qui serait normalement passé à interagir avec les proches[31].

Les deux, mon capitaine, a-t-on envie de répondre. Effet addictif de l'écran et temps volé se conjuguent pour le pire. Par ailleurs, le nombre de données qui s'accumulent actuellement sur les effets négatifs du numérique sur les adultes comme les enfants devrait conduire à l'application d'un principe de précaution que ce chercheur semble ignorer.

Enfin, la comparaison entre les écrans et les placards frise la bêtise. A-t-on jamais vu les enfants se précipiter dans les placards, comme c'est le cas avec les écrans? A-t-on jamais vu des experts louer les placards et en faire des objets à haute valeur éducative, comme c'est le cas pour les tablettes interactives dans l'*Avis de l'Académie des sciences* dont j'ai parlé plus haut. C'est bien là que se situe le problème: d'un côté, Frank Ramus affirme l'aspect délétère de l'exposition massive des enfants aux écrans en les comparant à des placards; de l'autre, il ne relève pas que ces mêmes objets sont partout vendus comme hautement stimulants et éducatifs pour les enfants.

## — III
## HISTOIRES DE CAS

MA PRATIQUE m'a permis d'observer que les écrans sont des retardateurs puissants du développement des compétences cognitives et relationnelles chez le petit enfant. Et que, en supprimant ou en régulant fortement leur usage, il était possible de modifier très rapidement en profondeur les symptômes, même chez les enfants présentant des troubles d'allure autistique. L'adulte le plus disponible dans l'entourage de l'enfant, c'est-à-dire la maman ou le papa, mais aussi ses frères et sœurs, sont les intermédiaires nécessaires au soin de l'enfant: eux seuls sont capables de reconnecter correctement son cerveau au monde qui l'entoure.

Les enfants dont je vais vous raconter l'histoire sont sortis de leur bulle grâce, entre autres, à une réduction drastique de leur exposition aux écrans. Grâce au temps ainsi dégagé, ils ont pu retrouver un lien plus fort avec leur entourage, varier leurs activités et finalement se reconnecter au monde.

Pour certains, la régression des troubles a été complète. D'autres présentent encore des retards et des difficultés qui mettront du temps à se résorber. Plus la prise en charge est précoce, plus les résultats sont encourageants. Plus elle est tardive, plus des séquelles définitives risquent d'être observées.

### ARTHUR OU L'ABSENCE DE STIMULATION

Arthur a 2 ans lorsqu'il entre avec ses parents dans mon bureau. Il est le premier enfant du couple. Ses parents travaillent à temps plein. La grossesse s'est bien passée, le bébé a été nourri au sein jusqu'à 2 mois et demi et gardé par sa mère jusqu'à 6 mois. Ensuite, sa maman a repris son travail et Arthur est entré à la crèche. L'enfant semble être, dès le départ, très investi par ses parents.

En consultation, j'observe Arthur tout en discutant avec ses parents. Il ne tient pas en place, faisant des allers-retours incessants entre la porte et ses parents. Il prend des jouets et les jette, crie au moindre refus, ne supporte aucune frustration. Il présente d'importants troubles du développement. Arthur a été orienté vers le CMP à la demande du médecin de la crèche, qui s'inquiète de son évolution.

Les adultes qui l'encadrent à la crèche s'alarment devant son attitude. Arthur refuse de faire les activités collectives, il ne joue pas comme les enfants de son âge et n'a pas de contact avec eux, sauf pour les frapper. Son langage est encore très peu développé. Il nomme un petit nombre d'objets. À la maison, dans sa chambre, il ne manipule aucun jouet sauf un petit appareil lecteur de CD qui le calme.

Son père a l'impression qu'Arthur régresse depuis quelques mois, qu'il prononce moins de mots, ne s'intéresse plus aux jeux qui retenaient son attention auparavant. Un tableau qui évoque ce que l'on appelait, il y a quelques années, un trouble envahissant du développement (TED[32]). Je demande aux parents d'Arthur de décrire une journée type de leur fils.

Arthur, depuis qu'il sait sortir seul de son lit, se lève spontanément vers 5 h 30, rejoint ses parents dans leur lit et leur réclame son biberon. Après qu'il l'a bu, ses parents changent sa couche et le laissent regarder des vidéos sur leur téléphone portable jusqu'à 7 heures. Arthur ayant toujours été un petit dormeur, ses parents, pour pouvoir poursuivre leur nuit, ont très vite découvert les bénéfices des films sur le téléphone portable, qui captent son attention mieux qu'aucun autre objet.

### La nounou cathodique

Ensuite ses parents se lèvent et se préparent. Pour être tranquilles et ne pas s'inquiéter des bêtises éventuelles que pourrait faire Arthur, ils le campent devant la télévision encore 30 minutes avant de le conduire à la crèche. Ils récupèrent leur enfant vers 17 h 30. Arrivé à la maison, Arthur ingurgite encore 1 heure d'écran, pendant que ses parents préparent le dîner et vaquent à leurs occupations domestiques. Le week-end, ils sont fatigués et aspirent au repos. Or Arthur bouge sans cesse, dérange tout et ne range rien. Il les sollicite sans arrêt. Ils ont donc de nouveau recours à l'écran, qui est la seule «activité» qui le tienne tranquille. L'enfant regarde donc des vidéos pendant 3 heures le samedi matin et 3 heures le dimanche matin. L'après-midi, il fait une sieste, puis ses parents l'emmènent se promener. Quand ils sont invités le soir chez des amis, ils n'oublient jamais d'emporter la triade: doudou, tétine et téléphone portable, qui leur assure une soirée à peu près tranquille. Eux-mêmes ne regardent presque jamais la télévision, étant très occupés par leur propre travail. C'est un indice important. Ils accepteront sans doute plus facilement les prescriptions de «sevrage» pour leur fils.

À la fin de la première consultation, un rendez-vous est fixé pour la semaine suivante. Je leur demande d'arrêter pendant toute cette semaine la télévision du matin et de la limiter à 1 heure le samedi et 1 heure le dimanche. Je leur propose aussi de supprimer le téléphone portable couplé au biberon au lit le matin, qui semble inciter Arthur à se réveiller tôt et contribue ainsi à sa fatigue et à son agitation dès son arrivée à la crèche.

Je préviens les parents: cela sera sans doute difficile au début mais, s'ils tiennent bon, les résultats seront là. Ils paraissent motivés et déterminés à mettre en œuvre ces nouvelles habitudes.

### «Bonjou' souris, pati souris»

Une semaine plus tard, Arthur revient accompagné de son père seulement. Celui-ci explique qu'il a suivi quelques-uns de mes conseils. Arthur a beaucoup crié au début, puis il a vite oublié de réclamer l'écran. Depuis quelques jours, il se met à manipuler ses jouets, il les explore plus longuement. Aujourd'hui, Arthur accepte de poursuivre quelques minutes une même activité. Il manipule une petite maison et découvre avec ravissement le jeu qui consiste à faire entrer les souris par la cheminée et à les faire ressortir par la porte. Il rythme son activité d'un «Bonjou souris, pati souris...». Il expérimente qu'un même objet continue d'exister même s'il disparaît de sa vue. Un élément important, car les séparations sont très difficiles pour Arthur. Il n'a pas encore compris qu'un adulte qui sort de son champ de vision continue d'exister.

Le père est surpris du degré de concentration de son fils, de l'évolution de son langage. Bien entendu, le regard attentif et aimant du parent ne peut qu'aider l'enfant à progresser. Un peu plus tard au cours de la séance, le père dira qu'il a mis spontanément en place un temps de jeu le soir avec son fils et que cela semble l'aider à s'endormir.

À la quatrième séance, Arthur vient accompagné de sa mère. Le temps que passe l'enfant sur chaque objet s'est encore allongé. Il montre qu'il sait réaliser des encastrements de trois formes. Il mémorise ses réussites et progresse rapidement. Il crie «bavo», dès qu'il réussit et cherche aussitôt sa mère du regard. Sa mère lui dit «Bravo, Arthur», mais sans le regarder, les yeux fixés sur son téléphone. Je souligne l'importance de ses encouragements, mais aussi du regard qui doit les accompagner pour renforcer chacune des réussites de son fils. Arthur passe ensuite à des encastrements de six formes. Il commente chacun de ses exploits, assis sur les genoux de sa mère et toujours très soucieux de son approbation. Puis il accepte de nommer des objets sur un imagier.

Arthur est passé du mode «zapping» des deux premières séances à un rapport normal aux objets, soutenu par la présence et les verbalisations de ses parents.

La mère confirme la suppression de la télé le soir et le matin, mais le portable dans le lit avec le biberon demeure. Il faudra sans doute encore plusieurs séances pour qu'Arthur apprenne à demeurer assis pour une activité, supporte le non de l'adulte, accepte des moments de regroupement avec d'autres enfants. Mais les progrès ont été impressionnants et l'hypothèse d'un trouble autistique est totalement exclue. Arthur va pouvoir progresser grâce à l'attention que lui portent ses parents, parce qu'ils ont compris que lui dire non allait l'aider à formuler des demandes, à poursuivre plus longtemps un jeu et que, pour se développer, un enfant de cet âge a essentiellement besoin de la présence d'un adulte à ses côtés. Devant l'écran, les potentialités d'Arthur avaient été comme mises en sommeil. Il était grand temps de les réveiller, car il est probable que leur mise en suspens aurait pu transformer les symptômes d'Arthur en une pathologie fixée.

## HUGO : MUTISME ET ISOLEMENT

Quand il vient consulter pour la première fois, Hugo, 2 ans et demi, termine une scolarisation en « toute petite section maternelle », un dispositif scolaire qui reçoit les enfants dès 2 ans. Il a une petite sœur âgée de 6 mois.

Sa maman est en congé parental, son papa travaille comme caissier dans un grand magasin, à temps partiel à cause d'une maladie du cœur. Il doit se faire opérer prochainement.

Les deux parents parlent entre eux le vietnamien, leur langue maternelle. Le papa s'adresse en vietnamien à ses enfants et parfois dans un français approximatif. La maman ne leur parle qu'en vietnamien. Elle comprend un peu le français mais ne l'utilise pas. Les grands-parents et le reste de la famille sont restés au Vietnam.

Une fois encore, c'est l'école qui a vivement conseillé une consultation au CMP. Une réunion de l'équipe éducative (REE[33]) a eu lieu un mois auparavant. Voici ce qui est écrit dans son compte rendu : « Hugo n'est jamais en contact avec les autres enfants, il ne communique pas avec eux. Il joue beaucoup à l'ordinateur à la maison. Il fait ce qu'il veut. L'équipe demande que Hugo fasse un bilan au CMP pour qu'il puisse donner du sens à l'école et parvenir à la socialisation. »

Je demande au papa s'il est d'accord avec ce que préconise l'école. Il acquiesce et ajoute que la situation est la même à la maison, Hugo fait ce qu'il veut et n'est jamais avec ses parents.

### 6 heures d'écran par jour

Je demande alors au père de Hugo de me décrire précisément une journée ordinaire de son fils : Hugo partage sa chambre avec sa sœur Sophie, mais depuis un an il dort avec son père la nuit et Sophie avec sa mère. Avant, la famille vivait dans une seule pièce. Elle dispose maintenant de trois pièces. Le matin, Hugo se lève seul, souvent le premier. Puis il appelle l'un de ses parents, pour qu'on lui allume la télévision. Il regarde des dessins animés comme *T'es fou* ou *Pat Patrouille*, ou des vidéos sur YouTube, avec l'ordinateur portable de son père qui est dans le salon. Il est passionné par les voitures et les camions. Cela dure environ 30 minutes, le temps que sa maman se prépare. Puis il prend son petit déjeuner, que sa maman lui apporte, devant la télévision ou l'ordinateur. À midi, il déjeune chez lui avec sa maman et sa sœur. Sa maman lui apporte son assiette et Hugo mange devant l'ordinateur. L'après-midi, il ne retourne pas à l'école. Après sa sieste, il reste 2 à 3 heures devant l'écran. Si on lui dit «stop», il fait une crise. Impossible de l'arrêter.

Le soir, les enfants dînent avant les parents. Hugo mange de nouveau devant l'ordinateur, sinon il ne veut rien avaler. Parfois, il reste devant l'ordinateur après le repas.

Je fais le compte devant le papa du temps que son fils passe chaque jour devant un écran: 6 heures.

J'explique alors ce qui se passe dans le cerveau d'un enfant de son âge qui passe autant de temps devant un écran et indique aux parents ce qu'ils doivent faire pour que le cerveau de leur fils soit de nouveau connecté aux autres et au monde qui l'entoure.

Le temps passé devant les écrans est considérable, mais je suis plutôt confiante car j'ai pu observer que Hugo est capable de vrais échanges de regards avec ses parents ou avec moi. Certes, les contacts visuels sont plus furtifs, moins appuyés peut-être que ceux que l'on pourrait attendre d'un enfant de son âge, mais ils sont bien réels et réguliers. Par ailleurs, j'observe qu'il utilise de façon adaptée les petits jouets sur mon bureau. Il les manipule un temps assez long.

Je revois le papa cinq semaines plus tard, sans Hugo. À présent Hugo passe au maximum 1 heure par jour devant les écrans. Je lui demande s'il a pu observer des changements positifs depuis que le temps d'écran a été diminué. Réponse du père: «Oui, il dit plus de mots, surtout en vietnamien. Et puis il est plus calme, il joue seul plus tranquillement.»

Je demande à revoir Hugo et son papa assez rapidement.

**À la maison, Hugo ne nous parle pas**

Ils reviennent deux semaines plus tard. Assis côte à côte dans la salle d'attente devant un imagier, le papa montre, nomme, pose des questions à Hugo, qui répond d'une voix mélodieuse dans un mélange de vietnamien et de français.

Nous passons dans mon bureau. Je place Hugo face à moi et évalue son lexique, sa compréhension des phrases – qui se limite pour le moment à des ordres simples du type: «Donne-moi l'image de...». Hugo se montre assez timide mais il participe comme il peut. Assez rapidement, je demande au papa de prendre ma place et de refaire ce que j'ai fait avec d'autres images. Aussitôt, on observe une multiplication des regards, un allongement de leur durée. Hugo devient très vite plus prolixe, il nomme beaucoup plus de choses dans un franco-vietnamien qui fait rire son père. Très vite l'enfant inverse les rôles et demande à son père: «C'est quoi, ça?»

Je propose ensuite un jeu de société adapté à son âge, le Cochon qui rit. J'explique la règle et je laisse Hugo avec son père. Hugo comprend vite, a du mal à laisser son père jouer mais tient jusqu'au bout. À la fin, il laisse tomber le jeu et fait bouger le cochon à présent pourvu de tous ses membres en accompagnant ses gestes avec des bruitages. Les «Regarde!» et autres appels à destination de son père se multiplient, au point que je n'arrive même plus à les compter. Ravie, je le fais remarquer au papa. Il l'avait remarqué bien avant moi et des larmes s'échappent de ses yeux fatigués: «À la maison, Hugo ne joue jamais comme ça. Il ne veut pas, il ne nous parle pas.»

En supprimant les écrans, les parents ont rendu cette communication possible. Il suffit de tenir bon à la maison. Hugo comprendra le monde qui l'entoure, s'ouvrira aux autres. Je donne au papa une liste de jeux qu'il peut acheter.

Je prévois de les revoir quinze jours plus tard pour voir si les progrès se maintiennent, encourager le papa et refaire la même séance avec la maman. Mais la séance sera annulée. Le papa m'explique: «Hugo joue, parle de plus en plus. Il ne réclame plus du tout les écrans.» Hugo est «guéri», il n'a plus besoin de moi!

*

Arthur et Hugo font partie de ces enfants dits «sains», c'est-à-dire peu prédisposés à des comportements autistiques et pour lesquels le retrait des écrans a permis une régression rapide des symptômes.

Dans les deux cas que je vais évoquer maintenant, les enfants présentaient au point de départ un tableau assez complet de symptômes autistiques. Une réduction drastique, voire une suppression totale des écrans, jointe à une prise en charge intensive, a permis de les sortir de leur «bulle autistique». Mais le traitement a été plus long et il est possible que le retard acquis perdure pour l'un d'eux.

## ALISSIA ET ALI : DANS UNE BULLE

Alissia a 3 ans quand je la rencontre pour la première fois au CMP. Elle est en petite section de maternelle. Je connais bien sa maman, car j'ai suivi son fils aîné, Ali, pendant plusieurs années. Elle me tend un courrier du médecin de la PMI, qui concerne cette fois Alissia, la petite dernière:

> Chère consœur, je vous adresse l'enfant Alissia pour un trouble de la communication. Alissia, troisième enfant de la famille, âgée de 3 ans, est scolarisée depuis septembre dans une classe qui reçoit les enfants dès 2 ans. Elle est très agitée, elle jargonne [elle dit des mots incompréhensibles] tout le temps, elle chante aussi, mais ne s'adresse jamais à l'adulte, ne le regarde jamais, ne répond à aucune des questions posées mais les répète. Vous aviez suivi son grand frère Ali, qui maintenant va bien. Les parents sont très inquiets face

à ce trouble du développement de leur enfant. En vous remerciant, bien confraternellement...

Je regarde Alissia, assise face à moi dans mon bureau. Sourire plaqué sur le visage. Alissia dont je cherche à capter le regard et qui ne me regarde jamais. Et qui me rappelle tellement son grand frère.

J'ai l'impression de me trouver projetée dix ans plus tôt, lorsque je suis arrivée comme psychologue dans ce CMP. Je venais de quitter un établissement après y avoir passé huit années à recevoir des enfants autistes. Ali, 3 ans, fut l'un de mes premiers patients dans mon nouveau poste. Ses parents étaient inquiets pour lui. Il allait entrer en petite section de maternelle. Il ne disait pas un mot.

**« À la maison, il bouge sans arrêt ! »**

Ali ne parlait pas et ne comprenait pas ce qu'on lui disait. Il ne regardait personne, ne s'intéressait pas aux jeux de son âge. En séance, son papa lui remettait son trousseau de clés que le petit garçon faisait tinter mécaniquement, inlassablement. Que faisait Ali chez lui? «Il bouge beaucoup», se plaignait la maman. Quand la télévision était éteinte, ce qui arrivait rarement, il faisait tinter les clés ou remuait le fil du téléphone. Le reste du temps, il pouvait passer ses journées devant la télévision, à regarder des clips musicaux ou l'émission préférée de sa maman, *Des chiffres et des lettres*. C'est pourquoi, même s'il ne disait pas un mot et ne comprenait pas les questions très simples qu'on lui posait, Ali connaissait toutes les lettres et savait reconnaître les chiffres de 0 à 10. Fin observateur, le papa avait conclu: «C'est un enfant qui communique trop avec la télévision et pas assez avec sa mère.»

Les tests que je lui avais fait passer[34] avaient confirmé mes soupçons: Ali présentait bel et bien un TSA. Il présentait même un autisme sévère[35].

De nouveaux tests passés cinq mois plus tard m'avaient permis d'y voir plus clair dans ses compétences[36]. Ali présentait, comme la plupart des enfants atteints d'autisme que j'avais reçus à l'hôpital de jour, un retard marqué et un profil hétérogène des compétences. Le déficit était très marqué dans presque tous les domaines: langage (expression et compréhension), imitation de gestes simples ou de mimiques, relations sociales... Mais il pouvait encastrer sans difficulté des formes géométriques variées: il n'avait pas eu besoin d'un adulte pour apprendre à le faire.

Comme chez beaucoup d'enfants autistes, l'alimentation était sélective: il n'acceptait de manger que certains aliments de telle couleur, avec telle texture et en petite quantité seulement. Il présentait par ailleurs une très forte sensibilité auditive, qui lui faisait se boucher les oreilles pour certains bruits qui lui semblaient intolérables, comme le passage d'un train.

Au niveau relationnel, le regard était le plus souvent périphérique. Dans les moments où l'enfant jargonnait ou répétait des mots, le contact par le regard était systématiquement perdu.

### La télévision en bruit de fond

Le contexte qui avait entouré la naissance d'Ali était particulier. Sa maman avait été profondément marquée par le décès de son premier enfant, mort-né deux ans avant la venue d'Ali, alors qu'ils habitaient encore au Congo. Ali était né dans une clinique française «parce qu'ici l'accouchement c'est moins dangereux pour la mère et l'enfant», m'avait expliqué le papa. La maman, une très jolie femme, souriante et soignée, s'était trouvée comblée à la naissance d'Ali. Mais elle se sentait isolée, loin de son pays, de sa famille très nombreuse. La télévision allumée en permanence en bruit de fond était une façon pour elle de lutter contre ce sentiment d'isolement.

Un long travail d'apprivoisement de la maman, très en retrait au départ, et trois longues années pour progressivement apprivoiser le regard et l'attention d'Ali avaient permis à ce dernier, progressivement et lentement, de sortir de son inquiétante bulle. Je l'avais aussi orienté, un an après la première consultation, vers une prise en charge dans un centre d'accueil thérapeutique à temps partiel (CATTP[37]) et vers une orthophoniste, qui l'a reçu une fois par semaine pendant trois ans.

À son entrée en maternelle, son absence de langage et de compréhension verbale avait conduit à faire une demande d'AVS en moyenne section, mais cette demande n'avait abouti qu'au cours de l'année de CP. Un dispositif important avait donc progressivement été mis en place pour aider le petit garçon à sortir de sa bulle.

À 5 ans, en grande section maternelle, la psychologue scolaire lui avait fait passer un test de QI. Le QI global était de 79, situant Ali dans la zone «limite», avec un retard intellectuel moyen. Les zones les plus atteintes étaient typiques de l'autisme infantile. Quatre ans plus tard, alors qu'Ali était âgé de 9 ans, un nouveau test avait mis au jour une évolution spectaculaire, avec un QIT (quotient intellectuel total) de 93 et une homogénéisation des résultats, puisque l'échelle verbale était alors de 98 et celle de raisonnement visuo-perceptif de 97! Ces résultats prouvaient l'impact considérable des stimulations environnementales dans le développement de l'intelligence de l'enfant.

### Parler sans intonation

C'est sur cet environnement que je n'avais cessé de travailler avec la famille d'Ali durant ces six années, en tentant de modifier un paramètre essentiel: le temps passé face aux écrans. La multiplicité des prises en charge d'Ali avait permis de beaucoup diminuer le temps passé devant les écrans et s'était accompagnée d'un long et laborieux travail avec sa maman. Progressivement, Ali, petit garçon très volontaire, s'était raccordé à ses parents, à sa sœur, à ses copains et à ses instituteurs.

L'année de ses 7 ans, j'avais proposé une diminution du suivi en psychothérapie, alors que la communication verbale était bien installée et qu'Ali, qui avait une excellente mémoire visuelle, avait pu apprendre à lire assez rapidement: langage oral et apprentissage de la lecture s'étaient installés conjointement cette année-là. À 9 ans, âge à partir duquel j'avais cessé de le voir, il gardait une difficulté à regarder les gens en face et préférait toujours une présentation de trois quarts dans les conversations. Je le lui avais fait remarquer très souvent et nous en avions ri ensemble. Sa façon de parler demeurait elle aussi particulière, ressemblant à celle des enfants qui ont appris leur langue maternelle comme on apprend une langue morte: latin ou grec ancien. En d'autres termes, l'intonation d'Ali n'était ni celle chantante et bien articulée de ses parents, ni celle de ses copains de classe au parler rapide, qui avalent les mots. Dans le langage d'Ali, les liaisons n'étaient jamais omises, la double négation «ne pas» toujours présente. Ali avait appris à parler en même temps qu'il avait appris à lire, comme bon nombre d'enfants diagnostiqués TSA et qui s'appuient sur une excellente mémoire visuelle pour déchiffrer. Il parlait donc comme un livre.

Le temps d'écrans avait pu être régulé par la maman, qui semblait en avoir bien compris l'enjeu pour Ali. Et un autre événement familial avait eu un grand impact sur le développement du jeune garçon. Il avait 5 ans quand une petite sœur était née: Ania. D'un caractère bien trempé, elle mettait souvent en difficulté sa mère qui cherchait à limiter ses désirs impérieux.

La petite Ania ne présentait aucun des troubles observés chez Ali, regardait les gens droit dans les yeux, avec un air de défi. Elle ne s'intéressait nullement aux écrans mais bien davantage à son grand frère, auquel elle aimait donner des ordres. Le principal stimulateur d'éveil pour Ania, c'était ce gentil grand frère. Les interactions spontanées entre les enfants ont fait que la maman a eu beaucoup moins recours aux écrans pour les occuper, permettant sans doute à Ania d'éviter de souffrir des difficultés que son frère avait pu connaître.

### Alissia, amoureuse de sa tablette

Puis est arrivée Alissia, bienvenue mais pas forcément désirée puisque la maman venait de reprendre des études qu'elle avait dû interrompre à la naissance d'Ali. La jeune maman se voyait une fois encore privée d'une ouverture au monde social, devant se consacrer à sa maison et à ses enfants. Ce qu'elle a toujours fait avec un soin un peu obsessionnel de l'ordre et de la propreté. Ses enfants sentent toujours bon et sont joliment habillés. Mais la petite dernière bouge et remue beaucoup, «beaucoup trop» selon sa maman. Et puis elle est née début 2014, au moment de la déferlante des tablettes pour bébés.

La maman, désormais rassurée sur l'état d'Ali et dont la seconde enfant semble se développer normalement, offre une tablette à chacun de ses enfants. Alissia, qui n'a que 18 mois, en tombe immédiatement amoureuse. Elle ne la quitte plus de la journée et l'effet est magique: la petite fille cesse de courir et de sauter partout dans l'appartement. La maman a enfin le temps de mettre en route une machine, de terminer de préparer un repas. Elle veille à n'installer que des programmes éducatifs, sans se rendre compte que, à 2 ans, Alissia ne parle toujours pas, manipule de moins en moins les petits objets, regarde moins les personnes. Une entrée «précoce» en maternelle (à 2 ans) va permettre à l'école d'alerter la maman et la conduira quelques mois plus tard à revenir me voir.

Voici le compte rendu très détaillé de l'école décrivant Alissia à son entrée en petite section maternelle:

> À l'entrée à l'école, Alissia pleurait presque sans interruption et restait prostrée. Nous avons alors décidé de la scolariser uniquement quelques heures le matin. Les trois premiers mois, Alissia ne parlait pas, ne réagissait pas à son prénom. Nous avions beaucoup de mal à capter son regard. Elle jouait seule, essentiellement aux puzzles mais pouvait rester statique longtemps, sur une chaise, un porteur, un pinceau dans les mains. De façon étrange, bien qu'elle ne communiquât pas du tout verbalement, elle reconnaissait les chiffres et pouvait les nommer, de même pour les couleurs sans qu'on le lui demande. Elle avait aussi tendance à sauter dans les endroits « ouverts » comme le couloir, la cour de récréation. À partir de janvier, elle avait alors 3 ans, nous avons pu observer des changements importants en une semaine. Elle acceptait de grimper sur le toboggan, d'avancer sur un porteur. Elle restait plus longtemps

sur les activités de manipulation (semoule). Elle ne pleurait plus. Elle applaudissait à ses réussites. «Bravo Alissia, tu as réussi!». Elle s'est mise à observer un peu plus les autres et à regarder plus souvent les adultes dans les yeux. Cependant, elle ne possède toujours pas une communication verbale normale. Elle répète de façon automatique certains mots ou bien en prononce hors contexte: «Bonjour!» dit-elle parfois d'une voix automatisée alors qu'il n'y a personne face à elle.
Elle semble toujours d'humeur égale, présente un sourire figé. Elle n'est jamais fâchée, vexée, contrariée ou en colère. Les événements paraissent glisser sur elle. Il lui arrive encore parfois de tenter de s'échapper dans les milieux ouverts: elle déambule alors comme si elle partait à la découverte d'un nouvel endroit. Actuellement elle me fait penser à un enfant qui commence à marcher et qui découvre. Elle ne sait pas encore s'habiller seule, faire pipi seule.

Je comprends à travers cette description qu'Alissia, qui présentait un tableau de TSA assez complet à son arrivée en maternelle, a grandement bénéficié des interactions avec d'autres adultes et enfants au sein de l'école et de la coupure avec les écrans que sa scolarisation a pu imposer.

### Tout entière connectée aux écrans

Je demande à sa maman de me décrire une journée ordinaire d'Alissia. La petite fille se réveille en même temps que sa maman, avec qui elle dort depuis sa naissance. Sa mère lui donne un biberon qu'Alissia prend en regardant la télévision avec son grand frère: des dessins animés ou des «chaînes pour ados», me dit la maman. Une fois que les aînés sont prêts, ils se rendent seuls à l'école, qui se trouve à proximité.

La mère accompagne Alissia à l'école et vient la chercher à 11 h 30. Les deux grands, qui rentrent déjeuner, allument la télévision dès qu'ils arrivent. Ils déjeunent devant et la télévision reste souvent allumée après le repas. L'après-midi, Alissia fait une sieste d'environ deux heures, mais il faut que sa mère la porte longuement sur son dos pour que la petite s'endorme. Une fois qu'elle est réveillée, sa maman se sent obligée de lui donner assez rapidement sa tablette, sinon Alissia saute et grimpe partout: «C'est un vrai problème.» Je la crois volontiers vu ce que j'observe dans mon bureau tandis que Mme M. décrit sa fille: Alissia va et vient dans la pièce, prend un objet, le laisse tomber, approche une chaise du meuble, se hisse dessus, tente d'attraper le garage en hauteur, bien trop lourd pour elle. Garage qu'elle délaisse aussitôt qu'il est posé devant elle pour tenter d'attraper un autre objet en hauteur.

À la maison, entre la tablette et la télévision, Alissia peut rester tranquille entre 17 heures et 19 heures, le temps que la maman prépare le repas et s'occupe de la maison. Alissia a une affection particulière pour sa tablette, sur laquelle elle recherche le plus souvent des comptines sur YouTube, qu'elle regarde en boucle, ou bien la série «Dora».

Dès 6 mois, Alissia a bénéficié des programmes de Baby First, la chaîne de télévision pour tout-petits. En réalité, la télévision était présente dès sa naissance, non seulement en fond sonore quand son frère et sa sœur la regardaient, mais aussi de façon active parce que la maman la regardait souvent, y compris quand elle allaitait Alissia. Ou bien elle regardait son portable.

Le soir, la maman et les trois enfants dînent devant les infos télévisées. Le papa rentre généralement beaucoup plus tard en raison de son travail.

Vers 21 heures, les enfants vont se coucher tout seuls, sans un rituel de lecture. La maman reste en bas à regarder ses programmes avec Alissia, parce qu'«elle refuse de se coucher sans moi».

Face à Alissia si bien connectée à sa tablette et si peu au monde qui l'entoure, il me semble qu'il me faut tout recommencer!

### Impliquer un membre de la famille

J'explique de nouveau à la maman ce qui se passe dans le cerveau d'Alissia lorsqu'elle est avec sa tablette au lieu de manipuler des jouets et d'interagir avec les autres. La maman comprend très bien, mais comment faire avec une petite fille qui ne s'intéresse qu'à sa tablette, qui n'écoute pas, ne comprend pas? Cette fois, afin de gagner du temps, je décide de faire d'emblée toutes les séances avec Alissia et un membre de sa famille.

Alissia est assise en face de moi, des images posées devant elle. Je demande à la fillette de me donner l'image de la tomate, de la voiture, sans que je porte mon regard vers l'image nommée. Alissia réussit pour certaines images simples. Puis j'essaie de lui faire répéter ce que je nomme. C'est compliqué. Je multiplie les exercices de la sorte. J'obtiens quelques rares échanges de regards, furtifs.

Je réitère la même opération, cette fois avec la maman assise à ma place: Alissia progresse deux fois plus vite. Elle regarde bien plus longuement sa mère, répète plus facilement ce que celle-ci lui dit. Je le fais remarquer à la mère en lui expliquant qu'elle seule est capable de raccorder Alissia au monde qui l'entoure. Son pouvoir est bien supérieur au mien. La maman joue le jeu: elle est patiente, calme et adaptée dans ses interactions. Mais dès qu'Alissia descend de son fauteuil, se met à toucher à tout, elle recommence à dire «Non, ne touche pas» à une Alissia qui vient de lui prouver combien elle est capable de recevoir ce qu'elle lui donne. La maman s'inquiète des volontés d'exploration de sa fille. Il me faudra multiplier les soutiens à la maman pour aider Alissia.

Je reçois Ali et Ania une semaine plus tard. Je veux connaître leur avis sur la situation. Je veux aussi qu'ils m'aident à aider leur petite sœur. Surtout, je veux revoir Ali, que je n'ai pas revu depuis trois ans. Cette rencontre est très émouvante, pour moi comme pour lui, il me semble. Ali est tout sourire: il est capable à présent de regarder droit dans les yeux, il parle de façon naturelle. Certes, ses capacités à regarder droit dans les yeux sont légèrement inférieures à celles de sa sœur Ania, son discours est moins fluide, mais il faut des oreilles et des yeux bien exercés pour le détecter.

### «La tablette, elle s'en fiche d'Alissia»

J'explique alors à Ali et Ania pourquoi j'ai besoin d'eux pour aider Alissia:

Alissia ne parle pas comme les autres enfants de son âge, parce qu'elle a appris avec les pires professeurs: sa tablette et la télévision. Quand je vous parle, vous me regardez sans cesse pour essayer de comprendre ce que je veux dire. C'est parce que vous regardez mes yeux, ma bouche, le mouvement de mes mains que vous comprenez bien ce que je veux dire et moi c'est parce que je vous regarde que je sais si vous me comprenez ou pas, s'il faut que je répète ce que j'ai dit ou bien que je le dise autrement. Et quand vous m'avez comprise, je suis contente parce que j'ai partagé quelque chose avec vous, alors je me sens moins seule. Et c'est pareil pour vous. Quand vous dites quelque chose à votre maman, qu'elle vous écoute et qu'elle vous répond, vous n'êtes plus seuls. Pour Alissia, c'est une tablette qui fait semblant de lui parler depuis qu'elle a un an. Mais la tablette, elle s'en fiche d'Alissia. Si Alissia pleure, elle ne va pas la prendre dans ses bras pour la consoler, elle ne va pas essayer de comprendre ce qui ne va pas. Quand Alissia a peur, la tablette ne peut pas la rassurer. La tablette, c'est seulement une machine programmée pour nommer des choses. Mais cette machine ne ressent rien quand Alissia apprend un mot nouveau. Alissia n'a pas appris à parler pour partager, dire des choses importantes pour elle aux autres, elle a juste appris à répéter ce que dit la machine. Et puis comme Alissia a le nez toujours fixé sur sa tablette, elle ne sait pas comment jouer. Elle ne regarde jamais les autres...

Après ce petit discours, je prends Alissia sur mes genoux. J'aligne quelques petits objets et je demande à Ali puis à Ania de les nommer et de demander à Alissia de leur en donner un, sans qu'ils regardent l'objet en question. Je n'ai pas besoin de leur suggérer d'applaudir aux réussites d'Alissia: ils le font très spontanément. Ils ne vont pas trop vite. Ils fournissent spontanément un mot proche quand ils devinent qu'Alissia ne connaît pas le mot en question. Je leur montre comment Alissia sourit, combien elle les regarde plus souvent et plus longuement que moi. Ils sont étonnés et fiers du nombre de mots qu'Alissia connaît.

La séance suivante, Ania travaille seule avec sa petite sœur. Je suis en retrait. Des sourires orientés apparaissent plus nombreux encore que la dernière fois chez Alissia. Elle reste 30 minutes assise sur une chaise face à sa sœur, qui s'adresse à elle. « Elle est jamais comme ça à la maison, observe Ania. Elle dit jamais les mots. Quand elle veut quelque chose, elle dit toujours la couleur de l'objet, ça m'énerve. »

Je lui explique : « C'est parce que c'est l'application "Apprends les couleurs" qui parle à Alissia d'habitude, pas toi. Mais regarde comme Alissia retient bien les mots depuis que c'est toi qui lui parles. »

La maman revient chercher les enfants. Je souligne les progrès énormes d'Alissia. Elle me répond : « À la maison, Ali et Alissia me font la guerre. Ils disent : "Maman, viens ! Dis à Alissia d'arrêter avec la tablette !" Je leur dis : "Mais Mme Duflo a dit 30 minutes !" Eux, au bout de 20 minutes, ils sont là : "Stop, Alissia !" » La maman rit.

L'histoire va se poursuivre au fil des séances. J'ai davantage confiance sur le temps que va prendre la « guérison » d'Alissia. Plus d'espoir qu'il y a dix ans quand j'ai reçu Ali.

## MANUEL : L'ENFANT QUI NE JOUAIT PAS

Manuel a 4 ans lorsqu'il vient consulter pour la première fois au CMP, à la demande de la psychologue scolaire. Il est l'enfant unique d'un couple de jeunes parents. Seule sa maman travaille : elle est employée de bureau. Son papa est en recherche d'emploi. Il est donc un peu contraint et forcé de s'occuper de Manuel.

Lorsque je viens chercher la petite famille dans la salle d'attente, Manuel est occupé à faire rouler des petites voitures sur le sol, sans paroles ou bruitages pour accompagner leur mouvement, comme le font d'habitude les enfants. Je demande à ses parents de me suivre, je l'appelle : il ne me regarde pas. Il émet un cri strident quand ses parents tentent de lui prendre la main pour le faire sortir de la pièce, en lui répétant plusieurs fois : « Viens, Manuel, la dame nous attend. » Manuel leur donne la main, comme angoissé à l'idée d'être laissé seul. Il semble apeuré, mais n'interroge pas ses parents du regard pour tenter de comprendre une situation nouvelle pour lui. Dès qu'il est dans mon bureau, il s'empare des petites voitures qui sont sur le sol et les fait rouler.

Les parents me tendent d'emblée le compte rendu de la psychologue scolaire, qui décrit avec beaucoup de précision la situation. Son observation de Manuel en classe a eu lieu deux mois plus tôt.

> Sur le plan du langage est observé un retard important. Manuel a « son propre langage », incompréhensible. Il répète quelques mots en écholalie mais ne communique jamais verbalement. Il n'interagit pas sous d'autres formes avec ses pairs ou les adultes de l'école (gestes, regards). Il peut entrer en contact physique avec les autres enfants mais de façon inappropriée: il tape les autres avec ses mains ou bien avec des jeux. Il hurle très souvent dans la classe et dans la cour de récréation sans que l'on comprenne pourquoi. Il peut faire une demande en pointant et en criant mais ne regarde pas celui à qui s'adresse cette demande. Il a le regard fuyant, semble souvent « décrocher », fixe très peu son attention sur l'objet qui lui est présenté, quelques centièmes de seconde peut-être. Il a des mouvements de balancement de la tête de droite à gauche. Il peut par moments se boucher les oreilles comme s'il souffrait particulièrement de l'émission d'un bruit que lui seul perçoit comme désagréable. Il se déplace en tournant autour de l'enseignant de façon répétitive. Son déplacement est particulier: il se tient en déséquilibre, traîne un pied. Dans les parcs, à l'extérieur de l'école, il ne va pas vers les autres enfants: il semble en avoir peur. Il ne monte pas sur les jeux. S'il se sent en danger sur un jeu, ou à l'approche d'un autre enfant, il s'immobilise et se met à crier. En classe, il déambule dans les différents coins jeux de la classe et « reste » à côté des autres: il leur prend les jeux des mains sans le leur demander, les touche. Il n'utilise pas les objets et les jeux de façon appropriée. Il les porte à la bouche, les jette volontiers. Les parents relatent qu'il « a déjà cassé trois télévisions à la maison ». Il manifeste un intérêt exclusif pour les trains. Il passe la totalité de ses journées hors temps scolaire sur YouTube (portable du papa) à rechercher tout ce qui concerne les trains. Interrogés sur ce sujet,

les parents disent que cet intérêt lui est venu seul. En classe, il peut faire certaines petites choses par imitation et avec l'intervention de l'adulte pour initier l'activité, comme coller des bandes de papier. Il semble comprendre certaines consignes simples : « Va chercher ton manteau, mets tes chaussures. » Mais il est difficile de savoir s'il s'agit d'une compréhension verbale pure ou d'une compréhension de la situation, qui s'appuie sur l'observation visuelle.

Je demande aux parents s'ils sont d'accord avec la description de la psychologue scolaire. Ils me répondent que oui, « c'est tout à fait lui ».

**Un smartphone dès 6 mois**

Dans cette description, je retrouve la plupart des symptômes de type autistique : une grande pauvreté du contact visuel, une difficulté à fixer son attention sur les objets et les personnes, un retard dans la communication verbale, un intérêt exclusif pour certains objets à l'exclusion de tous les autres, une inadaptation dans les relations aux autres.

Il me faut comprendre comment se déroule une journée de Manuel. Comment ses parents font pour nourrir son cerveau qui semble si mal en point. Je découvre alors un enfant qui a dans les mains un téléphone portable, celui de son père, depuis ses 6 mois et dès qu'il n'est pas à l'école.

Dès ses 6 mois, à l'âge où Manuel commence à pouvoir se tenir assis et à pouvoir attraper et tenir un objet dans ses mains, ses parents remarquent qu'il est très attiré par l'écran de l'ordinateur. « C'est ce qui maintient le plus son attention », observent-ils. Eux-mêmes sont très « technophiles ». Les télévisions sont allumées en permanence dans l'appartement : une dans le salon et une dans la chambre parentale.

Le papa regarde en continu les chaînes de sport ou bien joue à des jeux de sport sur son ordinateur. La maman ne regarde pas la télévision mais « elle est souvent sur son téléphone », souligne son mari. Elle aime aller sur les sites de ventes en ligne de vêtements.

Manuel s'est donc retrouvé dès la naissance devant les écrans, de façon quotidienne et quasi continuelle. Son arrivée chez la nourrice, à 2 ans, n'a pas été l'occasion d'une baisse de régime, puisque la télévision y est allumée la majeure partie de la journée.

**Des bus ou des trains, des trains ou des bus**

Vers 3 ans, les parents ont pu observer que Manuel était fasciné par les bus et les trains. «Bus» est d'ailleurs le premier mot qu'il a prononcé, un peu avant «papa» et «maman». Dès qu'un bus passait dans la rue, Manuel le pointait du doigt en disant «bus», mais sans jamais regarder ses parents pour attirer leur attention vers le véhicule, comme le font d'habitude les enfants vers 6 mois, au moment où ils acquièrent l'attention conjointe. À la maison, il semblait entendre le bus passer avant ses parents, même lorsque le bruit du moteur était très faible. Presque au même moment, il s'est mis à montrer les bus du doigt devant l'écran dès qu'il en voyait un. Et Manuel a été sur YouTube «très tôt», pour y chercher des contenus relatifs aux bus ou aux trains. «Très tôt, c'est quel âge?» Les parents ont oublié mais ils m'assurent: «Vraiment très tôt...» À vrai dire, ils ne se souviennent pas que Manuel se soit jamais intéressé à un autre objet qu'aux bus et au portable, portable qu'il a toujours obtenu facilement, car il hurlait dès qu'on le lui retirait. Et le cri de Manuel vous déchire les tympans!

Durant cet échange, Manuel joue sur un tapis dans mon bureau. Un tapis sur lequel figurent des routes, des feux rouges, des parkings. Il fait rouler des petites voitures avec un léger bruitage. Il ne cherche jamais à interrompre notre conversation. Plus tard, il se saisit de la mallette de docteur, n'arrive pas à l'ouvrir, hurle au lieu de demander de l'aide comme le ferait normalement un enfant de 4 ans. Pourtant, une fois la mallette ouverte, il regarde rapidement les petits éléments et en utilise sur lui-même quelques-uns de façon adéquate. Les parents rient et me disent qu'ils ont beaucoup consulté de médecins pour Manuel, notamment l'ORL, car il avait des otites à répétition et parce que, comme il ne parlait pas, ils se demandaient s'il entendait bien.

**« S'il le fait, il pourra le refaire »**

Je prends le temps de confirmer aux parents les retards observés chez Manuel par la psychologue scolaire, mais je relève aussi la présence de certaines compétences plutôt encourageantes, comme le fait que leur fils utilise de manière adaptée des petits objets et des jouets pendant la séance. Manuel accompagne ses gestes d'un jargon par lequel il semble commenter ses actions. « Mais jouer, il ne le fait jamais à la maison », me disent les parents. « S'il le fait ici, il pourra le refaire chez vous, à condition de suivre le plus précisément possible mes conseils. » Autre indice encourageant: Manuel, lorsque ses parents prennent la peine de le solliciter, vient vers eux et leur jette de rapides coups d'œil, certes furtifs, mais bien réels.

Je tiens aux parents un discours simple:

> Manuel a pris un gros retard, je ne sais pas encore très bien pourquoi. Ce que je sais par contre, c'est que les écrans nourrissent très mal son cerveau. Je vois que vous êtes des parents attentifs: Manuel est un bel enfant, en bonne santé, mais vous n'avez pas suffisamment prêté attention à ce qui entre dans son cerveau. Il ne pourra pas parler normalement si vous le laissez devant les écrans. C'est parce qu'on lui parle que l'enfant acquiert le langage. C'est en utilisant leurs mains que les enfants comprennent comment fonctionne le monde qui les entoure. C'est en le regardant et en attirant son attention sur les objets ou les personnes qui l'entourent que Manuel pourra fixer son attention et apprendre à vous regarder. Pour le moment, vous avez laissé tout ce boulot à la télévision, à votre téléphone portable. Je vais vous demander de les supprimer jusqu'à notre prochain rendez-vous et le plus possible pour vous-mêmes quand vous êtes en sa présence. Cela va être très dur, pour Manuel comme pour vous. Manuel va crier, hurler: vous allez être tentés de lui remettre, de céder. Mais il faut tenir. Car peu à peu Manuel va oublier les écrans et se remettre à s'intéresser davantage

aux jouets, il va apprendre à jouer seul et de façon apaisée comme il l'a fait aujourd'hui et il va vous solliciter davantage. Manuel a pris trop de retard. Il nous faut tenter cela, tout de suite.

Les parents ne voient rien à objecter à ce discours. Ils se demandent seulement pourquoi personne ne leur a encore jamais expliqué tout cela. Ils savent que ça va être difficile, mais sont prêts à tenter l'expérience.

**« C'était très dur. Il criait, hurlait ! »**

Quinze jours plus tard, je reçois Manuel avec son papa dans mon bureau du CMP. Le papa, qui s'occupe principalement de Manuel après la sortie de l'école, est parvenu à limiter le téléphone portable une heure par jour seulement.

— Au début, c'était très dur. Il hurlait, faisait une crise. Parfois il nous donnait des coups. Il prenait des objets et les jetait sur nous. Et finalement, dans sa rage, il pouvait même jeter le téléphone sur moi quand je lui redonnais.

— Combien de temps duraient ses cris ?

— Au moins 5 bonnes minutes. Souvent je le prenais et je l'emmenais dehors se promener. Ça lui prenait un bon quart d'heure pour redescendre.

— Et quand vous reveniez à la maison, comment se comportait-il ?

— Au début, ça allait à peu près… jusqu'au moment où j'allumais la télévision. Alors il se mettait à chercher le téléphone partout. Il était comme un fou. Même chose quand sa mère prenait son portable le soir pour regarder des trucs qu'elle n'avait pas eu le temps de faire au boulot. Il regardait chaque fois où elle le posait. Il la suivait partout, enfin le téléphone je veux dire.

— Mais vous avez tenu bon ? »

— Oui, on tient. Mais maintenant il ne le réclame plus. Il joue comme ici avec ses voitures.

— Et vous avez remarqué d'autres changements ?

— Il crie beaucoup moins…On dirait qu'il répète plus, aussi.

— Oui, je commence à reconnaître des bouts de mots, moi aussi. Surtout, vous avez remarqué combien il jette des coups d'œil de temps en temps vers vous depuis le début ? Il faisait ça avant?

— Ah oui, c'est nouveau ça. On dirait qu'il veut tout le temps que je sois là, pour le regarder. Il me prend par la main très souvent. Faut que je m'asseye et que je joue ou que je le regarde.

Un grand pas a été franchi. À présent, Manuel n'est plus seul dans sa bulle; il a compris que c'est bien plus plaisant, beaucoup plus rassurant si son papa ou sa maman sont à ses côtés pour découvrir le monde qui l'entoure. C'est comme cela qu'il va se mettre à parler un langage de communication, un langage humain et qu'il va apprendre à se comporter normalement vis-à-vis des autres. Bravo, continuez! Vous l'aidez beaucoup! Chaque fois que vous répondez à ses invitations à le regarder jouer, que vous commentez ce qu'il fait en jouant, vous l'aidez à quitter sa bulle.

### Manuel joue dans le couloir

Je revois Manuel et son papa deux semaines plus tard. Maintenant, Manuel regarde de plus en plus les gens autour de lui, pas seulement son papa. J'ai droit à quelques vrais échanges de regards durant cette troisième séance, un mois seulement après notre première rencontre. Manuel oriente son regard vers moi quand je le sollicite vivement et il regarde de façon plus spontanée son père. Il lui envoie des coups d'œil furtifs de façon répétée, assis devant nous sur le tapis tandis qu'il s'amuse à faire rouler des voitures ou un train dans lesquels il a installé des personnages. Certes, il regarde toujours beaucoup moins qu'un enfant normal, il fixe moins longtemps, son regard s'arrête brièvement sur les autres ou son environnement, mais c'est nettement mieux qu'à la première séance où il ne communiquait pas du tout avec son environnement.

Comme il regarde davantage, ses centres d'intérêt et ses jeux d'imitation se sont élargis: petites voitures, mais aussi dînette, mallette docteur. Manuel les manipule correctement : il met de la nourriture dans les assiettes, la fourchette et le couteau à côté ; il s'ausculte lui-même avec les éléments de la mallette du docteur. Nous n'en sommes qu'au jeu d'imitation, pas encore au jeu symbolique, qui consiste par exemple à détourner la fonction d'un stylo pour en faire un avion.

L'école a constaté elle aussi des progrès et a proposé d'augmenter le temps scolaire. À présent, Manuel reste toute la journée à l'école.

Il a dit clairement «papa» «maman» il y a une semaine et presque aussitôt après «avion», «voiture», lorsqu'il a vu ces objets sur le portable.

Le portable n'a pas été supprimé totalement, mais limité à une heure par jour. Manuel ne regarde pas d'autres écrans. Quand son père le ramène de l'école, il s'installe devant la télévision, car il a toujours fait comme ça, pendant que Manuel joue dans le couloir avec ses voitures, ses Lego, sa dînette. Parfois il prend une feuille, colorie un peu ou dessine avec un tableau électronique que ses parents lui ont acheté. Le père le rejoint quand son émission est terminée.

### Il demande toujours à son père de venir

Quand je le revois une quatrième fois, quinze jours plus tard, les progrès se confirment. Le plus frappant, c'est que Manuel dit «Regarde» à plusieurs reprises à son père pendant qu'il joue : il l'oblige à être présent dans sa découverte du monde. Et le père accepte... même s'il râle un peu et me dit qu'il a hâte de retrouver un travail. J'insiste sur l'étape fondamentale que vient de franchir Manuel dans son développement. À présent, regard, geste et langage sont joints dans un même désir d'échange et de partage de centres d'intérêt. On est au cœur d'une communication proprement humaine. Manuel est en train de sortir de sa bulle autistique : il accède à l'attention conjointe, prémisse fondamentale de toute véritable communication.

Dès lors, les progrès dans les autres domaines s'accélèrent, en particulier le langage. Assis face à moi devant le bureau, son père à sa droite, Manuel peut me tendre sans trop se tromper l'image correspondant à l'objet que j'ai nommé. Certes, son lexique demeure très restreint pour un enfant de 4 ans, puisqu'il peut seulement donner correctement une vingtaine d'images, mais son stock lexical augmente de façon régulière. Par l'acquisition de cette compétence cruciale qu'est l'attention conjointe, Manuel est devenu un autre enfant.

Quand il ne sait pas, Manuel pointe l'objet réel. Par exemple, quand je dis «Donne-moi l'image de la porte», il commence par pointer la porte en me regardant, puis me donne l'image. Et quand il ignore le sens d'un mot, il fournit un terme d'un sens lexical proche: par exemple, devant l'image de la pomme, il dit «pêche». Il donne donc le nom d'un autre fruit, mais il y a une similitude de forme et de catégorie.

Il répète aussi davantage de mots ou de bouts de mots, plus volontiers ceux prononcés par son père que par moi: l'apprentissage par répétition commence à s'ancrer avec une prédilection à communiquer avec sa figure d'attachement (papa, maman).

Le père observe que, à la maison, les moments où son fils joue seul avec de «vrais» jouets sont de plus en plus longs. Il ne crie presque plus. Il demande toujours à son père de venir et de le regarder.

Mais le papa s'inquiète de certains «symptômes» qui sont apparus. Manuel s'est mis à avoir peur dès qu'une personne nouvelle arrive à la maison ou dès que son père s'éloigne de lui. C'est plutôt bon signe. Manuel vit le stade de «la peur de l'étranger», qu'un enfant normal éprouve vers 8-9 mois. Son lien à ses figures d'attachement (papa, maman) s'est profondément renforcé ces dernières semaines, ce qui peut avoir pour conséquence une meilleure perception chez le petit garçon de la différence de situation: papa et maman sont là avec moi et je suis en sécurité, ou au contraire papa et maman ne sont plus là et je me sens en insécurité. Jusque-là, enfermé dans l'univers virtuel des écrans et de leur immédiate satisfaction, Manuel n'avait pu faire cette expérience décisive de la séparation qui permet à l'enfant de s'éprouver comme un sujet différencié.

L'école observe aussi des progrès constants de l'enfant. Pour l'aider à mieux vivre son passage en moyenne section, elle a proposé la présence d'une AVS auprès de Manuel, proposition que les parents ont acceptée. L'AVS l'aidera à centrer son attention encore éparse et le soutiendra dans son travail scolaire. Car si Manuel progresse bien, son retard est considérable par rapport aux acquis attendus pour un enfant de son âge.

Les parents ont aussi trouvé une orthophoniste, qui a proposé de voir Manuel deux fois par semaine, ayant sans doute saisi l'importance du retard et la nécessité d'intensifier la prise en charge.

J'ai demandé à ma collègue qui gère le CATTP de recevoir Manuel et ses parents afin de proposer une prise en charge au sein de petits groupes d'enfants (4 à 5 maximum). Ces petits groupes pourront l'aider à appréhender le groupe scolaire et à y prendre sa place avec moins d'angoisse et de façon plus adaptée.

Dès lors, mon travail va consister à voir Manuel avec ses parents de façon plus espacée, une fois toutes les trois semaines, afin de surveiller ses progrès, ainsi que ceux de ses parents dans leur accompagnement de cet enfant à potentialité autistique. Il est trop tôt pour savoir si Manuel pourra rattraper son handicap de départ. Mais j'ai bon espoir, car il est très volontaire et ses parents ont pris conscience des erreurs de stimulation commises au départ. Ils sont fermement décidés à l'aider.

3e PARTIE

# DE 5 À 10 ANS
# DES TROUBLES DE L'ATTENTION MASSIFS

# — I
# TDAH : DE QUOI S'AGIT-IL ?

« IL N'ÉCOUTE RIEN, faut lui répéter vingt fois les mêmes choses. On dirait qu'il le fait exprès. Pourtant il n'est pas bête. Et puis il n'arrive pas à se poser. Il ne sait pas jouer seul, faut tout le temps que l'on soit avec lui. J'ai tout essayé: lui parler, les encouragements, les menaces, mais rien ne marche avec lui. On a consulté des médecins, des psys, mais ça n'a rien changé. Je suis fatiguée et sa maîtresse, elle en peut plus. »

Combien de fois ai-je entendu cette plainte de la part de parents auxquels je demandais de me dire pourquoi ils venaient, ce qui n'allait pas? Cent, deux cents fois, mille fois! Et la description qu'ils me faisaient de leur enfant, le plus souvent un écolier en primaire (c'est-à-dire entre 6 et 10 ans, neuf fois sur dix un garçon) était toujours la même. Le propos est à peu près le même, quels que soient l'origine sociale des parents, leur profession, le milieu dont ils sont issus. C'est un fait aujourd'hui, les enfants (particulièrement les garçons) sont très agités, très souvent inattentifs, incapables de se concentrer. Bien plus excités et inattentifs que nous ne l'étions à leur âge. Leurs parents se plaignent... et s'adaptent comme ils le peuvent. Les enseignants ont progressivement raccourci le temps consacré à l'étude d'un sujet et modèlent leur cours sur le temps d'attention de leurs élèves, c'est-à-dire très peu. Ils produisent du contenu fractionné. Leur objectif: ne pas perdre l'attention des enfants, devenue si difficile à capter. « Je fabrique des cours zapping », m'avoue cette amie enseignante en primaire, avec vingt ans de métier. « Je dois changer d'activité toutes les 10 minutes, sinon je les perds », raconte Paul, enseignant en histoire au collège. Une maman me confirme: « Je reste à ses côtés pour ses devoirs même s'il peut se débrouiller seul. Sinon, il fait aussitôt autre chose, son attention s'échappe. Je mets son petit frère devant un dessin animé pendant ce temps, pour l'occuper. Parce que Paul n'arrive pas à faire ses devoirs sans quelqu'un à ses côtés. »

Les deux tiers des enfants que je reçois au CMP présentent un trouble attentionnel important, mais bien moins dramatique que celui des enfants présentant des troubles d'allure autistique. Car ils peuvent s'adresser à l'adulte en le regardant (même si ce n'est que furtivement), ils ont des copains et sont intégrés dans un circuit scolaire normal. Tous présentent cependant des difficultés à se poser, à rester concentrés en classe ou simplement lors d'une conversation. Ces difficultés, souvent présentes dans la toute petite enfance, sont devenues si importantes et gênantes en grandissant qu'elles ont alerté les enseignants et poussé leurs parents à venir consulter.

Chez les très jeunes enfants, cette difficulté attentionnelle prend généralement la forme d'une incapacité à se poser: elle est jointe à une grande agitation motrice. La présence conjointe de ces deux symptômes, agitation motrice et difficulté attentionnelle persistante, justifie ce diagnostic de TDAH (trouble du déficit de l'attention avec ou sans hyperactivité). Mais un enfant peut aussi présenter des difficultés attentionnelles sans pour autant être agité ou bien être agité sans présenter de troubles attentionnels massifs.

Quand on creuse un peu, pour comprendre plus en détail le quotidien de ces enfants et de leurs parents, on découvre un symptôme si envahissant qu'il est devenu un enfer pour tous et partout: pour la famille, l'école, les loisirs, les amis. La recherche de l'attention de l'enfant, attention sans laquelle aucune activité commune, aucune compréhension mutuelle ne peut avoir lieu, est devenue une lutte quotidienne des adultes qui sont responsables de ces enfants.

## TROUBLES DE L'ATTENTION OU HYPERACTIVITÉ ?

Le TDAH est aujourd'hui «le trouble le plus fréquent en psychopathologie. Sa prévalence est estimée chez l'enfant d'âge scolaire à environ 5% et touche 3 garçons pour 1 fille[1]».

Ce trouble n'est pas qu'une vue de l'esprit, une classification clinique qui émanerait d'une société devenue intolérante à la spontanéité de l'enfant, comme on le découvre parfois sous la plume de certains auteurs. Ou encore une maladie inventée par le DSM et l'Association américaine de psychiatrie dans le but peu louable de faire fructifier les firmes pharmaceutiques et leur produit miracle, le méthylphénidate[2]. Cependant, il est impossible de croire que le TDAH serait une maladie d'origine purement génétique. Même si c'est la thèse aujourd'hui récurrente dans les médias. Les « preuves » sont bien faibles et l'augmentation phénoménale du nombre d'enfants concernés par cette maladie doit nous encourager à chercher d'autres facteurs, à être attentifs à ce qui dans la société peut générer ces symptômes.

Mais que disent finalement les instances médicales internationales sur ces troubles qui se retrouvent dans tous les pays du monde ? Les spécialistes ne s'accordent pas sur cette pathologie difficile à cerner. Les psychiatres américains mettent en avant le trouble de l'attention quand leurs homologues français privilégient la dimension « hyperactivité », caractérisée par une hyperkynésie[3].

### Un trouble de l'attention

L'American Psychiatric Association a fait la liste des manifestations amenant un diagnostic de TDAH.

Elle établit la liste des comportements d'inattention et/ou d'hyperactivité-impulsivité qui interfèrent avec le fonctionnement normal de l'enfant. L'inattention prend les formes suivantes: l'enfant ou l'adolescent ne parvient pas à prêter attention aux détails ou fait des fautes d'étourderie (devoirs scolaires et autres activités); il a du mal à soutenir son attention au travail ou dans les jeux; il semble ne pas écouter quand on lui parle et son esprit paraît ailleurs; il ne se conforme pas aux consignes et ne parvient pas à mener à terme son travail; il a souvent du mal à organiser ses activités et des difficultés à mettre de l'ordre dans ses affaires personnelles; il complique et désorganise le travail, gère mal son temps, ne respecte pas les délais fixés, évite ou fait à contrecœur les tâches qui nécessitent un effort mental soutenu; il perd souvent les objets nécessaires à son travail ou à ses activités (matériel scolaire, crayons, livres, clés, papiers, lunettes, téléphone mobile, etc.); il se laisse facilement distraire, passe du coq à l'âne, oublie ses rendez-vous.

Qui ne connaît pas un tel enfant dans son entourage proche? Heureusement, le DSM 5 fournit des règles d'application du diagnostic: «Il faut que six (ou plus) des symptômes aient persisté pendant au moins six mois, à un degré qui ne correspond pas au niveau de développement et qui a directement des conséquences négatives sur les activités sociales et scolaires pour que le diagnostic de TDAH puisse être posé.» Mais ces règles sont difficilement applicables. Personnellement, je n'ai jamais rencontré un seul enfant dont les parents puissent dater la survenue exacte de ce type de difficulté. Par ailleurs, il n'existe aucune échelle de développement qui établit un âge à partir duquel il devient pathologique de perdre ses clés, d'être étourdi ou rêveur.

### Quand l'hyperactivité domine

L'autre forme du TDAH est celle où l'hyperactivité et l'impulsivité dominent. Elle concerne surtout les jeunes enfants qui, naturellement, gigotent davantage et possèdent moins de facultés d'autocontrôle. Les signes caractéristiques de ce trouble sont ainsi décrits: l'enfant ou l'adolescent remue souvent les mains ou les pieds ou se tortille sur son siège; il se lève souvent en classe ou dans d'autres situations où il est supposé rester assis; il court ou grimpe partout, a du mal à se tenir tranquille dans les jeux ou les activités de loisir; il agit souvent comme s'il était «monté sur ressorts»; il parle trop et laisse fréquemment échapper la réponse à une question qui n'est pas encore entièrement posée; il a du mal à attendre son tour (par exemple dans une queue), interrompt souvent les autres ou impose sa présence (dans les conversations ou les activités); il peut utiliser les biens d'autrui sans avoir demandé ni reçu leur autorisation.

De nouveau, il faut que «six (ou plus) des symptômes aient persisté pendant au moins six mois, à un degré qui ne correspond pas au niveau de développement et qui a un retentissement négatif direct sur les activités sociales et scolaires pour que le diagnostic puisse être posé».

Cette définition appelle les mêmes critiques que la première: le risque d'une pathologisation de comportements très fréquents dans la petite enfance et l'impossibilité de les raccorder à une échelle de développement qui statue point par point sur leur anormalité au regard de l'âge de l'enfant. Une telle échelle n'existe heureusement pas!

Le TDAH apparaît donc comme un diagnostic fourre-tout, sans base génétique solide, qui regroupe un grand nombre de comportements propres à l'enfance et qui repose avant tout sur l'impression subjective du psychiatre. Cela ne signifie pas pour autant qu'il n'y a pas, aujourd'hui plus qu'hier, des enfants incapables de se poser une minute et qui présentent des troubles de l'attention très importants.

## UN TROUBLE DANS TOUS LES SENS

On le voit, la description du TDAH est protéiforme. Elle est en même temps très détaillée, très concrète et, avouons-le, elle correspond parfaitement à 95% des enfants entre 6 et 12 ans que nous recevons dans le cadre du CMP. Par ailleurs, nous l'avons dit, elle exige une évaluation développementale quasi impossible à réaliser.

Comment évaluer que tel enfant se tortille «trop» sur son siège et depuis trop longtemps? Ou que tel autre est «trop distrait», ou «perd trop ses affaires»? L'agitation motrice, la rêverie, l'inattention font partie de l'enfance et en font tout le charme! Et pourtant, avouons-le, tous ces signes d'instabilité, d'agitation, d'inattention, de rêverie sont bien réels et présents à un degré tel chez tant d'enfants aujourd'hui qu'ils sont devenus une véritable souffrance pour leur entourage comme pour eux, car on ne les supporte plus. L'augmentation de ce syndrome (c'est-à-dire l'ensemble de ces symptômes) n'est pas qu'une impression subjective.

Voici quelques données chiffrées qui donnent une bonne mesure de l'étendue du problème:

- 10% des garçons de moins de 10 ans sont diagnostiqués avec un TDAH aux États-Unis et le marché des médicaments contre les troubles de l'attention est passé de 15 millions de dollars avant la publication du DSM 4 à 9 milliards de dollars en 2012[4];
- quand les membres du DSM 4 ont abaissé le nombre de critères du TDAH, ils s'attendaient à une augmentation du nombre de cas de 15%. Il y en eut 200%[5];
- enfin, entre 1980 et 2007, le diagnostic de TDAH a augmenté de 800%[6].

Face à cette explosion du nombre d'enfants diagnostiqués TDAH, les «experts» avancent les mêmes explications que face à l'explosion des cas d'autisme: meilleure connaissance du trouble, élargissement des critères de diagnostic. La démarche face à l'origine du trouble est la même: concentration de la recherche sur des facteurs d'ordre génétique et indifférence par rapport aux facteurs d'origine environnementale.

Il est grand temps de sortir d'une représentation simplifiée de l'enfant, fractionné entre caractères acquis et innés. L'enfant est toujours le fruit d'une histoire et son comportement est très dépendant des facteurs environnementaux et familiaux. La preuve la plus flagrante est que, lorsque l'on arrive à modifier ces facteurs, les changements sont spectaculaires, profonds et durables. Ils devancent de loin le pouvoir des molécules chimiques.

## — II
## LA GÉNÉTIQUE, UN POINT C'EST TOUT ?

En France, pour les enfants qui souffrent d'un trouble attentionnel persistant (avec ou sans hyperactivité), le credo sous-jacent à toute prise en charge psy est celui d'une « sensibilité particulière » de ces enfants. Trop souvent, le spécialiste consulté aura tendance à penser à une cause organique des troubles, surtout si les progrès sont plus lents que prévu. Cette « croyance » justifie trop souvent le choix d'une médication associée au suivi psychologique. Quel dommage, quel gâchis ! Car les bons psys sont légion. Il existe sans doute des pédopsychiatres ou des psychologues froids et peu concernés par la souffrance de leurs patients. Mais personnellement, au cours de ma carrière, j'ai rencontré bien plus de professionnels chaleureux et dévoués à la cause de l'enfant qu'indifférents à son sort. Sauf que, pour beaucoup, porter un intérêt marqué à ce qui constitue le quotidien des enfants dans ce qu'il a de plus concret –le temps consacré aux écrans en fait partie– paraît encore incongru. Soit parce que, trop âgés, ils ne se représentent pas ce que c'est qu'un enfant qui grandit en passant plus de quatre heures par jour devant un écran ; soit parce qu'ils n'ont pas d'enfants ; soit encore parce qu'il leur est difficile de penser que leur expérience personnelle peut être semblable à celle que vivent leurs patients. Aussi préfèrent-ils le plus souvent passer de longues heures à s'intéresser à l'histoire de vie des parents et aux relations parents-enfant. Ils s'intéressent aux émotions et aux pensées de cet enfant, mais sans les raccorder à ce qui les rend possibles. Ces enfants ont des difficultés à penser, à être conscients de leurs émotions, puisque les écrans les ont comme coupés d'eux-mêmes. Face aux progrès si lents de la thérapie individuelle avec ces enfants, on comprend dès lors que la croyance d'une origine génétique du trouble a pu confortablement s'installer.

## CROIRE AU TOUT-GÉNÉTIQUE ET NE PAS DOUTER

Si l'on se réfère au dossier paru dans la revue *Sciences psy* en mars 2016[7], force est de constater que, pour la majorité de ses auteurs (dix-huit en tout), l'aspect génétique du TDAH ne fait aucun doute[8]. Russel Barkley écrit ainsi:

> Il faut être conscient que 60 à 65% des causes du TDAH sont génétiques; 20 à 25% sont liés à des lésions prénatales lorsque le cerveau se développe, à des grossesses ou naissances compliquées; les 10% restant résultent de blessures suivant la naissance: traumatisme crânien, exposition aux LED (diodes lumineuses), maladies, tumeurs, infections, etc. [...] Nous savons qu'une personne porteuse de gènes TDAH a huit fois plus de risques de développer ce trouble qu'une personne non porteuse[9].

La prise au sérieux d'un facteur environnemental aussi nouveau et intense que l'exposition aux écrans n'est à aucun moment envisagée sous la plume de ce chercheur, «expert du TDAH». Évoquer un facteur en lien avec la cellule familiale ne peut être, selon lui, qu'une hypothèse farfelue: «la scientologie remet en cause la nature du trouble pour le réduire à un problème de comportement et de responsabilité parentale[10]». La solution passe alors par une médication du trouble, pour les petits comme pour les grands, jointe à des techniques de gestion des émotions: «La médication peut permettre d'améliorer ce trouble émotionnel [...]. Pour les enfants actuellement il n'existe pas de meilleure option. Chez les adultes [...] la thérapie cognitive comportementale [...] pourrait les aider, à condition qu'ils soient également sous médication[11].»

Une telle assurance sur l'identification du trouble, son origine et sa résolution laisse rêveur. Tout paraît si simple et clair sous la plume de ce chercheur! Et pourtant, c'est tellement éloigné de ce que les psychologues et les pédopsychiatres observent sur le terrain, des histoires toujours complexes et enchevêtrées, tellement humaines!

Dans la même revue, quelques pages plus loin, on comprend mieux l'intérêt d'une réponse «simple» à un problème complexe. François Gonon, neurobiologiste et directeur de recherche émérite à l'Institut des maladies neurodégénératives, se montre beaucoup moins péremptoire pour évoquer la cause de ces troubles comme leur possible soin: «Malgré des milliers d'études, la neurobiologie du TDAH [...] n'a débouché ni sur la validation d'un marqueur biologique, ni sur la découverte d'un nouveau médicament. [...] Quelques études initiales publiées dans les années 1990 avaient suggéré que la cause principale du TDAH pourrait être génétique. Elles ont été réfutées ou largement atténuées. Nous savons maintenant que les facteurs de risque génétiques ne contribuent que de manière mineure au TDAH[12].»

## LES LIMITES DES MÉDICAMENTS

Le critère génétique le mieux établi est l'association du TDAH avec un allèle du gène codant pour le récepteur D4 de la dopamine, facteur présent chez 23% des enfants diagnostiqués et seulement 17% des enfants sains[13]. Soit une différence de 6%. Bien qu'il reconnaisse un effet bénéfique des psychostimulants chez l'enfant porteur d'un TDAH, François Gonon précise que cet effet est vrai aussi pour des enfants normaux, comme l'atteste une étude de 1978, ruinant ainsi l'hypothèse d'un déficit en dopamine à l'origine du TDAH, hypothèse sur laquelle tous les chercheurs s'appuient pourtant et qui «justifie» la prescription si courante de Ritaline[14].

Par ailleurs, les études sur les effets de la Ritaline montrent uniquement un bénéfice à court terme. Certes l'enfant agité, quelle qu'en soit la raison, se calme immédiatement avec l'administration de ce médicament. Au grand soulagement de tous: famille, amis, école surtout. Mais il n'existe pas de bénéfices pérennes du méthylphénidate sur les résultats scolaires ni d'améliorations profondes des relations de l'enfant sur le plan amical ou familial. L'observation clinique vient renforcer ce constat: la Ritaline permet de baisser l'agitation extrême de l'enfant et fait qu'il est mieux accepté et toléré par son milieu, ce qui rend son entourage plus tolérant à son égard. Mais si l'on en reste là, les difficultés reviennent au galop, en particulier pour les apprentissages scolaires. La concentration n'est pas cultivée par ce médicament.

On touche ici, selon moi, à un problème encore plus profond: dans une société qui se veut bienveillante, on ne devrait jamais ou presque jamais donner un médicament à en enfant pour traiter un problème de comportement ou d'attention. Si un tel traitement s'impose, ce ne peut être que parce que la modification de l'environnement social ou familial n'a pas donné les résultats escomptés. Or c'est rarement le cas. La prescription médicamenteuse vient trop souvent remédier à une impossibilité du thérapeute ou du travailleur familial à changer l'environnement de l'enfant. Cette prescription qui «assagit» l'enfant donne des effets spectaculaires sur le court terme, mais elle ne change rien sur le long terme.

## UNE DISTORSION DES FAITS

Étant donné l'aspect très limité des effets des psychostimulants sur le long terme, comment expliquer cet engouement pour une supposée cause génétique des TDAH? Selon François Gonon, la réponse se niche dans une distorsion de la présentation des résultats des études. Le chercheur relève trois types de présentation déformée dans les articles primaires concernant le TDAH:

- des incohérences entre résultats et conclusions;
- une omission des données qui relativisent les résultats;
- la promesse de nouvelles voies thérapeutiques sur la seule base des résultats d'études sur des animaux.

Passons en revue ces trois types de distorsion.

### Des incohérences entre résultats et conclusions

Une étude de 2007 a conclu que les psychostimulants améliorent les performances scolaires des enfants souffrant de TDAH. Mais dans la section «Résultats», les auteurs de l'article précisent que « le risque de sortie du système scolaire reste élevé et que les performances en lecture ne sont pas améliorées ». Donc un résultat plutôt mitigé mais qui n'empêche pas d'affirmer que c'est « la première étude montrant que la prescription de stimulants pour le TDAH améliore les performances scolaires ».

**Une omission des données qui relativisent le résultat**

Les auteurs posent une conclusion nette mais omettent de mentionner les données qui en relativisent la portée. Ainsi, il existe 159 résumés affirmant une association significative entre les allèles du gène codant pour le récepteur dopaminergique D4 et le TDAH. Mais 84 % d'entre eux omettent de mentionner que cette association confère cependant « un risque faible » de développer un TDAH ».

**La promesse de nouvelles voies thérapeutiques**

Il s'agit d'affirmer de façon abusive que les recherches sur l'animal ouvrent de nouvelles pistes thérapeutiques. « Pour illustrer ce biais, écrit François Gonon, nous avons analysé l'ensemble des 101 études réalisées chez la souris en relation avec le TDAH : 23 présentaient des perspectives thérapeutiques injustifiées. En effet, le lien entre ces souris et le TDAH était uniquement basé sur des similitudes de comportement moteur. Or le symptôme cardinal du TDAH n'est pas l'hyperactivité mais le déficit d'attention. » Plus inquiétant encore, « la fréquence de ce type d'extrapolation atteignait 60 % lorsque les études étaient publiées dans les revues scientifiques les plus prestigieuses, celles justement qui sont prises en compte par les médias ». Pourquoi ? Parce que les médias accordent plus d'importance aux résultats « positifs » d'une étude qu'aux résultats « négatifs », même si ces derniers sont tout aussi intéressants du point de vue de la connaissance.

La presse favorise par ailleurs les études initiales (mentionnant des résultats positifs même s'ils sont faibles) et n'informe presque jamais le grand public lorsque ces études sont réfutées ou sévèrement atténuées, ce qui est pourtant le cas le plus fréquent. Cette distorsion de la vérité des découvertes scientifiques trouve un écho particulièrement fort à la télévision. Une analyse portant sur les programmes traitant du TDAH en 1995 et 2010 a montré que, sur cette période, aucune évolution n'a pu être observée sur la présentation de ce trouble et sa conception: «Parmi les 47 opinions émises dans ces programmes, les trois quarts affirmaient le rôle prépondérant des facteurs génétiques, la capacité de l'imagerie cérébrale à contribuer au diagnostic ou l'efficacité du méthylphénidate à prévenir l'échec scolaire.» Ce discours pro-biologique concernant les causes du TDAH est largement repris par l'Éducation nationale. Enseignants, médecins et psychologues scolaires sont invités à participer au dépistage des enfants en difficulté d'apprentissage et soupçonnés de souffrir de TDAH.

Pourtant, conclut François Gonon, les recherches récentes ont établi que les facteurs environnementaux pèsent bien plus que les facteurs génétiques dans la survenue des symptômes du TDAH. Cet apport majeur de la recherche devrait promouvoir des mesures sociales de prévention du TDAH. Mais notre société est-elle prête à investir dans des mesures sociales aux résultats difficilement quantifiables plutôt que dans une biomédecine technicienne plus généreuse en promesse qu'en résultats avérés[15]?

## — III
## ÉCRANS ET TDAH : UNE TRISTE CORRÉLATION

AVEC L'ÉTUDE de ce syndrome chez l'enfant, nous nous retrouvons donc dans la même configuration que pour les troubles d'allure autistique, avec un nombre étonnant de similitudes:

- une «explosion» du diagnostic chez l'enfant depuis les années 1990, en même temps qu'explosait parallèlement le marché des cassettes vidéo;
- des fonds alloués massivement aux recherches génétiques et l'adhésion à une pédopsychiatrie purement biologique, et en parallèle l'absence de réelle avancée dans les découvertes concernant l'origine génétique du TDAH;
- la très faible importance accordée à la recherche de facteurs environnementaux et la négligence des travaux concernant les effets d'un facteur externe prépondérant dans la vie des enfants: les écrans;
- la non-prise en compte de l'épigénétique, pourtant très porteuse en médecine;
- le refus de «culpabiliser» les familles en évoquant la cause possible des écrans;
- la crainte bien réelle de s'attaquer à une industrie multimilliardaire, celle de l'audiovisuel puis celle du numérique.

Pourtant, les études qui prouvent l'impact des écrans sur l'attention de l'enfant et les troubles du comportement EXISTENT ! Elles ont montré que la fréquentation des écrans a un effet délétère sur le développement de la stabilité attentionnelle dès les premières années de l'enfant, mais aussi un effet cumulatif les années suivantes[16]. Elles relatent toutes les mêmes effets. Citons les trois principales:

- une étude sur les effets de l'exposition aux écrans avant 3 ans sur des enfants de 5 ans[17];
- une étude longitudinale sur plus de 1000 enfants dont la consommation de télévision a été notée à 5, 7, 9 et 11 ans

et qui ont été évalués par leurs parents et leurs enseignants à 13 et 15 ans pour des problèmes attentionnels et comportementaux[18];

- une étude longitudinale sur 678 familles d'enfants entre 14 et 22 ans, dans laquelle les données ont été contrôlées à l'entrée pour le niveau cognitif. Cette étude met en évidence un effet cumulatif de l'exposition aux écrans à l'adolescence, venant s'ajouter aux effets de cette exposition pendant l'enfance.

## ATTENTION VOLONTAIRE ET ATTENTION PARADOXALE[19]

De quelle façon les écrans agissent-ils sur le système attentionnel du bébé, de l'enfant puis de l'adolescent? Nous en avons déjà longuement parlé dans le chapitre précédent, consacré aux troubles d'allure autistique, accrus par l'exposition au virtuel.

L'attention désigne un ensemble de fonctions plutôt qu'une fonction isolée. Dans ce système, il faut distinguer un système d'orientation de la vigilance et un système d'orientation volontaire de l'attention, ou concentration. L'orientation de la vigilance est activée par une modification de l'environnement qui attire notre regard vers le stimulus externe: c'est le système *bottom up*, qui va de la périphérie vers la conscience. Par exemple, je marche et un oiseau s'envole: je ne peux m'empêcher de le suivre du regard, c'est un réflexe de mon système d'orientation qui me conduit à prêter attention à tout mouvement inattendu dans mon champ visuel.

Ce système est très différent du système d'orientation volontaire de l'attention, ou système *top down*, qui se développe progressivement et qui est lié aux fonctions exécutives. L'attention volontaire est une capacité acquise par laquelle le sujet oriente son regard et son attention sur un objet qui ne bouge pas ou très peu: l'enfant se concentre sur son livre d'images, l'adolescent sur un jeu d'échecs. Elle met en jeu la partie la plus antérieure du lobe frontal, la plus récente dans notre cerveau et dans l'évolution de l'espèce. Elle est également impliquée dans l'inhibition de l'impulsivité. Les écrans produisent des changements d'images et de plans brusques, très rapides, ainsi qu'une bande-son saturée de cris et de voix humaines. Autant d'effets qui sur-stimulent l'attention exogène, bien davantage que ne le font les éléments du monde physique[20]. Ils sollicitent en revanche très peu l'attention volontaire ou concentration. La captation par les effets formels crée alors un effet de sidération qui empêche la réflexion[21]. On peut ainsi parler d'une attention passive qui nous attache à l'écran, indépendamment du contenu.

Les enfants avec un TDAH manifestent une attention paradoxale: ils sont hyperconcentrés (scotchés face aux écrans), totalement inaptes et inattentifs dans les autres contextes. «C'est seulement quand il est devant ses jeux vidéo ou la télé qu'il est concentré», rapportent les parents. Pourquoi? La vigilance et le réflexe d'orientation des enfants sont en permanence stimulés par les propriétés formelles de l'écran, alors que l'attention volontaire n'est absolument pas nécessaire pour effectuer ce genre de tâche peu complexe.

Les écrans épuisent les capacités de réflexion des enfants. Une étude conduite en laboratoire[22] sur un groupe d'enfants a montré que 9 minutes de dessins animés rapides suffisent pour détériorer la performance sur un exercice classique de raisonnement et de planification, les tours de Hanoï[23], par rapport à deux groupes témoins auxquels on avait proposé des jeux avec papier et crayon ou un programme télévisé éducatif. Seulement 9 minutes! Imaginez l'effet sur l'attention des dessins animés ultrarapides que regardent 65% d'enfants avant de se rendre à l'école?

Le même effet s'observe avec les jeux vidéo: car dans leur monde de pixels, lumineux et séducteur, tout est prévu d'avance pour capter et empêcher de penser, pour attirer le joueur dans des actions prédéfinies par la programmation. Le flux continu de sons et de mouvements, de traits saillants empêche l'observation et la concentration qui supposent que le regard se pose. Par ailleurs, les jeux vidéo les plus joués et appréciés des enfants produisent chez eux, à leur insu, des automatismes souvent douteux, car le jeu se déploie principalement dans des univers de guerre et de destruction (nous reviendrons plus loin sur la violence des contenus).

Certes, si des études[24] ont montré que les jeux vidéo peuvent améliorer certaines compétences, il s'agit en réalité uniquement de «capacités périphériques d'attention et de sélection visuelle», comme l'ont souligné les chercheurs Michel Desmurget, Bruno Harlé et Laurent Bègue dans une tribune du *Monde*[25]. Ces études ont pu montrer une supériorité dans l'acquisition de certaines fonctions, notamment l'attention visuo-spatiale, chez les enfants ayant une pratique régulière par rapport à ceux qui ne jouent jamais. Elles n'ont en revanche absolument pas démontré des effets sur les autres compétences. Il est par conséquent faux d'affirmer que «dans chacun de ces acquis, le transfert d'apprentissage est remarquable: les acquisitions se transfèrent à tous les domaines de la vie», comme l'écrit Serge Tisseron dans *Grandir avec les écrans*[26].

## UNE LUMINOSITÉ AUX EFFETS NÉFASTES

Ces effets négatifs des écrans ont aussi une incidence sur le sommeil: ils réduisent sa durée et perturbent sa qualité[27]. La simple présence d'une télévision dans la chambre de l'enfant diminue fortement la quantité de sommeil. En effet, les écrans diffusent une lumière bleue, ou LED, semblable à la lumière du matin, qui perturbe la sécrétion de mélatonine, hormone «naturelle» du sommeil. L'enfant mis face à l'écran après 20 heures ne ressent pas ou moins les signes naturels de l'endormissement: yeux qui picotent, bâillements... (Mais c'est aussi le cas pour l'adulte!) Les LED miment la lumière du matin et leurrent le système naturel de l'endormissement[28]. L'exposition à la lumière d'un écran avant l'endormissement représente l'un des facteurs majeurs des troubles du sommeil, puisque l'endormissement se fait plus tardivement. Notons d'ailleurs que la prescription de mélatonine est plus importante chez les enfants atteints de TDAH[29] ou de TSA que dans la population «normale». Mais parmi ces enfants traités, combien ont été interrogés de façon précise sur la place et le temps qu'ils consacraient aux écrans? Combien ont suivi une prescription de «régulation» voire un sevrage du temps d'écran avant que la Ritaline (couplée à la mélatonine) ne leur soit prescrite?

# — IV
# HISTOIRES DE CAS

Je pense que notre environnement social fabrique des troubles chez l'enfant, mais qu'il est souvent plus facile de le traiter «chimiquement». L'autre voie est fastidieuse. Pourtant, il ne faut rien lâcher quand on suit un enfant. Le «simple objectif» d'une régulation du temps d'écran peut s'avérer un défi pour le thérapeute aujourd'hui. Certains enfants sont tellement enfermés dans le monde enchanté des écrans, tellement abrutis par ces objets qui les empêchent de penser, d'être connectés à eux-mêmes et aux autres, leurs parents sont tellement perdus, qu'il est tentant parfois de baisser les bras. Pourtant, il faut continuer d'y croire, sinon, nous souscrivons à une vision déterministe et biologique de l'être humain et nous sommes réduits à n'être que les observateurs muets du triste destin de ces enfants. C'est ce dont témoignent les histoires de Rémi et d'Axelle.

## RÉMI, PRIVÉ DE VIE DE FAMILLE

L'histoire est celle d'une famille où ça criait, ça bougeait beaucoup. Comme dans toutes les familles, mais un peu plus quand même qu'ailleurs. Une famille qui croit aux vertus de la psychothérapie mais qui a longtemps accordé peu d'importance aux recommandations de limitation des écrans. «En quoi ces objets, présents chez des millions d'individus, peuvent-ils avoir un lien avec les difficultés que nous rencontrons au quotidien avec nos deux enfants?» est le genre de raisonnement qu'a longtemps tenu la maman.

À la première consultation, Rémi, 5 ans, en grande section maternelle, est là avec sa maman. Rémi est un garçonnet brun au visage d'ange. À ses côtés, la maman, une jeune femme à l'allure dynamique, m'explique pourquoi elle est là: elle vit avec un monstre. Rémi.

— Rémi n'écoute rien, il s'énerve dès qu'il est contrarié, entre dans des colères monstres dont il est très difficile de le faire redescendre.

— Est-ce qu'il obtient ce qu'il veut, comme cela?

— Pas du tout, je ne cède pas. Je tiens bon, je crie plus fort que lui, mais ça ne l'empêche pas de recommencer.

(Rémi crie, sa maman crie un peu plus fort. Ce phénomène d'escalade symétrique: «Tu cries, je crie plus fort», ponctue depuis longtemps leurs relations.)

— Et à l'école?

— À l'école, c'est exactement la même chose. Tenez, j'ai un mot de la maîtresse pour vous. Je lis:

> Depuis deux ans que Rémi est entré à l'école [...], c'est un élève qui a du mal à rester en place [...] et qui a besoin de se faire remarquer par n'importe quel moyen: courir en classe, crier, tout lancer. Son comportement avec les autres élèves peut aller du simple énervement -détruire et abîmer le travail- jusqu'à la violence -taper avec beaucoup d'ardeur, étrangler, etc. Dans les moments calmes, c'est un enfant serviable qui se concentre sur son travail. Lorsqu'il est énervé, il tremble de rage et pleure sans s'arrêter. Je crois que ce discours sera étayé par celui de la maman sur le comportement de son fils à la maison.

### Un grand frère hyperactif

Rémi ne bronche pas, ne dit rien. Pas comme ces enfants qui peuvent se mettre à geindre ou à parler très fort en même temps que leurs parents afin de couvrir un discours qu'ils n'aiment pas entendre. Certains, plus rusés, inondent leur mère de baisers ardents dès qu'ils voient poindre un discours qui les dessert. Rémi, lui, se tait et reste stoïque.

Après cette pluie de reproches, je demande à la maman de me décrire une journée ordinaire de Rémi et je la questionne très précisément sur le nombre d'écrans présents dans la maison, ainsi que sur le temps qui leur est accordé.

La journée de Rémi est une journée classique d'enfant qui alterne son temps entre l'école et la garderie du soir jusqu'à 17 h 30, lorsque sa maman vient le chercher. Les deux parents travaillent à temps plein.

Les écrans sont très présents dans le foyer. Chacun des enfants –Rémi et son grand frère, Marcel, 9 ans– possède une console. Rémi s'est vu offrir en plus un Mobigo, sorte de console pour les tout-petits. Quand ils n'ont pas leur DS avec eux, les garçons se disputent le portable de leur mère. Il y a trois postes de télévision dans leur F3: un dans le salon, un dans la chambre des parents et un dans la chambre des enfants. La télévision du salon est allumée «par réflexe», par la maman ou les enfants dès qu'ils rentrent de l'école. Un bruit de fond qui fait partie des habitudes jamais remises en cause. Le matin, à 6 h 30, les garçons commencent leur journée devant Gulli, la «chaîne des enfants», pendant que leurs parents dorment encore.

À 10 mois, lorsque Marcel s'est mis à marcher, la maman a très vite pensé qu'il était hyperactif. Marcel a usé cinq assistantes maternelles qui ne voulaient plus le garder, car «il faisait trop de bêtises». Bien qu'il ait appris à lire rapidement, les problèmes d'agitation ont perduré au CP et les parents ont fini par accepter de le mettre sous Ritaline, de peur qu'il se fasse exclure de l'école: «On en avait marre d'être convoqué tous les jours.» Rémi, né quatre ans après Marcel, prend rapidement le même chemin. Il épuise lui aussi les assistantes maternelles les unes après les autres. «Rémi est speed, dit sa maman, il enchaîne les bêtises, n'écoute personne. Il n'arrive pas à se poser à table, à rester plus de quelques minutes sur une activité. À l'école, c'est pareil. Il est violent, il tape, lance des objets sur les autres. On ne peut le confier à personne. Moi, je suis à bout.»

### De spécialiste en spécialiste

Face à l'agitation manifestée très tôt par Rémi, les parents ont vite pris les devants et ont consulté maints psychologues et psychiatres. Thérapie individuelle, consultations familiales, bilans se sont enchaînés et ont abouti à un diagnostic de TDAH.

Durant ces cinq années de consultations et de bilans coûteux en temps et argent, jamais aucun des spécialistes ne s'est intéressé au temps et à la place consacrés aux écrans dans cette famille !

J'explique à la maman les effets des écrans sur le comportement. Je lui demande de réduire le temps d'exposition de ses enfants et d'aménager des moments sans écrans pour la famille.

À la deuxième séance, je reçois de nouveau Rémi et sa mère. J'omets de demander si les écrans ont été réduits. Entre Rémi et sa mère, l'escalade symétrique se poursuit. La mère demande, Rémi refuse. La maman réagit immédiatement, de façon impulsive, en criant. Rémi crie plus fort encore. La maman ne se laisse pas démonter et enchaîne un ton au-dessus. Rémi répond en hurlant. La maman, furieuse, lui donne une fessée. Rémi ne se calme pas. Il est déchaîné, tremble de tout son petit corps, puis s'apaise jusqu'à la prochaine colère. Il est ce que l'on appelle un « enfant colérique ». Sa maman elle-même se décrit comme ayant été une enfant très colérique, mais pas autant que son fils.

— Donnez-moi un exemple concret de la dernière colère de Rémi. Décrivez-moi de quelle façon ça s'est passé.

— Oh ! je sais plus, ça part toujours d'un rien.

— Réfléchissez quand même, vous me dites qu'il pique des colères tout le temps. Vous allez bien trouver.

— Bon, la dernière… Il était en train de regarder la télévision dans notre chambre. Je sais ce que vous allez me dire mais…

— Racontez-moi !

— Il était en train de regarder la télévision dans notre chambre. Je l'ai appelé pour que l'on aille faire des courses. Il n'a pas répondu. J'ai appelé, plusieurs fois. Je ne supporte pas qu'il ne me réponde pas quand je l'appelle. Quand finalement je suis entrée dans la chambre, j'étais furax, je l'ai engueulé. Et là il a piqué sa crise… Il se met dans un état, vous ne pouvez pas savoir. Il hurle, il tremble de tous ses membres.

**Il n'entend pas – il ne peut pas entendre**

Rémi ne sait pas gérer ses émotions. Il ne contrôle pas grand-chose du haut de ses 5 ans. Il va grandir et il va apprendre à mieux gérer ce qu'il ressent. En attendant, il faut éviter de le mettre dans des situations qui le font exploser. Dans un cas semblable, la plupart des enfants auraient réagi de façon identique à Rémi, mais moins fort. Imaginez Rémi devant un dessin animé ultrarapide qu'il aime particulièrement: *Cars*. Il est fasciné, progressivement hypnotisé par la vitesse des images, la bande-son stridente. Cela crée un stress et une tension importante chez lui, qui font écho à son propre stress. Et voilà qu'au loin il entend la voix de sa maman qui l'appelle pour faire quelque chose qu'il n'aime pas trop: les courses. Trop tendu au début, il n'entend pas. La voix se fait plus forte et se rapproche, mais Rémi est fixé sur son film qui lui envoie des «shoots» réguliers de dopamine, qui lui procurent une très forte sensation de plaisir. Il choisit inconsciemment d'ignorer les appels, qui se font pourtant plus menaçants. Il sait bien où cela va le mener: ce n'est pas la première fois que la situation se produit. Mais la tension est trop forte, il est captif de l'image et du son. Il ne peut pas faire le choix raisonné d'appuyer sur le bouton off et de remettre ça à plus tard. Rémi est prêt à subir l'escalade symétrique. Il est pris au piège.

Je donne un conseil à la maman:

— Je vous demande d'éviter de le mettre dans une situation où il ne pourra pas être attentif à ce que vous lui demandez. Si vous avez décidé qu'à 16 heures il vous faudrait l'emmener faire des courses, il ne faut pas le mettre une demi-heure avant devant un film qu'il lui sera impossible de quitter.

— Oui, je le sais bien, tout ça. Mais j'étais claquée, j'ai laissé son grand frère lui mettre un DVD. Quand ils sont devant un film, j'ai la paix. Je peux me reposer ou m'occuper un peu de la maison.

— C'est un objet magique pour calmer les enfants agités. Mais cela agit comme une bombe à retardement. Quand vous arrêtez le film ou le jeu vidéo, que vous ayez prévenu ou non votre enfant avant, il explose. Et il se retrouve dans un état de tension bien plus important qu'avant d'avoir pris place devant l'écran.

**Toute la famille sur le pont**

La maman de Rémi semble avoir compris ce que je lui explique. Je les revois un mois plus tard. Je la questionne sur les écrans et leur utilisation.

— Oui, on fait attention. De toute façon, en semaine, on rentre tard, ils n'ont pas le temps de regarder la télévision.

— Rémi vous semble plus calme?

— Non, pas du tout. Toujours pareil. Il fait ses crises. Moi, je suis à bout.

Je propose alors de voir Rémi seul d'abord. Nous faisons des jeux. L'enfant est calme. Il accepte sans broncher les tours de rôle. Il ne s'énerve pas quand il perd. J'essaie de le questionner sur ce qui se passe avec sa mère. Rémi n'a pas très envie d'en parler. Et je le comprends. Quoi de plus difficile, quand on a 5 ans, que de parler de quelque chose qui vous dépasse, comme les colères, le stress, la peur... Tout ce que Rémi peut me dire, c'est que «maman est méchante». Je fais entrer la maman dans le bureau. Je ne la questionne pas sur l'arrêt des écrans. J'essaie autre chose: ouvrir la dyade infernale Rémi-maman. Je propose donc que le papa vienne au prochain rendez-vous.

— Ça ne changera rien. Rémi est pareil avec son père. Il vous dira la même chose que moi.

— Mais moi j'ai besoin qu'il soit là pour m'aider à comprendre, et vous, vous avez certainement besoin de son aide aussi.

— Il termine tard, il ne peut pas être là avant 20 heures.

Alors je continue à voir Rémi. Mais rien ne change. À chaque fin de séance, je redemande la même chose: la carte papa. Et puis un jour, au bout de neuf mois, à force d'insistance et de persévérance, je vois arriver un soir le papa, la maman, Marcel et Rémi: un miracle!

Pour cette première séance familiale, ils sont tous les quatre devant moi. Le père et la mère côte à côte. Les enfants qui jouent sur le tapis, au début calmement. Puis assez rapidement la tension monte, les cris, pour un petit camion rouge qu'ils se disputent. Le papa donne son point de vue. Il est en empathie avec la maman et décrit, comme elle, deux monstres. Il reconnaît pourtant qu'avec lui les enfants écoutent plus facilement les règles: il a moins besoin de répéter. «Leur maman est plus cool, moi je suis plus carré.» Classique...

À la fin de la séance, je pose de nouveau, par routine, la question du temps d'écran. Je découvre alors que mes conseils ont vite été abandonnés: la maman a abdiqué devant les colères récurrentes des garçons. Elle ne peut pas être soutenue par le papa qui rentre tard.

Avec patience, j'explique au papa les effets des écrans sur les enfants en général. J'insiste longuement sur le lien observé entre agitation, troubles de l'attention et surexposition. Il me répond: «Les enfants n'écoutent rien, télévision ou pas.»

**«On les prive de tout»**

La famille revient deux mois plus tard. D'emblée, je remarque que quelque chose a changé, même si je ne sais pas vraiment quoi.

Je pose la question d'usage: «Comment allez-vous?» C'est le papa qui me répond:

— On les prive de tout, il n'y a plus rien.

— Plus rien, ça veut dire quoi?

— Plus de télévision, plus de consoles, plus de DS. C'est simple, ils n'ont plus droit à rien.

— Et alors?

— Au début, c'était la guerre. Ils cherchaient tout le temps à allumer la télévision dès que l'on avait le dos tourné. Et ils finissaient toujours par retrouver leur DS là où on l'avait cachée. Mais j'ai dit à ma femme: on tient bon. Et puis ils ont oublié de la chercher, ils ont arrêté de vouloir allumer la télé. Ils se sont remis à jouer. Moi, j'essaie de rentrer plus tôt pour aider ma femme.

— Bravo, vous êtes très efficace!

— Finalement, le plus étonnant, c'est le grand. Au début, il n'arrêtait pas de tourner en rond en râlant. Il ne savait pas quoi faire. Il trouvait débile que l'on suive vos conseils. Et puis un jour, en rentrant du travail, je l'ai retrouvé avec un livre dans les mains, tranquillement installé dans sa chambre. Ça m'a fait un choc parce que ça faisait très longtemps que je ne l'avais pas vu avec un livre. Il s'est pris de passion pour la mythologie. Il nous en parle tout le temps.

— Et Rémi ?

— Je trouve Rémi moins agressif, moins insolent, moins colérique aussi. Il nous écoute davantage. Au centre de loisirs, ils nous ont même demandé si on l'avait mis sous traitement !

— Comme Marcel...

— Pour Marcel, on a arrêté le traitement justement. Enfin, c'est lui qui a demandé. Déjà il ne le prenait pas pendant les week-ends et les vacances scolaires. Et puis on sait que ça ralentit la croissance, alors...

Je me tourne vers Marcel :

— Marcel, comment tu te sens ?

— Bien, ça va, ça va très bien.

— Et vous, les parents, comment vous vous sentez ? La mère me sourit :

— Au début, ça faisait bizarre ce silence à la maison. On s'est rendu compte aussi avec mon mari que l'on ne se parlait plus, avec tous ces cris. Ce week-end, c'est la première fois que l'on a pu passer plus d'une heure au marché. Avant, il fallait se dépêcher parce qu'ils devenaient insupportables si l'on ne faisait pas ce qu'ils voulaient.

Un cap vient d'être franchi dans le travail avec cette famille. La thérapie peut enfin débuter ! Tout n'est pas réglé, loin de là, mais quelque chose devient désormais possible. Je vais pouvoir aborder réellement les problèmes, avec l'espoir de trouver une solution.

À présent, la maman peut se décentrer de Rémi et parler de sa relation compliquée avec ses propres parents. Le papa peut raconter le rôle de thérapeute qu'il a appris à jouer tôt dans sa famille, auprès d'une mère fragile. Quant à Rémi et Marcel, ils peuvent enfin occuper leur place d'enfant.

**AXELLE, PRINCESSE AU FAIBLE QI ?**

Mme P. se présente. Elle vient me consulter pour sa fille Axelle, 10 ans. Mme P. a la quarantaine souriante, elle parle facilement et volontiers de sa fille.

Axelle semble sortir d'un conte. D'immenses yeux bleus, un joli visage diaphane, de très longs cheveux châtains qui ondulent, retenus par un serre-tête rose, un tee-shirt de princesse Disney à paillettes.

Pourquoi une princesse dans mon cabinet? Ce sont les garçons qui fréquentent majoritairement les CMP, plus rarement les filles.

La maman m'explique: Axelle est en CM1, elle n'arrive pas à se concentrer à l'école, elle «décroche» très facilement. Mme P. a arrêté de travailler cette année pour pouvoir s'occuper d'Axelle. Le soir, elle passe en moyenne deux heures avec elle à faire des maths. «Mais Axelle n'arrive pas à se concentrer plus de dix minutes», avoue-t-elle. Et les résultats scolaires sont très justes.

Avec Axelle, les devoirs prennent tellement de temps que Mme P. a décidé qu'elle n'inscrirait pas sa fille à des activités extrascolaires pour cette année.

Il n'y a pas que les devoirs qui inquiètent Mme P. Axelle a des tics, surtout les jours d'école ou avant d'aller se coucher. Serait-elle anxieuse?

La maman me tend une lettre très détaillée de l'enseignante. Je prends ce long compte rendu:

> En début d'année, Axelle était relativement pénalisée par sa lenteur d'exécution (sortir ses affaires, commencer à écrire). Ceci s'est amélioré en milieu d'année. Concernant les devoirs à faire à la maison, Axelle revenait souvent avec des devoirs oubliés. Elle avait des soucis dans la gestion de son agenda, du matériel à mettre dans son cartable. [...] Elle a un manque de confiance en elle, qui fait qu'elle aurait tendance à demander l'appui de son voisin pour débuter sa réflexion [...] Le principal handicap d'Axelle me semble être la lenteur de compréhension, dans la réflexion, dans la mémorisation

> (car elle a besoin de beaucoup de répétitions pour retenir une notion ce qui demande plus de travail à la maison). Aidée à la maison, Axelle est une petite fille volontaire, mais qui a besoin d'être soutenue et qui n'est pas autonome. [...] Son manque de confiance en elle ne lui permet pas de participer spontanément à l'oral: Axelle se laisse souvent aller à un bavardage très fréquent.

Dans son compte rendu détaillé, l'enseignante cherche des explications. Elle hésite entre hypothèse psychologique (le manque de confiance) et hypothèse instrumentale (la lenteur de compréhension, de réflexion et de mémorisation). Elle laisse à penser que c'est ce dernier handicap qui prédomine. En termes simples et plus accessibles pour le commun des mortels, la maîtresse suppose qu'Axelle est idiote.

### Tests et questions

Afin de vérifier si les hypothèses de la maîtresse sont justifiées, je propose à la maman d'Axelle de l'évaluer lors d'une prochaine rencontre. Je souhaite lui faire passer un test de QI (test évaluation du quotient intellectuel issu des échelles de Wechsler) afin de voir si certaines fonctions (mémoire, raisonnement logique) sont en dessous de la moyenne et expliqueraient cette lenteur.

Durant le temps du test, Axelle ne manifeste aucune impulsivité dans ses réponses. Elle prend le temps de réfléchir, elle investit beaucoup les exercices de logique. En revanche, elle semble effrayée et comme bloquée pour les exercices qui concernent l'évaluation du langage. Les résultats au test sont parfaitement dans la norme pour trois échelles sur quatre: raisonnement logique, mémoire de travail et vitesse de traitement.

L'échelle de raisonnement logique est celle où Axelle obtient les meilleurs scores, avec un résultat un peu au-dessus de la moyenne attendue pour sa classe d'âge. La princesse Axelle s'en sort particulièrement bien: elle est capable de raisonner de façon juste.

Pour l'évaluation de la mémoire de travail (IMT), Axelle obtient des résultats parfaitement dans la norme. Cette fonction ne semble donc pas atteinte, comme le laissait supposer la maîtresse.

Sans surprise, l'échelle de vitesse de traitement, qui évalue l'attention de l'enfant sur des tâches courtes et chronométrées (120 secondes), est dans la norme elle aussi, tout comme les tâches de perception et de discrimination visuelles.

En revanche, pour les compétences langagières, le résultat n'est pas loin de la zone limite. Pour cet exercice, les questions, d'abord très concrètes, deviennent progressivement plus abstraites, moins terre à terre. Axelle montre d'emblée une grande difficulté à fournir des réponses complètes, étayées. À la question «Pourquoi doit-on attacher sa ceinture en voiture?», elle répond: «Pour ne pas se faire de mal», mais elle est incapable d'expliquer pourquoi. Et, dès la sixième question, elle cesse de fournir des réponses, car elle ne comprend pas la question. Les questions sont pourtant très simples: «Pourquoi encourage-t-on la récupération des bouteilles vides?»; «Pourquoi faut-il faire de l'exercice physique?»; «Pourquoi est-il interdit de fumer dans les lieux publics?» «Je ne sais pas, je ne comprends pas», répond avec douceur mais de façon invariable Axelle.

Pour les deux autres exercices de l'échelle verbale, elle s'en sort un peu mieux.

### Une journée ordinaire

Pourquoi Axelle, petite fille de bientôt 10 ans, de milieu de cadres «moyens», où la langue maternelle est le français, présente-t-elle un réel retard dans le domaine langagier alors que, pour le reste, tout est dans la norme? S'il s'agissait d'un trouble ancien, il aurait été repéré plus tôt, un suivi en orthophonie aurait été conseillé. Il n'en est rien. Aucun élément de dyslexie n'a jamais été évoqué dans son parcours scolaire, pas de trouble particulier noté lors de l'apprentissage de la lecture, rien non plus de particulier du côté de l'orthographe. Axelle est une petite fille qui a parlé tôt, dès 2 ans. «Avec ses copines, c'est une vraie pipelette », rapporte la maman. Serait-ce que les échanges verbaux, la lecture sont devenus trop rares à la maison ?

Je demande à la maman et à Axelle de me décrire une journée habituelle, en semaine et le week-end, comme je le fais systématiquement lors des premiers entretiens.

Axelle est tirée du lit chaque matin par sa maman qui reste à ses côtés jusqu'à ce qu'elle soit habillée, « sinon elle se rendort ». Elle prend son petit déjeuner avec elle. Les écrans ne sont pas allumés le matin. Elle déjeune à la cantine et rentre après l'école chez elle. Puis elle s'attelle aux fameux devoirs de 17 h 30 à 19 h 30. Sinon, Axelle regarde la télé, des séries pour les filles comme *Chica Vampiro*. Axelle ne joue pas, car « elle ne sait pas jouer seule ». Il y a cinq télés dans la maison : une dans le salon, une dans la chambre des parents, une dans la chambre de chacun de ses frères et une dans la salle de jeux. Seule Axelle n'en a pas dans sa chambre. En revanche, elle a une tablette depuis Noël dernier. Elle reste dessus « toute la journée si on ne la lui enlève pas ». Elle joue à « plein de jeux, mais surtout Minecraft ». En semaine, cela représente environ 3 à 4 heures d'écrans par jour, télé et tablette cumulées. Sa maman déplore que sa fille ne lise plus depuis qu'elle a sa tablette.

Dans cette description « banale » de la vie d'une fillette de 10 ans, deux éléments me frappent, deux éléments que je sais liés à la présence en continu des écrans dans la vie de l'enfant : l'incapacité à jouer seule et l'impossible accès à une lecture fluide, non scolaire.

### Des écrans qui font écran

Les écrans jouent le rôle de simulateur de présence, empêchant l'enfant d'éprouver la sensation d'un manque et d'un vide que l'imaginaire, la rêverie vont pouvoir contrer. La capacité à être seul et à se sentir en sécurité, donc en mesure de pouvoir rêver, d'imaginer, fait partie des acquisitions majeures de l'enfance vers l'autonomie. Pour accéder à cette compétence, deux conditions sont requises. Il faut une mère en bonne santé psychique, capable de ne pas s'angoisser en quittant la pièce où se trouve le bébé, et il faut que le bébé puisse vivre de façon répétée et suffisante ces expériences pour que la capacité d'être seul puisse se développer.

Mon travail avec les familles m'a montré que la présence en continu d'une télé ou d'un écran allumé dans la pièce où vit le bébé ou à proximité vient brouiller ce processus. Bon nombre de mamans ou de papas ont « besoin » d'une télé allumée en permanence, même s'ils disent ne pas la regarder. Mais pourquoi l'allument-ils? « Une habitude, c'est comme ça », me répond la maman d'Axelle. Le besoin d'un écran allumé en permanence en fond sonore et lumineux signe parfois chez le parent une difficulté pour lui-même à être seul, à se sentir bien, apaisé, quand il est seul... ou avec son bébé.

Le flot sonore, lumineux, continu et changeant des écrans enraye et perturbe fortement le processus d'échange mère-enfant, et du même coup entrave la constitution d'un moi autonome chez l'enfant. C'est-à-dire la capacité d'intégrer les expériences sensorielles positives qu'il a vécues avec sa mère et d'en faire des activités de pensées et de jeu plus élaborées[30]. Le processus d'échange est trop souvent entrecoupé par les coups d'œil de la mère vers l'écran, le silence et le flux stable de la lumière n'existent pas, ce qui empêche l'enfant de se recentrer sur ses sensations internes.

Une petite fille suffisamment portée, contenue et regardée par sa mère, c'est-à-dire assez mais pas trop, pas de façon continue, sera très vite capable, dès 2 ans, d'être laissée seule dans sa chambre et de jouer de façon apaisée avec ses poupées dont elle prendra soin, ses jouets qu'elle animera par son discours intérieur. Elle sera capable de reprendre dans son jeu les expériences positives de soin qu'elle a vécues avec sa mère ou son père.

L'enfant qui n'a pas accédé à cette étape essentielle de sa maturation psychologique est en recherche permanente de stimulations sensorielles, sous peine de s'angoisser fortement. L'écran, télé ou tablette, vient pallier ce besoin de stimulation, mais empêche l'enfant de se constituer un moi intérieur autonome et apaisé. Sans écran en bruit et lumière de fond, l'enfant panique et cherche la présence de sa mère ou celle de ses frères ou sœurs. «Il faut toujours que l'on soit avec lui, il ne sait pas jouer seul», sont les plaintes les plus fréquentes des parents aujourd'hui.

À l'école, cette incapacité à être seul, à être confronté au vide et à la nécessité de trouver une réponse à partir de ses ressources internes peut prendre la forme d'un bavardage incessant (c'est le cas d'Axelle) ou d'une tendance à interpeller en permanence l'adulte, à répondre avant d'avoir été interrogé, à s'entourer d'un flot sonore en faisant tomber en permanence ses affaires, voire en émettant un son ininterrompu («Brrrr», «Lalala», etc.) comme cela m'est arrivé de le voir avec certains enfants.

**La fin des échanges**

Pourquoi ce manque d'autonomie est-il joint, chez Axelle, à cette difficulté de mémorisation et à cette lenteur de compréhension observées par la maîtresse? Des difficultés qui, dans le test, ne s'expriment que dans la partie verbale. Un élément a retenu mon attention dans la description du quotidien d'Axelle par sa maman: depuis qu'elle a une tablette connectée, Axelle ne lit plus.

Pour l'avoir si souvent entendue dans la bouche des parents, je prends le temps de revenir sur cette observation de la maman. Est-ce qu'Axelle lisait avant d'avoir sa tablette?

— Pas mal.

— Quel genre de livres?

— Ceux de l'école mais aussi des magazines, des livres en rapport avec ce qu'elle aime: les chevaux, les chiens.

— Et depuis qu'elle a sa tablette, elle lit moins?

— Elle ne lit plus du tout.

— Mais vous m'avez dit aussi que vous lui aviez supprimé sa tablette. Elle ne s'est pas remise à lire?

— Non, elle regarde la télé plus souvent maintenant.

— Et le soir, au moment du coucher, est-ce que vous lui lisez des histoires?

— Avant oui, on le faisait. Axelle me le réclame parfois. Mais c'est vrai, je ne le fais plus.

Constatation banale concernant la vie des enfants aujourd'hui: le temps, déjà rare, des échanges avec les parents a été diminué encore davantage par l'arrivée de la tablette, objet ultra-addictif. La lecture, encore fragile (Axelle lisait de courts romans illustrés), est vite abandonnée au profit de la tablette, qui retient et captive l'attention de l'enfant, mais perturbe fortement le processus de concentration. Le temps de lecture partagée avec sa mère, qui nourrissait les échanges mais aussi contribuait fortement à enrichir la syntaxe et le vocabulaire, s'est interrompu. L'univers mental d'Axelle s'est rempli d'images stéréotypées issues de séries télévisées auxquelles elle s'identifie. Ce n'est pas l'univers du livre qui stimule l'imaginaire. À présent, Axelle, devant sa feuille blanche à l'école, peine à trouver les mots pour s'exprimer. Face aux questions, écrites ou orales, elle demeure comme hébétée.

### Les trois vœux de la princesse

Je ne crois pas à l'explication de la maîtresse d'Axelle, pas plus au manque de confiance qu'à une certaine déficience mentale. Je pense seulement qu'Axelle, comme bien des petites filles et petits garçons de son âge, manque d'entraînement à la lecture, pratique décisive pour l'ensemble des compétences exigées à l'école.

Ne pas lire à 10 ans, c'est être en difficulté pour comprendre les consignes écrites, c'est avoir moins de vocabulaire et de syntaxe, par conséquent avoir plus de difficultés à comprendre l'écrit comme l'oral, à parler de façon nuancée et riche. Axelle n'est pas consciente de ce déficit qui peu à peu s'est installé, pas trop tourmentée par ses difficultés en classe, à l'inverse de l'enfant qui le vit depuis longtemps ou qui subit un réel handicap cognitif qui l'empêche de progresser. Quand je demande à Axelle quels seraient les trois vœux qu'elle demanderait à la fée[31], elle répond: «Pouvoir sortir avec mes copines, faire plus de roller, faire plus souvent du vélo avec papa.»

Axelle n'est pas une petite fille par nature solitaire ou peu sociable qui a trouvé refuge dans les écrans. C'est une petite fille avec des vœux normaux et sains: elle rêve de plus de liberté, de plus d'expériences de sociabilité et de plus d'attention de la part de son père.

Il est facile alors pour moi de me faire son porte-parole auprès de ses parents. Je plaide en faveur des trois vœux. Mais j'ajoute des recommandations pour les faciliter: supprimer les écrans ou les limiter à une demi-heure par jour (et seulement si Axelle le réclame), remettre en place la lecture du soir avec sa mère, faire participer Axelle aux tâches ménagères, faire des activités qui lui feront plaisir et feront plaisir à ses parents.

Je revois Axelle fin octobre, deux mois après à la rentrée des classes. Les parents ont suivi mes consignes. Ils n'ont pas vraiment eu besoin d'insister: Axelle, attentive à mes explications en séance, a d'elle-même réduit considérablement le temps passé devant les écrans. Elle les a facilement évités durant les vacances solaires: le soleil et plus de disponibilité parentale constituent deux alliés majeurs dans la réduction du temps écran!

Le retour de la pluie, à la rentrée, n'a pas changé ses habitudes. Elle s'est remise à jouer avec ses poupées, ses Lego. Elle dessine, bricole de petits objets en carton avec un talent certain. La lecture le soir avec sa mère s'est poursuivie au-delà des vacances: le livre commencé la veille lui a donné l'envie de poursuivre la lecture le lendemain.

Le soir, les devoirs prennent beaucoup moins de temps: Axelle s'y met seule, elle n'apprécie plus tellement la présence de sa mère à ses côtés. Et les notes sont meilleures que l'année précédente.

4^e^ PARTIE

# DE 10 À 15 ANS
# LES TROUBLES DE L'HUMEUR : ANXIÉTÉ, IDÉES NOIRES ET DÉPRESSION[1]

En février 2020, le covid a déferlé sur la France. Le 16 mars 2020 à 20h, le président Macron a annoncé d'un ton grave que les écoles, collèges et lycées allaient fermer durant quelques semaines (deux mois en réalité). Jamais annonce prononcée si sérieusement n'a provoqué autant de joie chez mes enfants. Ils criaient, sautaient partout dans l'appartement et chantaient. Notre président a rendu heureux ce soir-là, je crois, tous les enfants de France.

Le CMP où je travaillais en Seine-Saint-Denis a été massivement touché par le virus. Tous les soignants, bien que jeunes et en bonne santé, l'ont attrapé et ont dû s'arrêter au moins quelques jours. Assez rapidement, on nous a engagés à faire nos consultations à distance, à « téléconsulter », en bref à faire notre travail derrière un écran.

Sans doute cette démarche a-t-elle un sens quand il s'agit d'adultes, ou d'enfants bien portants et pouvant pallier la distance. Cela peut aider, quand on est capable de recréer en pensée le contexte d'une vraie conversation. Mais quel sens peut avoir une thérapie par écran interposé pour un enfant présentant un TSA, ou ce qu'on appelle dorénavant TND (trouble du neurodéveloppement) ? Car avec ces enfants, à présent majoritaires dans les CMP, tout le travail du psychologue vise à parvenir à capter leur regard et à les amener à converser, échanger par la parole. Chercher à ce qu'ils ne soient plus dans une attitude action/réaction comme ils le sont habituellement, faire qu'ils s'humanisent par un échange réel. En réalité, ces téléconsultations ont surtout permis de soutenir les parents dans leur travail éducatif devenu si compliqué. Mais les enfants eux, ne trouvaient aucun intérêt à ces échanges par écrans interposés.

J'ai tenu quelques semaines, privilégiant toujours la vraie rencontre, puis un jour j'ai été prise de maux de ventre et de quintes de toux interminables. Victime d'une pneumonie quelques années auparavant, j'ai dû m'arrêter. Une fois remise des premiers symptômes, j'ai très mal supporté de rester confinée chez moi. Les mesures prises par le gouvernement pour protéger la population ont provoqué chez moi de vives angoisses. Elles contrariaient un besoin vital et quotidien de sortir, bouger, marcher, et un autre, tout aussi vital, d'être en contact avec mes semblables: les rencontrer, les voir, recevoir un sourire, serrer une main tendue. Désormais, soumis à des mesures d'enfermement et d'éloignement les uns des autres, nous devenions à la fois prisonniers et geôliers de nos maisons.

Une différence de conditions est vite apparue entre les habitants des villes et ceux des campagnes, rats des villes et rats des champs. Ceux-ci étaient bien plus chanceux que ceux-là: le gouvernement n'avait pas les moyens de mettre un gendarme derrière chaque peuplier de France.

Alors j'ai décidé de partir. N'importe où, où la population serait moins dense, où le nombre d'arbres au kilomètre serait plus important ou équivalent à celui des personnes. C'est ainsi que j'ai atterri dans le sud du Loiret, tout près de la grande et vaste forêt orléanaise. Je n'ai pas choisi: j'ai suis allée là où on voulait bien de moi. Le service où j'ai débarqué en septembre 2020 avait obligation de rester ouvert 365 jours sur 365. Il s'agissait d'une unité d'hospitalisation en psychiatrie pour des adolescents en crise. Tentative de suicide, conduite brutale d'agression ou délire, tels étaient les motifs les plus courants qui conduisaient les patients du SAMU au CPAU (centre psychiatrique d'urgence) et du CPAU à cette unité. J'ai atterri dans ce qu'un collègue du pôle a gentiment qualifié de «service le plus violent du secteur». Il ne s'était pas trompé. Ce serait pourtant mon nouveau travail pour deux ans et cinq mois, celui où j'ai le plus souffert, celui où j'ai le plus appris aussi.

— I
# POURQUOI LES ADOLESCENTS VONT-ILS DE PLUS EN PLUS MAL ?

Le service où je travaille alors accueille 7 jours et 7 nuits sur 7 des jeunes entre 12 et 17 ans.

L'accueil est prévu pour 10 jeunes. Mais le manque de place et l'urgence des situations, devenus de plus en plus criants au fil du temps, particulièrement à partir du confinement (mais aussi après) conduisent les psychiatres à utiliser la chambre d'isolement comme chambre de séjour, à envoyer le plus «vieux», c'est-à-dire celui qui a 15, 16, ou 17 ans, dans les services pour adulte. Il y aurait un livre à écrire sur la façon dont la psychiatrie maltraite ces jeunes à tous les niveaux mais ce n'est pas notre propos ici.

Quand je suis arrivée dans ce service, la psychiatre en poste était aussi celle ayant œuvré à la création de l'unité. Je lui ai demandé quelles étaient les pathologies les plus courantes dans l'unité, le pourcentage de filles et de garçons... Elle m'a répondu que toutes les pathologies étaient représentées: névrose, psychoses et parfois même autisme. Elle a ajouté qu'il n'y avait pas plus de garçons que de filles, cela dépendait «des arrivées».

Cette psychiatre décrivait probablement avec justesse ce qu'on lui avait appris à voir dans sa formation de médecin des fous. Moi, comme toujours, j'y ai vu d'abord des êtres humains derrière, ou plutôt avant, toute étiquette. Des êtres humains dont le développement était inachevé comme le sont tous les enfants et les adolescents. Des jeunes dont les actions, les comportements, les propos ne sont rien d'autre que le résultat d'une étroite interaction avec leur environnement. Et cet environnement s'était nettement dégradé avec l'arrivée du covid amenant aux urgences les jeunes filles bien plus fréquemment que les garçons.

Les adolescents que j'avais laissés au centre médico psychologique, en Seine–Saint-Denis, où je travaillais jusqu'alors, connaissaient des taux d'exposition aux écrans qui me semblaient difficilement dépassables, des chiffres très proches de ceux fournis par le site américain Common Sense Media. En 2020, ils étaient les suivants: 2 h 30 d'exposition chez les 2-4 ans, 3 h 05 chez les 5-8 ans, 4 h 44 chez les 8-12 ans, 7 h 22 chez les 13-14 ans et plus de 8 heures par jour chez les 15-18 ans! Les adolescents que je rencontrais en septembre 2020, après le premier confinement, présentaient ces taux records, souvent plus importants: ils étaient passés d'un usage en continu la journée à un usage en continu la nuit aussi. Les efforts de leurs parents pour les envoyer au collège et quitter leurs écrans avaient cessé: à présent le gouvernement avait décrété que l'apprentissage se ferait devant un écran. Les parents, eux-mêmes condamnés à rester derrière leurs machines, se sont sentis abandonnés dans leurs tâches éducatives. Et les jeunes se sont de plus en plus isolés, retranchés dans un monde virtuel, avec des conséquences sur leur santé mentale et physique qui se sont rapidement fait sentir.

Les premiers temps, alors que je venais d'arriver dans l'unité d'hospitalisation, j'ai été saisie par la puissance de la détresse qui émanait des jeunes patientes. Au début, je n'ai pas cherché à questionner aussi minutieusement que je le faisais en CMP leur environnement technologique. Touchée par la haine qu'elles avaient d'elles-mêmes – quasiment toutes se scarifiaient et cela pouvait aller de quelques rayures légères sur les bras à des attaques qui portaient sur tous les membres, bras, avant-bras, cuisses, parfois même ventre, seins, et plus exceptionnellement visage –, je tentais de remonter le fil de leur courte vie, cherchant la faille, le moment de bascule. Parfois je le trouvais, il me sautait aux yeux, évident: un viol subi dans l'enfance, des attouchements par un proche. Ces traumatismes, oubliés en apparence, ressurgissent lorsque le corps change, que la jeune fille se voit exposée aux regards désirants et si lourds des adolescents nourris au porno. Cependant toutes n'avaient pas connu des événements aussi dramatiques dans leur enfance. Beaucoup avaient des parents aimants et protecteurs. Alors que s'était-il passé exactement pour celles-là, celles pour lesquelles tout aurait dû bien se passer ?

J'ai commencé par écrire comme je le fais pour chaque entretien avec le plus de précision et de détails possible leur histoire de vie, notamment le passage entre le moment où tout se passait normalement, ou à peu près bien, et celui où ça n'allait plus du tout. Le passage, ou mouvement de bascule, se situait toujours à la même période: milieu ou fin de sixième, début de cinquième. Et l'élément déclencheur, ou précipitant, était toujours le même: l'acquisition du téléphone avec une connexion 4G/5G permettant la fréquentation ininterrompue des réseaux sociaux alors même que la sociabilité de ces jeunes n'était pas encore construite, alors qu'elles ignoraient tout des pièges qui vous guettent sur les réseaux, tout comme leurs parents, d'ailleurs.

— II
# LE RÔLE DES RÉSEAUX SOCIAUX DANS LA CONSTRUCTION PSYCHIQUE DES ADOLESCENTS

## HISTOIRE DE MANON

Voici un portrait-robot d'une jeune fille, que j'aurais pu recevoir en consultation[2].

Manon a toujours été une enfant un peu solitaire, pas trop à l'aise dans les groupes. Elle ne comprend pas toujours quels sont les mots qu'il faut dire, les vêtements qu'il faut porter pour être admise dans un groupe de pairs. Sa mère et son père ont toujours été d'accord sur les règles à appliquer concernant l'usage des écrans, même une fois séparés: rien pendant la semaine et deux heures au maximum les jours sans école. Jusqu'en sixième, elle n'avait pas le droit de naviguer seule sur Internet. Elle devait se servir de l'ordinateur familial qui se trouve dans le salon.

En CM1, elle a commencé à se faire harceler par un groupe de filles qui la traitait de «fille de p...»: elles avaient pris le prétexte que sa mère était venue la chercher une fois avec son compagnon du moment, puis une autre fois avec un autre homme. Ces filles-là discutent entre elles via les réseaux, puisqu'elles ont eu un portable dès leurs 10 ans; c'est-à-dire en CM2, soit un an avant elle.

Manon les appelait «les pestes»: elle en avait peur, mais une fois chez elle, elle se sentait en sécurité. En CM2, elle s'est mise à penser à sa prochaine rentrée, en sixième. Elle a écouté ce que raconte sa cousine qui fréquente le collège depuis un an. Les groupes, les clans, les exclus, les sans amis. Elle s'est mise à stresser. Alors elle a dit à ses parents qu'elle voudrait un portable pour pouvoir les appeler en sortant du collège. Sa mère n'était pas d'accord: elle préférait attendre que Manon soit un peu plus grande. Son père, qui ne la voit que le week-end, lui a dit : «D'accord, comme ça tu pourras m'appeler quand tu veux.» Il lui a acheté un portable et pris un forfait mensuel 4G sans demander l'avis de la mère. À son entrée en sixième, Manon découvre un monde nouveau, où filles et garçons se séparent volontairement, où les premières forment des clans serrés et non perméables, discutant des séries qu'elles regardent en sortant du collège, des personnalités qu'elles suivent sur les réseaux et qui influencent leurs choix de vêtements, leur gestuelle, leur façon de parler et sans doute de se percevoir. Ces filles discutent entre elles via le « groupe classe » de ce qu'untel a dit hier sur Snap ou sur Insta et qui concerne le plus souvent son vernis, le garçon avec qui elle sort et qui l'a plaquée, etc. Manon se sent alors seule, très seule: l'univers de ces filles n'est pas le sien. Elle voudrait tellement pouvoir rentrer dans leurs cercles, car seule dans la cour, même avec son portable qui lui tient lieu de compagnie, sa vie est un enfer. Elle entend parfaitement ce qui se murmure autour d'elle: «C'est une pauvre fille, elle mérite pas de vivre.»

Elle n'aime plus son corps qui a changé si vite: elle a eu ses premières règles cet été, ses seins ont pris une dimension qui l'inquiète, ses cuisses et ses fesses aussi ont pris de l'ampleur. Elle a toujours été première à la course, dépassant de loin les garçons. Elle n'est plus sûre de l'être.

Les garçons au collège lui font des remarques lourdes. Elle se sent de plus en plus mal. Sur les réseaux, Snapchat, Instagram, TikTok, qu'elle consulte sans rien poster dans un premier temps, elle découvre des filles qui racontent qu'elles se sentent différentes des autres au collège, rejetées pour leur différence. Elle ressent alors un très grand soulagement. Des différentes, des incomprises, il y en a d'autres aussi. Elle s'abonne au compte d'une fille qu'elle trouve belle et qui raconte en détail son harcèlement au collège. En cinquième, pour lui ressembler, elle se met à s'habiller en noir comme elle et s'achète des mitaines et des bas résille noirs avec son argent de poche. Elle se met à se maquiller comme Kyllia, 14 ans, qui poste des vidéos d'elle tous les jours, où elle assume si bien sa différence. La mère de Manon est surprise de ce changement de look radical, elle fait quelques remarques, cherche à comprendre mais Manon lui répond si sèchement qu'elle préfère ne rien dire.

En cinquième, Manon refuse à la rentrée de s'inscrire à la danse alors que cela fait six ans qu'elle la pratique. Elle explique que la charge des devoirs va augmenter : elle n'aura pas le temps. Sur Snapchat, Insta, des filles de son groupe parlent des scarifications comme d'une super solution pour faire baisser le stress. Sur TikTok, qu'elle regarde dès qu'elle rentre du collège, elle *swipe* sur des vidéos des filles qui montrent leurs scarifications et s'en vantent.

Un soir de décembre Manon rentre du collège encore plus mal que d'habitude. Un garçon de quatrième l'a coincée dans un recoin du couloir, plaquée contre le mur et lui a touché les seins en la traitant de « sale pute ». Manon a ressenti une peur et un stress immenses. En rentrant, elle se regarde dans le miroir : le garçon a raison, elle se trouve moche, et elle est une pute. Vite, elle prend un cutter dans la boîte à outils et s'entaille légèrement l'avant-bras. Voir le sang couler la soulage immédiatement : les filles sur les réseaux n'ont pas menti.

Désormais elle pense avoir trouvé la solution pour moins souffrir de l'isolement et de la détestation d'elle-même : chaque fois qu'elle se sent mal, elle a recours au cutter. Un jour, elle crée un compte et, comme Kyllia, elle poste des photos d'elle maquillée, vêtue de noir où elle danse tout en exhibant ses scarifications.

Un soir, en faisant la lessive, sa mère découvre des taches de sang sur les manches du sweat de Manon. Ce n'est pas la première fois qu'elle en voit mais jusqu'alors elle n'y avait pas vraiment prêté attention ou pas voulu le voir. Depuis un an c'est devenu tellement difficile de parler avec sa fille... Elle guette le retour de Manon du collège pour lui parler des tâches découvertes sur son linge. Manon se braque aussitôt et file dans sa chambre. Elle la rattrape et demande à voir ses avant-bras. Elle lui dit : « Je suis ta mère, je dois savoir. » Manon lui répond : « Tu n'es pas ma mère, t'es ma génitrice », un terme qu'emploient les filles qui parlent de leurs parents sur les réseaux. Mais pour une fois, la mère de Manon ne se laisse pas démonter, elle s'empare du téléphone de sa fille et menace: «Montre-moi tes bras si tu veux que je te le rende.» Manon hurle: «Dégage !» Sa mère insiste, elle finit par céder, mue par le désir de récupérer son portable. Sa mère découvre les avant-bras de sa fille couverts de plaies et de coupures. Elle lui demande de baisser son pantalon. Le haut des cuisses aussi est marqué de stries. Elle appelle alors en urgence son médecin généraliste qui lui conseille d'emmener sa fille au centre psychiatrique d'urgence (CPAU). Au CPAU, par chance le médecin de garde est aussi celui qui travaille à l'unité d'urgence ados: la situation n'est pas la plus alarmante qu'il ait vue, mais comme, par chance, une place vient juste de se libérer, il va pouvoir la donner à Manon.

Dans ce portrait-robot d'une jeune fille qui arrive à l'unité d'hospitalisation d'urgence, j'ai voulu saisir les facteurs favorisant la bascule dans l'univers des réseaux sociaux: une certaine difficulté à s'intégrer dans les groupes sociaux, à en saisir les codes, une puberté précoce[3] qui déstabilise les jeunes filles. J'ai voulu aussi pointer les «solutions» malsaines que l'on y trouve: l'auto-agression devient ainsi plus fréquente que l'incitation à dénoncer le harcèlement. Le corps des femmes est chosifié par l'adoption d'un look qui exacerbe les traits féminins tout en le disqualifiant.

Écouter les récits qui s'enchaînent de ces jeunes filles m'a permis de mesurer de façon très concrète l'impact des réseaux sociaux sur la construction de leur sociabilité, sur l'image qu'elles ont d'elles-mêmes, sur leur comportement, sur la façon dont elles analysent leurs difficultés et les solutions qu'elles trouvent. Au fond j'ai cherché à comprendre les réseaux sociaux par leurs effets sur les adolescents.

Mais pour mieux comprendre les mécanismes d'actions, il me fallait les tester moi-même. C'est-à-dire passer un peu de temps sur les réseaux sociaux préférés des ados; donc télécharger l'appli, scroller, m'abonner à un compte. J'ai choisi TikTok, l'application devenue reine chez les adolescents et certainement la plus dangereuse. Ce réseau social compte 1,7 milliard d'utilisateurs actifs dans le monde, dont 15 millions en France.

## — III
## TIKTOK : UN RÉSEAU SOCIAL PLUS PUISSANT OU DIFFÉRENT ?

On s'en doutera, je ne suis pas arrivée par hasard sur cette application. Sachant qu'en France, 72 % de ses utilisateurs ont moins de 24 ans, je n'avais aucune raison de m'y retrouver. Comme toujours, ce sont mes patients qui m'ont orientée vers la source du problème. Alloya avait 15 ans quand je l'ai rencontrée pour la première fois. Elle avait déjà fait plusieurs séjours à l'unité d'hospitalisation temps plein. L'année précédente, elle avait été hospitalisée à trois reprises et était repartie chaque fois les bras meurtris des scarifications qu'elle s'imposait régulièrement. Nous n'étions pas parvenus à la guérir de sa tristesse, comme la plupart des filles qui quittent l'unité. La famille d'Alloya n'était ni la pire ni la meilleure. Ce qui pour l'heure me semblait le plus inquiétant, c'est que depuis deux ans elle ne quittait guère sa chambre, ne se rendait plus au collège, sauf durant les quelques jours qui suivaient ses hospitalisations. Elle passait toute sa journée sur son portable, sur TikTok plus particulièrement depuis quelques semaines. J'ai beaucoup parlé avec elle ; j'ai pris au sérieux les éléments de son histoire réelle mais aussi virtuelle. Cet intérêt d'un professionnel de santé pour sa vie en ligne était une expérience nouvelle pour elle. Elle m'a dit qu'elle « postait des trucs sur TikTok » et que « ça lui faisait du bien ». Je lui ai demandé si je pouvais regarder ce qu'elle postait, elle m'a dit oui, a écrit son compte utilisateur sur un petit bout de papier et en quittant la séance, elle m'a fait remarquer que si je le rangeais tout de suite dans mon sac, j'aurais moins de chances de l'oublier. Le soir, chez moi, j'ai commencé par télécharger l'application, première étape avant de taper le nom d'utilisateur d'Alloya précédé d'un @.

J'ai dû rentrer un minimum de données me concernant. Les chercheurs estiment qu'il faut moins d'une heure à TikTok pour établir le profil psychologique d'un utilisateur... Toute interaction sur l'application est collectée, scrutée et analysée afin d'anticiper les préférences de l'utilisateur. Ces indications s'appellent des points d'entraînement. Ces informations personnelles récoltées lors de chaque inscription sont revendues ensuite à prix d'or à d'autres entreprises privées qui les utiliseront pour de la publicité ciblée.

Une fois inscrite, je suis tombée sur la vidéo d'une quinquagénaire dodue, aux seins et fesses rebondis, moulée dans une mini robe à paillette, hyper maquillée et balançant son fessier sur le rythme d'une musique indienne. Pas vraiment mon *look* ni mon apparence physique, hormis l'âge... Je me suis sentie troublée. J'ai pensé: «Cette femme a mon âge, elle a peut-être des enfants qui ont l'âge des miens, entre 15 et 22 ans, l'âge moyen des utilisateurs de cette appli. Et s'ils venaient à tomber sur les vidéos de leur mère, que ressentiraient-ils? Ne seraient-ils pas troublés de la voir ainsi se mettre en scène aux yeux du monde entier?»

Je n'ai pas dû rester suffisamment longtemps sur ce genre de contenu car assez rapidement l'algorithme m'a proposé moins drôle encore: des séries de vidéos de tout-petits (2-3 ans) filmés par leurs parents à leur insu dans des réactions censées retenir l'attention du spectateur. Le plus souvent leurs réactions étaient provoquées par de petites mises en scène. J'ai pensé: que diront plus tard les enfants de ces parents s'ils réalisent qu'ils ont été régulièrement filmés? Ensuite je suis tombée sur des vidéos de conflits de couples où l'un des partenaires (généralement l'homme) coince sa copine dans une situation censée être burlesque. La plupart se ressemblaient physiquement: ils étaient vêtus et taillés comme les acteurs de la téléréalité, parlaient de la même façon: bêtise, vulgarité et un brin de méchanceté semblaient être la recette de ces contenus.

Il faut savoir qu'il est impossible de cliquer à gauche, à droite ou de flâner au gré de ses envies. C'est l'algorithme qui décide de tout ce qui s'affiche sur le fil principal «pour toi». Il impose des *batchs*, des lots de 30 vidéos pour mieux tester l'utilisateur en analysant notamment le temps passé sur chacune. La seule solution est de *swiper* vers le bas pour éviter de se voir proposer un contenu identique.

J'ai fini par tomber sur des vidéos de chiens auxquels leur maître avait appris quelques petits tours. J'ai dû y rester plus longtemps que pour les précédentes vidéos. Suffisamment pour que j'y revienne quatre soirs de suite, passant un temps de plus en plus long dessus, une à deux heures environ à scroller... hilare. TikTok avait découvert en quelques minutes ce que j'étais profondément: une psychologue qui raffole des pitreries qu'un maître parvient à faire faire à son animal...

Ma fille, ayant découvert par hasard ma nouvelle activité –elle avait dû repérer que je m'interrompais moins facilement quand elle venait me solliciter–, a alerté son frère qui s'est inquiété : «Maman est devenue accro à TikTok! Faut lui faire désinstaller l'appli.» La réaction de mes enfants m'a franchement agacée, puis je me suis souvenue de la raison pour laquelle je scrollais depuis quatre soirs: Alloya! Je l'avais totalement oubliée... J'ai finalement retrouvé le compte TikTok d'Alloya. Elle était maquillée de noir, habillée avec des vêtements ultramoulants, et se filmait en train de chanter en play-back sur des musiques déprimantes. Elle semblait avoir 20 ans. Ses vidéos n'avaient strictement aucun intérêt, mais elles me permettaient de comprendre ce qu'Alloya incarnait: une tristesse morbide et une demande de reconnaissance de son sentiment de détresse.

TikTok n'est pas vraiment un réseau social: on peut y passer ses journées sans rien poster, à voir défiler du contenu insipide. Mais on peut aussi réagir et interférer avec les autres utilisateurs. Alors qu'est-ce que TikTok? Et comment fonctionne-t-il?

## LE SUCCÈS D'UNE APPLI IMPLACABLE[4]

### Un partage de vidéos ultra courtes

TikTok a été lancé en 2016 par l'entreprise chinoise Byte Dance. La version chinoise de TikTok s'appelle Douyin. C'est avant tout une application de partage de vidéos courtes. Les «chorées» (chorégraphies), les play-back et les sketches y sont très populaires.

Pour nous rendre accros, la durée idéale d'une vidéo sur TikTok varie de 21 à 34 secondes. Ce format très court a rapidement été copié par YouTube shorts et Facebook Watch. Pour retenir les utilisateurs le plus longtemps possible, TikTok introduit une dose d'incertitude: il n'affiche pas tout le temps les vidéos que l'on préfère. C'est le principe de la récompense aléatoire[5]. C'est un peu comme jouer avec une machine à sous, quand on n'est pas sûr de gagner, on insiste... Le principe de la succession des vidéos ultracourtes pleines de mouvements rapides (danses), sons et lumière, surstimule l'attention réflexe aux dépens de l'attention volontaire ou concentration. L'adolescent se retrouve ainsi piégé par un format qui le divertit, le capte et relance sans cesse son attention, mais l'empêche de développer sa concentration ou attention focalisée. Ce mécanisme l'empêche de prendre du recul et d'avoir la possibilité de se dire «Stop, j'arrête». C'est au fond strictement le même processus que celui qui sévit avec les vidéos courtes dont les tout-petits raffolent sur YouTube Kids. N'oublions pas que le cerveau arrive à maturité vers 25 ans seulement. Or la région du cortex préfrontal chargée des fonctions exécutives (de décision), de la planification et du contrôle des émotions et des pulsions, est celle qui mature le plus tardivement. Les adolescents se retrouvent piégés à scroller des heures durant non par manque de volonté mais parce que leurs capacités cérébrales à stopper le processus d'addiction comportementale suscité par la relance continuelle de leur attention n'est tout simplement pas mature.

### Le fil «Pour toi», un processus algorithmique potentiellement mortifère.

Au moment où j'écris ce chapitre, un rapport récent d'Amnesty International vient de paraître. Son titre est on ne peut plus clair : «Poussées vers les ténèbres. Comment le fil "Pour Toi" encourage l'automutilation et les idées suicidaires» [6].

Le rapport d'Amnesty International se fonde sur des discussions de groupe et des entretiens avec plus de 300 enfants et jeunes de deux des pays où le taux d'utilisation des réseaux sociaux est le plus élevé au monde, le Kenya et les Philippines. À cela s'ajoute une enquête technique, c'est-à-dire la création de faux comptes par des robots permettant de mesurer les vidéos qui sont proposées à certains profils types. Enfin des comptes ont été créés manuellement par les chercheurs pour évaluer le contenu du fil «Pour toi».

Le fil «Pour toi», c'est le système de recommandation de TikTok, autrement dit l'ensemble des algorithmes qui analysent les intérêts et les modes de participation des utilisateurs pour les mettre en correspondance avec de nouvelles vidéos afin que ces personnes demeurent investies émotionnellement et que leurs yeux restent fixés sur les vidéos qui défilent. Au départ, le fil «Pour toi», n'a pas été conçu pour produire une «spirale» de contenu dépressif. Mais si des adolescents ou adolescentes montrent un intérêt pour un contenu relatif à la santé mentale, c'est à ce type de contenu que le système les associera en vue d'optimiser leur participation.

Le témoignage d'un jeune (page 7 du rapport) est très parlant:

> Quand je n'avais pas le moral, je pense que 80% des contenus étaient liés à la santé mentale. C'est une sorte d'engrenage. C'est une spirale infernale, parce que ça commence avec une seule vidéo. Si une vidéo parvient à capter ton attention, même si tu ne l'aimes pas, elle t'est de nouveau présentée quand tu ouvres TikTok la fois suivante, et parce qu'elle te semble familière, tu la regardes à nouveau et alors sa fréquence d'apparition dans ton fil augmente exponentiellement.

Ce que la création de comptes automatisés a permis de découvrir est inquiétant. «Au bout de cinq ou six heures passées sur la plateforme, presque une vidéo sur deux présentées aux comptes automatisés, programmés pour simuler le comportement d'un enfant de 13 ans [...] ressentant un intérêt pour la santé mentale, était relative à ce sujet et potentiellement nocive, soit un volume dix fois plus important que celui présenté aux comptes n'ayant indiqué aucun intérêt pour le sujet». Et quand les chercheurs ont revisionné manuellement ces vidéos, ils ont découvert un effet de spirale encore plus rapide. Ainsi :

> Parmi les recommandations proposées à un compte situé aux Philippines, la première vidéo accompagnée du *hashtag* « depresion-anxiety » et montrant un garçon en état de détresse a été suggérée au bout de 67 secondes de défilement de contenu recommandé sur la page « Pour toi ». À partir de 12 minutes de défilement, 58% des publications recommandées avaient un rapport avec l'anxiété, la dépression, l'automutilation et/ou le suicide, et étaient catégorisées comme pouvant avoir des effets néfastes sur les enfants et les jeunes souffrant de problèmes de santé mentale. (page 8 du rapport).

Lorsque ce sont les chercheurs qui analysent les résultats à partir de comptes (simulant un utilisateur de 13 ans) qu'ils ont créés manuellement, les effets du fil «pour toi» sont plus rapides encore.

> La quatrième vidéo présentée était taguée « paintok » (douleurtok) avec un contenu où le texte suivant s'affichait : « Quand tu te rends compte qu'on ne t'a jamais fait passer avant quoi que ce soit dans la vie, mais que tu es juste cette personne qui comble le vide dans les vies des autres jusqu'à ce qu'ils n'aient plus besoin de toi. » À partir de la vingtième vidéo (soit au bout de trois minutes de connexion), 57% des vidéos avaient un rapport avec des problèmes de santé mentale, avec au moins neuf vidéos qui idéalisaient, banalisaient ou encourageaient le suicide en seulement une heure.

### Une absence de contrôle des contenus

Sur TikTok (comme sur le reste des applications d'ailleurs), aucun contrôle n'est mis en place pour vérifier l'âge des nouveaux inscrits censés avoir plus de 13 ans. Or TikTok propose des contenus qui peuvent être troublants pour des jeunes:

influenceurs dénudés, fausses infos, challenges dangereux, etc. Voici quelques exemples de ces «jeux» qui m'ont été racontés par des ados quelques jours avant que les médias n'en rendent compte. (Le rapport d'Amnesty International en cite plusieurs.)

Leur bêtise et leur cruauté est incomparable. Ainsi, le «challenge Labello» (Labello est le nom d'une marque de baume pour les lèvres): le défi consiste à se filmer en train de couper un morceau de son stick à lèvres dès que l'on ne se sent pas bien. Et une fois le tube terminé, à se filmer en train de se mutiler, jusqu'à se suicider. Bien entendu, ce type de vidéos du défi tournent en boucle au collège et finissent par séduire les plus fragiles.

Le *Black out challenge* est l'équivalent du «jeu du foulard», mais en ligne. Les jeunes se filment en retenant leur souffle (ou en s'asphyxiant) jusqu'à perdre connaissance. Plusieurs enfants en sont morts. Autre défi similaire: le *Pass out challenge*. Il incite les participants à balancer leur tête d'un côté à l'autre jusqu'à s'évanouir. Nous pouvons aussi citer «L'été indien». Là aussi, il est question d'aller jusqu'à l'évanouissement en s'hyperventilant avant de retenir sa respiration le plus longtemps possible.

Le «Imagine si». Celui-là, je l'ai entendu de la bouche de mes propres enfants censés ne pas être sur TikTok. Il s'agit au départ d'un principe assez banal, par lequel les tiktokeurs imaginent des scènes du quotidien poussées à l'extrême. Sauf que certains ont fait dériver le concept pour partager leur fantasme de violences envers les femmes. Une apologie du «féminicide», diffusée et relayée par plusieurs centaines de milliers de personnes. Les vidéos commencent par «imagine», puis décrivent un rendez-vous, suivi d'un acte d'agression horrible, pour se terminer par la mort de la victime. Les séquences se finissent par un simple «lol».

Bien sûr, il existe des modérateurs sur TikTok mais sans réel moyen d'exercer leur travail. Ainsi une ancienne modératrice raconte qu'elle devait visionner jusqu'à 1000 vidéos par jour, soit une centaine par heure en accéléré.

### Des algorithmes gardés secrets

L'algorithme qui définit les règles de fonctionnement de TikTok et configure les préférences de l'utilisateur est gardé secret, bien que de nombreux pays (dont la France) soupçonnent le gouvernement communiste chinois qui siège au conseil d'administration de TikTok de se livrer à des activités d'espionnage... L'objectif de la Chine serait d'accroître son influence en récoltant des données secrètes sur les utilisateurs à travers le monde. Aux États-Unis, au Canada et à la Commission européenne, les fonctionnaires qui travaillent pour des organismes publics n'ont plus le droit de télécharger l'application. Il est d'ailleurs annoncé qu'il sera interdit aux fonctionnaires français de le faire à partir de 2024.

Ce soupçon d'espionnage chinois par l'intermédiaire de TikTok explique la mise en place d'une commission d'enquête sur l'utilisation du réseau social, son exploitation des données, sa stratégie d'influence en 2023[7]. Pour celle-ci, j'ai été amenée à témoigner de ce que j'observais auprès des adolescents qui passent leurs journées et leurs nuits sur ces réseaux. Je me suis retrouvée convoquée par le ministère de la Défense le 15 mai 2023. J'aurais tant aimé que ce soit celui de la Santé ou de l'Éducation qui rédige cette convocation[8]... J'ai pris un certain temps à rédiger mon intervention avant de me rendre à cette commission pour y dénoncer les effets dangereux de ce réseau social pour la santé mentale des adolescents. Une fois de plus mon témoignage n'aura servi à rien...

Cette commission d'enquête a abouti à l'élaboration de douze propositions de lois rédigées dans un jargon très administratif. Elles visent essentiellement à mieux protéger les données des utilisateurs, mais pas les utilisateurs eux-mêmes, notamment les plus fragiles, en faisant des propositions courageuses comme le fait d'interdire TikTok aux moins de 15 ans.

Pourtant, compte tenu des effets gravissimes constatés sur la santé mentale des jeunes, tout gouvernement soucieux de les protéger devrait prendre les mesures nécessaires. C'est ce qu'a fait la Chine, créateur de ce réseau social. Dans ce pays, les moins de 14 ans ne peuvent y passer plus de 40 minutes par jour; et ils ne peuvent s'y rendre après 22 h. Les contenus éducatifs y sont aussi bien plus valorisés.

Certes le 10 mai 2023, en France, la Commission de la culture, de l'éducation et de la communication a adopté le texte du sénateur corse Laurent Marcangeli, visant à instaurer une majorité numérique et à lutter contre la haine en ligne. Cette proposition de loi a pour ambition de réguler l'accès des mineurs de moins de 15 ans aux réseaux sociaux. Elle propose d'instaurer une «majorité numérique» à 15 ans, âge à partir duquel le mineur n'aurait plus besoin du consentement de ses parents pour s'inscrire sur un réseau social. Elle a été publiée au *Journal officiel* le 8 juillet 2023 (loi nº 2023-566). Inutile de dire que j'ai beaucoup espéré à l'annonce d'une telle loi, et je n'ai pas manqué de m'y référer chaque fois que je me suis retrouvée face à des parents avec leur enfant qui passait ses journées sur les réseaux sociaux. Mais la loi n'est rien sans les décrets d'application, et rien surtout sans l'approbation du DSA, le Digital Service Act qui émane de l'Europe. Et c'est là où les choses se compliquent. Nous sommes soumis avant tout à la réglementation européenne. Le commissaire européen au marché intérieur, Thierry Breton, a aussitôt déclaré :

> L'effet direct des règlements de l'UE rend toute transposition nationale inutile [...], les États membres devraient s'abstenir d'adopter des législations nationales qui feraient double emploi avec ces règlements ou qui créeraient des dispositions plus strictes [...]. La Commission européenne demande à faire évoluer le texte, pour ne pas faire peser cet impératif de détection sur les épaules des réseaux sociaux, mais plutôt sur celles de « l'autorité administrative » (l'Arcom), qui serait alors chargée d'identifier les comptes créés illégalement, avant de demander leur blocage aux plateformes[9].

Quels sont les objectifs du DSA? En réalité tout sauf la protection de l'enfance. Sur le site gouvernemental, voici ce qu'on nous en dit:

Les objectifs du DSA sont multiples[10]:

- mieux protéger les internautes européens et leurs droits fondamentaux (liberté d'expression, protection des consommateurs...);
- aider les petites entreprises de l'UE à se développer;
- renforcer le contrôle démocratique et la surveillance des très grandes plateformes et atténuer leurs risques systémiques (manipulation de l'information...).

Je me suis plongée dans le DSA, le peu que j'en ai compris est que leur souci est essentiellement marchand. Pourquoi, concernant l'exposition aux écrans et en particulier aux réseaux sociaux, protège-t-on mieux les petits Chinois que les petits Français? Et si le pays des droits de l'homme n'était pas celui des droits de l'enfant?

En France, avant de prendre des décisions pour protéger la santé physique et mentale des jeunes, il faudra des années de luttes acharnées des associations contre les lobbies si puissants de l'industrie. Qu'on songe au temps qu'il a fallu pour faire interdire le tabac et l'alcool aux mineurs. Au temps qu'il a fallu pour légiférer sur l'inceste, les attouchements subis par les mineurs. Tout se passe comme si dans nos sociétés libérales où le capitalisme est roi, les enfants et les adolescents étaient essentiellement considérés comme des parts de marché et non des sujets de droit.

Pourtant les études ne cessent de s'accroître avec des conclusions inquiétantes.

## — IV
## LES CHERCHEURS SONT-ILS VRAIMENT AU SERVICE DU MIEUX-ÊTRE DES ENFANTS ET DES ADOLESCENTS ?

Les études en sciences humaines n'affirment pas de causalité directe mais des corrélations. Et c'est sur ce point précis que nos adversaires attaquent, tout comme ils l'ont fait en d'autres temps avec le tabac. La causalité directe est difficile à prouver en médecine, encore davantage en santé mentale. Pour quelles raisons?

D'abord parce que la présence d'un élément perturbateur dans l'environnement de l'enfant (des parents maltraitants, la perte d'un parent, un environnement numérique intense et précoce, etc.) ne provoque généralement pas un symptôme mais une pluralité de symptômes (perturbation du sommeil, stress, troubles du comportement alimentaire, etc.). Par ailleurs, le nombre de ces symptômes varie suivant les sujets. Enfin, ces symptômes sont généralement liés entre eux dans une causalité qu'on pourrait qualifier de circulaire et non pas linéaire, comme c'est le cas dans les sciences exactes. Prenons l'exemple de l'usage continu de TikTok par des jeunes se posant des questions de santé mentale. Des effets sur le sommeil, les capacités attentionnelles, l'humeur (augmentation de l'anxiété, stress, idées noires) sont les facteurs le plus souvent repérés. Mais est-ce parce que le sommeil est altéré que les capacités attentionnelles diminuent ou en raison de mécanismes intrinsèquement liés au fonctionnement des applications qui proposent sans discontinuer de très courtes vidéos? Tous ces facteurs interagissent et se renforcent mutuellement: nous sommes dans ce qu'on appelle des boucles rétroactives, ou plus prosaïquement un cercle vicieux. Le jeune qui consulte de façon compulsive les réseaux sociaux la nuit aura un sommeil de mauvaise qualité et éprouvera en cours des difficultés attentionnelles. Ses difficultés à se concentrer et à mémoriser l'inquiètent et génèrent du stress, ce qui va le conduire à rester plus longtemps sur des vidéos proposant un contenu en écho avec son sentiment de mal-être. Le scrolling continu de ces vidéos va accroître son malaise, aggraver sa difficulté à trouver le sommeil et par conséquent à se concentrer en classe, etc. Un cercle vicieux s'est installé.

Une autre différence existe avec les sciences exactes: les effets observés sur les sujets ne se produisent pas dans un temps strictement identique. Certains sujets résistent plus longtemps que d'autres à l'effet d'une surexposition. Dernière différence, le contrôle par des études randomisées, possible dans les sciences expérimentales, est impossible dans le domaine des sciences humaines. Une telle étude est un protocole expérimental ayant pour but d'évaluer l'efficacité d'une action de prévention ou d'un médicament. Elle compare un groupe expérimental à qui l'on administre le traitement et un groupe (le groupe de contrôle ou groupe témoin) qui suit un traitement standard ou prend un placebo. Le critère de jugement est fixé en amont: taux de cholestérol, mesure de l'anxiété, qualité de vie ressentie, etc. Deux critères essentiels doivent être respectés pour prétendre à un niveau de preuve:

1. L'attribution dans un groupe doit se faire de façon aléatoire par tirage au sort (c'est la randomisation).

2. La répartition des groupes se fait à l'insu des participants (étude en aveugle) et éventuellement des cliniciens (double aveugle).

Une étude randomisée permet ainsi d'établir formellement un lien de causalité. Cependant, même en médecine, elle n'est pas toujours possible lorsque la pathologie étudiée est rare ou pour des raisons éthiques. Par exemple, il n'est pas envisageable d'exposer délibérément des groupes de personnes à l'amiante pour juger de ses effets sur la santé. Par ailleurs, les études randomisées sont coûteuses et difficiles à conduire à grande échelle, c'est pourquoi elles restent assez rares dans la littérature scientifique médicale. La plupart sont donc des études d'observations.

Dans les études de l'impact des nouvelles technologies sur l'être humain, la randomisation se heurte rapidement à des problèmes éthiques. À titre d'exemple, signalons que les chercheurs ne peuvent pas étudier un groupe d'adolescents qu'ils exposeraient volontairement à TikTok 7h par jour contre un groupe qui ne le serait pas[11].

Les études portant sur les effets des écrans, plus particulièrement sur les réseaux sociaux, sont donc des études de corrélation, et sont amenées à le rester. Cela ne veut pas dire qu'elles ne prouvent rien. Citons deux études récentes.

L'étude de cohorte britannique Millenium (*Millenium Cohort Study*) publiée en janvier 2019, dans le journal *The Lancet*, «Les réseaux sociaux et la santé mentale des adolescents: résultat du Millenium UK. Étude de cohorte», dégage quatre types de corrélations: fréquence de l'utilisation des réseaux sociaux et 1. détérioration de la santé mentale, 2. harcèlement en ligne, 3. détérioration du sommeil, 4. faible estime de soi, mauvaise image de soi. Les comportements de 10904 jeunes de 14 ans sur les réseaux sociaux ont été décortiqués à la loupe. 11000 jeunes, c'est beaucoup, suffisamment pour affirmer qu'on n'est pas dans le cas particulier[12].

En voici une des conclusions: «Les données suggèrent que l'utilisation des réseaux sociaux est associée à la santé mentale des jeunes mais les processus sous-jacents ne sont pas encore bien compris. [...] Les résultats montrent que l'ampleur de l'association entre l'utilisation des réseaux sociaux et les symptômes dépressifs était plus fréquente chez les filles que chez les garçons.» Cette étude montre aussi une corrélation entre temps passé sur les réseaux sociaux et détérioration de la santé mentale. Les résultats sont plus inquiétants pour les gros utilisateurs (entre 3 et 5 h par jour) que pour les petits utilisateurs (entre 1 et 3 h par jour). Elle montre également un lien entre l'utilisation accrue des réseaux sociaux et le harcèlement en ligne, le mauvais sommeil, la faible estime de soi et une mauvaise image corporelle. Ces symptômes sont à leur tour liés à des résultats plus élevés de symptômes dépressifs (15% en plus) et indirectement à l'estime de soi. La conclusion de l'étude est la suivante: « Nos résultats mettent en évidence les pièges potentiels d'une utilisation prolongée des réseaux sociaux pour le développement mental des jeunes. »

Une seconde étude parue dans le *Lancet Child and Adolescent Health* et réalisée sur 12886 adolescents anglais âgés de 13 ans à 16 ans et 7 mois vient corroborer l'étude précédente[13].

Elle portait sur les associations possibles entre l'utilisation des réseaux sociaux et la santé mentale et le bien-être des jeunes. Ont été explorées les associations entre la fréquence d'utilisation des réseaux sociaux et le bien-être consécutif des jeunes. La conclusion est la suivante:

> Les méfaits sur la santé mentale liés à une utilisation très fréquente des réseaux sociaux chez les filles pourraient être dus à une combinaison d'exposition à la cyberintimidation ou à une perturbation du sommeil ou de l'activité physique alors que d'autres mécanismes semblent être à l'œuvre chez les garçons. Les interventions visant à promouvoir la santé mentale devraient inclure des efforts visant à prévenir ou à accroître la résilience à la cyberintimidation et à garantir un sommeil et une activité physique adéquats chez les jeunes.

## QUAND LA SCIENCE NE SERT PAS LES INTÉRÊTS DE L'ENFANT

Malgré le nombre impressionnant des cohortes d'enfants et d'adolescents engagés dans les recherches (plusieurs centaines de milliers, et sur plusieurs années), la recherche peine à établir des causalités directes pour les raisons évoquées précédemment. Les gouvernements ayant massivement investi dans le numérique, ils ne peuvent plus faire marche arrière. Dès lors, avoir recours aux discours prudents des chercheurs sera toujours une façon de gagner du temps sur un sursaut collectif des citoyens, en particulier des parents.

À titre d'exemple: un (long) et récent article paru dans le *New York Times* qui dit une chose et son contraire, le genre d'information tiède qui me rend folle. Le titre est éloquent: «Tout le monde dit que les réseaux sociaux sont mauvais pour les adolescents. Le prouver est plus difficile»[14].

L'article part d'un constat général établi par la population, les scientifiques et les médecins. «Des avertissements publics de plus en plus forts selon lesquels les réseaux sociaux nuisent à la santé mentale des adolescents –le plus récent émanant du chirurgien général des États-Unis– ont renforcé les craintes de nombreux parents quant aux effets du temps passé au téléphone sur le cerveau de leurs enfants.» Puis suit une série d'arguments qui minimisent l'alerte au nom de la complexité de la chose.

> La plupart des études portent sur les plateformes proposant du contenu généré par les utilisateurs, sur lesquelles les gens peuvent interagir. Mais cela soulève beaucoup de questions. Est-il important que les adolescents voient les publications de personnes qu'ils connaissent ou non? Est-ce que cela fait une différence s'ils publient ou s'ils regardent simplement? Les jeux multijoueurs comptent-ils? Des applications de rencontres? Des SMS de groupe? [...] La recherche n'a pas encore montré quels sites, applications ou fonctionnalités des médias sociaux ont quels effets sur la santé mentale. « Nous n'avons pas suffisamment de preuves pour dire aux parents de se débarrasser d'une application particulière ou de la couper après un certain nombre d'heures », a déclaré Sophia Choukas-Bradley, psychologue et directrice du Teen and Young Adult Lab à l'université de Pittsburgh.

Bien évidemment ce genre de propos ne peut guère conduire à une politique systématique et organisée de prévention et à une réglementation de l'usage des réseaux sociaux chez les jeunes, à l'instar de la Chine qui l'interdit en dessous de 14 ans, limite son temps d'utilisation et a la capacité d'en surveiller les contenus. Ce genre d'article aboutit à des recommandations pour les familles avec lesquelles je ne peux qu'être d'accord mais qui sont insuffisantes car elles font porter toute la responsabilité aux parents. Ces recommandations sont les suivantes:

- Fixez des limites, surtout à l'heure du coucher.
- N'offrez pas tout de suite un smartphone à un jeune adolescent. Commencez avec une montre intelligente ou un téléphone sans Internet.
- Parlez à vos adolescents: demandez-leur de vous montrer ce qu'ils voient, demandez-leur ce qu'ils ressentent et discutez de confidentialité et de sécurité.
- Élaborez un plan familial de temps passé devant un écran qui prend en compte les activités qui augmentent le stress et celles qui procurent une satisfaction à long terme.
- Soyez un modèle pour une utilisation responsable d'Internet.

Recommandations parfaites dans des familles où les parents possèdent un bon niveau d'études, une connaissance et une conscience des effets néfastes du temps d'écrans et de certains contenus sur le développement de leurs enfants. À vrai dire, ces recommandations sont celles que j'ai suivies avec mes propres enfants. Mais combien de parents aimants ne possèdent pas les connaissances leur permettant d'anticiper les effets délétères de l'acquisition précoce d'un portable, ni les facilités pour en discuter avec leur enfant?

5e PARTIE

# ÉCRANS UNE ÉCOLE DE LA VIOLENCE

## — I
## COMMENT LA VIOLENCE AUDIOVISUELLE NOUS AFFECTE

La fréquentation continue des écrans, indépendamment du contenu visionné, dérégule le système attentionnel par une sur-stimulation de l'attention exogène, aux dépens de l'attention volontaire ou concentration. Un élément vient amplifier cette dérégulation: le contenu.

Lorsque ce contenu est inadapté au psychisme de l'enfant, c'est-à-dire violent ou pornographique, il fait effraction. Et ses dégâts peuvent être considérables: cauchemars, phobies, repli sur soi, stress, angoisses pouvant aller jusqu'à des hallucinations visuelles et/ou auditives, intolérance à la frustration, impulsivité, voire une agressivité franche.

L'enfant peut se retrouver avec un diagnostic de trouble des conduites (F91), de phobies (F40) ou, plus grave, de psychose hallucinatoire (F38), alors que ses symptômes sont parfois le résultat d'une exposition prolongée à des contenus inadaptés. Le plus souvent, les événements de vie ne jouent aucun rôle dans la survenue de ces symptômes: l'enfant n'a pas vécu «en vrai» de scènes violentes et traumatisantes telles qu'un vol, l'agression d'un de ses proches ou de lui-même. Simplement, il est rentré trop tôt et est resté trop longtemps à l'école de la violence, c'est-à-dire devant des films d'horreur, des chaînes dédiées à ce type de contenus ou des jeux vidéo violents. Lorsque l'on obtient des parents qu'ils reprennent leur rôle de parents, en supprimant notamment l'exposition à des contenus violents et en réduisant le temps d'exposition aux écrans, on observe des changements notables. Ces changements peuvent être rapides si l'exposition a été temporaire. Ils seront plus lents si l'exposition a été prolongée. Ils peuvent prendre des mois lorsque l'imprégnation a été de trop longue durée.

La violence est définie comme le fait de contraindre quelqu'un par la force ou par l'intimidation. Cette violence peut s'exercer dans la vraie vie ou bien elle peut être mise en scène et montrée au spectateur. Elle est aussi très fréquente dans les jeux vidéo, où le joueur «gagne» des points, des «vies», chaque fois qu'il commet cette violence sur autrui.

## LES EFFETS D'UNE EXPOSITION RÉPÉTÉE

Les effets d'une exposition répétée aux images et aux contenus violents sont très documentés, aussi bien pour la télévision que pour les films[1]. Globalement, ils sont les mêmes, mais l'impact de la violence dans les jeux vidéo est plus important que celle des films en raison de la mise en situation du joueur: le joueur «agit» la violence. Nous ne mentionnerons pas toutes les études qui évaluent les effets des films et des jeux vidéo violents. Leur quantité est énorme et leurs conclusions convergent dans l'ensemble[2]. Selon une récente synthèse sur le sujet (136 articles incluant 130000 personnes au total), publiée par Craig Anderson, le lien entre jeux vidéo violents et pensées, émotions et conduites agressives est avéré. Cette analyse démontre aussi une diminution des interactions sociales. Comme le souligne Laurent Bègue, chercheur en psychologie sociale, «le lien empirique n'est plus à démontrer aujourd'hui, quoi qu'en disent les gamers et quelques démago-geeks qui caressent l'industrie du jeu violent dans le sens du poil[3]».

Les résultats des méta-analyses sur la violence à la télévision sont eux aussi sans appel[4]. Il a par ailleurs été observé qu'il existait une influence fortement significative des images violentes du petit écran sur l'émergence de conduites agressives[5]. Ce résultat s'est révélé d'autant plus important qu'il reposait sur l'évaluation de populations non pathologiques.

Une telle représentativité souligne que les processus cérébraux qui mènent des images violentes aux comportements agressifs sont immuables et universels.

Voir des contenus audiovisuels violents ou violenter autrui via les jeux vidéo prédispose à davantage de cognitions ou de pensées violentes (mécanisme d'amorçage), incite à des comportements agressifs ou violents et, à la longue, finit par désensibiliser le sujet.

Le processus de désensibilisation est provoqué par l'accoutumance physiologique du joueur à la violence dans le jeu. Ainsi, une étude menée à l'université de l'Iowa démontre que lorsque l'option «sang» est enclenchée durant le jeu *Mortal Kombat* (option qui permet de voir le sang couler lorsque les ennemis sont abattus), la pression sanguine du joueur augmente, preuve d'une augmentation de l'éveil physiologique[6]. La présence de sang à l'écran a également pour conséquence d'intensifier les pensées agressives chez le joueur une fois le jeu achevé.

Des études évaluant le rythme ou la cohérence cardiaques ou la conductivité de la peau indiquent que la violence virtuelle affecte ces dimensions physiologiques[7]. Or l'expérience répétée de ces processus biologiques face à des scènes violentes virtuelles crée une habituation. La réponse physiologique décroît progressivement en intensité après réitération des séquences de jeu mais aussi lorsque le sujet est exposé à des scènes de violence non virtuelles (telles qu'elles sont expérimentées en laboratoire). En résumé, il perd ses capacités de réactions physiologiques naturelles après l'implication répétée dans des scénarios de violences virtuelles telles que le permettent les jeux vidéo violents.

On a pu observer également une augmentation des comportements agressifs du joueur ou du spectateur à l'issue du jeu ou du film. L'effet est cependant plus fortement marqué pour le joueur que pour le spectateur de films violents. Lorsque est comparé le niveau de conduite agressive après avoir joué à un jeu violent ou avoir regardé à l'écran une personne qui est en train de jouer[8], ce niveau est plus important pour le joueur que pour le témoin[9].

La possibilité de personnifier son avatar augmente aussi le comportement agressif du joueur. Ainsi, lorsque les participants à un jeu de boxe sont invités avant la partie à personnaliser leur avatar, on observe une augmentation de leur conduite agressive immédiatement après le jeu en comparaison aux joueurs qui n'ont pas eu pour instruction de personnaliser leur avatar[10].

Modification des réponses physiologiques et processus de désensibilisation, augmentation des conduites agressives constituent les effets observés en laboratoire. On remarque en outre une modification du jugement et des pensées: après avoir joué deux heures à un jeu violent, des joueurs ont ensuite été sollicités pour formuler des jugements sur des actions relevant de la criminalité; les joueurs de jeux violents se montrent moins sévères comparés à ceux ayant joué à un jeu d'action sans violence. Dans une seconde étape, chaque participant réalisait une tâche compétitive contre un partenaire: il devait appuyer aussi vite que possible sur une touche dès qu'il percevait un signal sonore. Le perdant recevait un son désagréable dans les oreilles. Les participants croyaient que l'intensité du son avait été choisie par leur adversaire. Les résultats ont montré que les participants ayant joué à un jeu vidéo violent avaient davantage de pensées agressives et défiaient davantage leur adversaire[11].

## UNE AUGMENTATION PRÉOCCUPANTE DES IMAGES VIOLENTES

Dès 1988, une étude réalisée par l'hebdomadaire *Le Point* mettait en valeur les chiffres de la violence à la télévision. Un groupe de spectateurs avait été chargé de visionner pendant une semaine (du lundi minuit au dimanche minuit) l'ensemble des programmes des six chaînes de l'époque: TF1, Antenne 2, FR3, Canal +, la Cinq et M6). Les volontaires avaient alors dénombré 670 meurtres, 848 bagarres, 419 fusillades, 15 viols, 27 scènes de torture, 9 défenestrations, 14 enlèvements, 32 prises d'otages, etc. Cette tendance a été confirmée quelques années plus tard par une étude du Conseil supérieur de l'audiovisuel (CSA), qui a montré que les spectateurs ingurgitent en moyenne deux crimes et une dizaine d'actes violents par heure, soit près de 2600 crimes et 13000 actes violents en un an pour un téléphage typique passant chaque jour 3 h 30 devant la mire[12].

La présence de la violence dans les films est, depuis les années 1950, à l'origine des plus gros succès cinématographiques. Cette présence ne fait qu'augmenter, aussi bien quantitativement dans les films que par le nombre de films concernés. Ainsi, sur les 100 longs métrages les plus performants du box-office américain entre 1998 et 2002, 40 films extrêmement violents ont été identifiés et soumis à plus de 1500 sujets de 10-14 ans; 21 d'entre eux avaient déjà été vus par plus de 12% de l'échantillon; 25% des enfants de 10 ans avaient visionné des œuvres aussi explicitement violentes que *Blade 1* et *Blade 2*, *Scream 3*, *Hollow Man*, *La Fiancée de Chucky*, *Scarie Movie* ou *Souviens-toi... l'été dernier 2*. Un film comme *Scream* a été regardé par presque 40% des petits Américains de 10 ans et 70% des adolescents de 14 ans[13].

Citons une autre étude plus récente portant sur l'analyse de 22 films de la série des *James Bond* qui s'étend sur une période de 46 ans[14]. L'étude cherche à valider l'hypothèse que les films populaires sont devenus plus violents au fil des années. Comme les *James Bond* sont classés soit tout public, soit déconseillés aux moins de 13 ans, ils sont visibles par des enfants et des adolescents. Le marketing de ces films leur est d'ailleurs destiné. Dans cette étude a été définie comme contenu audiovisuel violent toute scène dans laquelle un personnage faisait ou tentait de faire délibérément mal à un autre personnage. Cette définition exclut donc les actes accidentels qui provoquent de la douleur. Sans surprise, la représentation de la violence a doublé dans les James Bond entre 1962 et 2008.

L'augmentation de contenus violents représente donc une hausse générale de l'exposition des jeunes à la violence médiatique. La possibilité d'accéder à des milliers de films sur le Net via des services comme Netflix accentue encore ce phénomène.

## UN EFFET CUMULATIF POUR LES ENFANTS

Les recherches effectuées par Laurent Bègue, chercheur en psychologie sociale, portent toutes sur des volontaires. Pour des raisons évidentes de déontologie, ses études portent toutes sur des adultes. Avec des enfants, cette recherche serait impossible. Pourtant, dans notre société, cette expérience impossible au regard d'un comité d'éthique est subie de façon répétée par des millions d'enfants.

Imaginez l'effet de ces scènes violentes, de ces expériences de violences «actives» extrêmes via le jeu vidéo, sur le jeune enfant, dont le cerveau est encore en pleine maturation, dont les capacités de compréhension narratives ne sont pas les mêmes que celles de l'adulte, dont les capacités à distinguer le réel du virtuel sont encore fragiles, dont le moi social est en pleine construction, dont les capacités de distanciation par rapport aux images sont si faibles !

Les images qui terrorisent ou choquent sont comme une «balle de plomb qui s'imprime dans leur cerveau», pour reprendre une expression de Philip Pongy, de l'école de psychosomatique de Nice[15]. Parce que l'image violente du film fait effraction dans le psychisme de l'enfant: elle s'imprime dans son cerveau émotionnel sans possibilité de mise à distance de ce qui est perçu.

## UN DÉBAT DOUTEUX

Nos observations en thérapie avec des enfants maltraités par la violence des images et éduqués par elles sont cohérentes avec la recherche expérimentale et les publications internationales. Pourtant, la question de l'effet des contenus violents fait encore aujourd'hui l'objet d'un pseudo-débat épidémiologique, avec d'un côté quelques «experts» hypermédiatisés[16], qui affirment un effet bénéfique, voire thérapeutique de la violence dans les films ou les jeux vidéo, et de l'autre une quantité impressionnante d'études qui démontrent l'aspect mimétique de la violence et donc potentiellement néfaste en matière d'intérêt général[17].

Volontairement ou non, ces experts font souvent le jeu de l'industrie de l'audiovisuel et du numérique en développant une argumentation assez paradoxale: l'image est neutre en soi, elle ne renferme aucune valence positive ou négative; tout dépend de ce que le sujet y recherche. Voici par exemple ce qu'écrit Serge Tisseron, dans *Le Bienfait des images*: « C'est moins la nature d'un spectacle qui importe que le regard que nous portons sur lui. Certains s'évertuent à se faire du bien avec des images calmes et agréables tandis que les autres poursuivent le même but avec des films fantastiques ou d'horreur[18]. » Ou encore, dans le même livre: « Un parent qui voit un enfant jouer à un jeu vidéo violent doit bien se garder de créer une confusion entre ce qu'il voit sur l'écran et la réalité correspondante, il ne s'agit pour les enfants que d'abattre des créatures de pixels. [...] Les enfants font très bien la différence entre réalité et fiction[19]. »

Alors que les études scientifiques ne cessent d'évoquer les effets d'une exposition à la violence des images, verdict qui devrait conduire les politiques de santé publique à prendre des mesures pour en préserver les enfants, les défenseurs des contenus violents réfutent l'idée que l'interdiction de ces contenus puisse être thérapeutique. Leur argument est le suivant: voir ces images permet d'en parler, ces images pousseraient donc les enfants à réfléchir, à prendre du recul, à s'interroger sur cette violence, afin de mieux pouvoir la contrer. Je citerai une fois encore Serge Tisseron: « Bref il faut penser violent, rêver violent et ressentir violent, parce que c'est la condition essentielle pour pouvoir reconnaître la violence réelle quand elle se présente à nous et pouvoir donc la condamner[20]. » Une telle affirmation laisse rêveur...

Car l'observation nous montre des effets inverses de ceux décrits par les défenseurs de l'image. L'image violente constitue une violence réelle exercée sur le cerveau de l'enfant. Elle fait effraction dans son psychisme, empêchant toute mise à distance de ce qui est perçu. Les dégâts sont immédiats, intenses et peuvent durer longtemps: cauchemars, phobies diverses, modifications de l'humeur (anxiété généralisée, stress continu) et parfois même hallucinations visuelles. La liste des blessures psychiques est longue et toujours identique, avec un effet plus important chez le jeune enfant en raison de son immaturité cognitive et affective.

Sur le terrain, les professionnels de l'enfance, épaulés par les familles, sont de plus en plus nombreux à vouloir faire entendre un discours qui s'appuie sur leurs observations jointes aux résultats des études internationales. Si l'on commence aujourd'hui à sentir les débuts de cette action, le chemin a été long et largement compliqué par la doxa aberrante de certains « experts » qui ont longtemps défendu et continuent, pour certains d'entre eux, à défendre le bienfait des images. De toutes les images...

## — II
## JEUX VIDÉO : ZOOM SUR DEUX SUCCÈS

AFIN DE MIEUX FAIRE COMPRENDRE les effets de l'exposition aux contenus audiovisuels violents, nous décrirons ici deux scènes extraites de deux jeux vidéo les plus vendus et les plus joués ces dernières années: *Call of Duty* I, II et III et *GTA* (*Grand Theft Auto*) I, II, III, IV et V[21]. Mais si précis que soient les mots que nous utilisons, ils n'auront jamais autant d'impact émotionnel que les images. Impossible de rivaliser avec le réalisme extrême de ces jeux vidéo où son, mouvement et prouesses techniques confèrent aux scènes un réalisme incroyable, qui sidère littéralement le jeune spectateur.

### *CALL OF DUTY*: DU SANG PLEIN L'ÉCRAN

Un homme allongé sur le dos est ligoté, ce qui lui empêche tout mouvement. Sa tête est maintenue immobile et des écarteurs métalliques fixés sur ses yeux les empêchent de se refermer. Un pic long comme une épée et fin comme une aiguille, actionné par une machine, se dirige vers l'iris de l'œil. L'homme hurle: « Non ! » La caméra zoome sur le visage terrifié de l'homme, puis sur l'aiguille qui pénètre lentement l'œil. Le sang gicle, recouvrant l'objectif de la caméra. L'écran devient noir de sang: le spectateur ne voit plus que cela.

*Call of Duty Black Ops* permet au « joueur » ce type de « distraction », il l'y encourage même puisque le joueur peut augmenter ses points chaque fois qu'il commet une action destructrice. Le FPS (*first person shooter*) est le joueur, c'est lui qui tire, qui torture, dans un univers entièrement dévolu à la guerre et à la destruction. Ce qui est « formidable », c'est qu'il a le choix de son action: il peut personnifier son personnage, choisir son avatar.

« Les processus d'identification concernant l'incarnation de son avatar varient selon les éléments propres au jeu, à savoir la vision, l'ergonomie et le game play », écrit le psychologue

Michael Stora, qui utilise le jeu vidéo dans les thérapies avec les enfants –et qui le revendique. Faut-il rappeler au passage qu'il travaille comme consultant pour une dizaine d'éditeurs de logiciels de jeux vidéo[22] ?

Autre scène extraite du même jeu : un Noir, tee-shirt kaki sale, est menotté à une table. Trois soldats blancs lui font face, deux avec un fusil, un avec une arme qui ressemble à un énorme couteau de boucherie. Ce dernier s'approche de l'homme menotté et lui passe le couteau sous la gorge : « *You're a communist!* »

Un des soldats s'approche derrière l'homme noir, matraque à la main, et lui assène à trois reprises un coup violent sur la tête : le sang gicle de plus en plus fort à chaque coup. Après le dernier coup, le soldat empoigne l'homme par ses cheveux. Bouche molle, yeux sortis des orbites : l'homme semble mort.

Le soldat qui l'a empoigné par les cheveux le jette sur le sol tel un détritus et braque son arme sur lui. On se demande bien pourquoi, car on ne voit pas par quel moyen l'homme pourrait s'échapper.

Toujours selon Michael Stora, *Call of Duty* et consorts ont des « vertus cathartiques », car ils permettent aux jeunes de « redevenir acteurs des images de violences auxquelles ils ont été confrontés[23] ». Plus habile, Serge Tisseron récuse l'idée de catharsis pour les jeux vidéo, tout en admettant un effet curatif : « La catharsis n'existe pas quand il s'agit d'un adolescent face à un jeu lié à une guerre qu'il n'a pas vécue. En revanche, nombre de joueurs trouvent là une occasion de décharger une tension, de se "nettoyer la tête" avant de faire leurs devoirs[24]. »

## *GTA* : VIOLENCE ET OBSCÉNITÉ

Comme des centaines d'adeptes de *GTA* le font chaque jour, un joueur se filme en train de jouer avec une webcam, puis poste son film de quelques minutes sur YouTube. Quelques minutes, quelques heures plus tard, ses exploits seront vus par des milliers d'enfants ou de jeunes ados à qui les parents interdisent (ou pas) ces jeux déconseillés aux moins de 18 ans, mais qu'on laisse aller en toute innocence sur YouTube.

Un Noir costaud, casquette vissée à l'envers, déambule en courant dans les rues de Los Angeles. Chaque fois qu'il rencontre un passant, il lui assène un coup de poing ou de pied, si puissant que le passant se retrouve projeté ventre à terre. Le joueur commente en rigolant: «Tiens, tu viens de perdre tes lunettes!» L'un des piétons esquisse-t-il une protestation, son agresseur lui assène aussitôt un coup encore plus fort. Commentaire du joueur: «Oh, toi tu veux te battre! Tiens prends! Ça, j'aurais pas aimé!»

Le joueur choisit la façon dont il souhaite «évoluer» dans le paysage; le choix des actions est binaire: agresser ou ne pas agresser.

Bientôt, il choisit un autre lieu, le centre-ville où des voitures brûlent. Des gens courent, affolés. Un terrain de rêve pour notre joueur: il «s'éclate» en tirant sur une voiture qui prend feu, sur un groupe de personnes qui s'effondrent. Puis il choisit de changer d'arme. Diverses armes s'affichent sur l'écran dans un cercle: fusils à pompe, mitraillette, grenades, poing américain, lance-roquettes, etc.

Notre joueur, via son avatar, s'en empare et débusque une belle cible: des policiers qui surgissent d'un talus. «Tatata, tatata.» Les policiers tombent dans un bain de sang.

Les images sont d'un réalisme saisissant. Ce jeu mime à la perfection le réel. À moins que ce ne soit l'inverse.

Plus loin, le «héros» se retrouve dans une voiture, avec une femme qui le chevauche. Là encore la scène fait «vrai», tant au niveau des images que du son.

Un peu plus tard, le joueur veut récupérer l'argent dépensé avec la prostituée. Le moyen? Simple et élégant: buter la femme avec sa voiture, récupérer son argent puis tirer sur sa victime. À ce stade, on se demande pourquoi il lui est nécessaire de tuer une seconde fois la femme. Parce que le plaisir dans ce jeu est tout autant la destruction que l'action sadique.

Dans une autre session, notre héros, cette fois un Blanc de type «méditerranéen» (cheveux bruns épais, sourcils noirs), se retrouve dans une boîte de strip-tease. Il est assis, jambes écartées, devant une femme de dos qui agite lascivement ses fesses et les colle près de son visage. Grâce au zoom de la caméra, le «joueur» peut choisir ce qui l'intéresse dans la scène, en l'occurrence les fesses de la femme.

«On commence à peloter? Voilà, c'est parti!», commente, satisfait, notre joueur. Car le choix ne se limite pas à détruire. C'est un jeu d'une richesse et d'une variété rares... L'action «peloter» est aussi possible, tout comme l'est «chevaucher» ou «violer». *GTA*, le jeu de tous les possibles!

Deux femmes en string, avec des seins énormes, sont collées l'une contre l'autre et se pelotent, faisant mine de se lécher. L'une d'elles suit lascivement de ses lèvres la colonne vertébrale de sa partenaire. Le joueur les mate et peut même «toucher» l'une des femmes. Commentaire du joueur: «Vous pouvez continuer de la toucher tant que le videur n'est pas là. Si le videur vous surprend, vous vous faites gicler du club de strip-tease et ça serait dommage.»

Dernière scène captée par le joueur qui se filme: un homme assis et menotté, dans une salle de torture. Il est torse nu. À son cou, une grande croix. Sur son torse sont collés des patchs qui vont servir à lui envoyer du courant électrique. Pour l'heure, notre joueur a «choisi» la pince pour lui arracher les dents. Il l'insère brutalement dans la bouche de l'homme qui hurle de douleur et se trémousse. Les dents arrachées s'affichent sur l'écran, comme un trésor de guerre. Puis le joueur saisit un câble et inflige plusieurs électrochocs violents au supplicié dont le corps tressaute à chaque décharge et dont les hurlements sont terrifiants. Si le joueur est équipé d'une manette avec capteur, il peut sentir les vibrations du corps du supplicié quand il lui inflige des chocs électriques. L'homme semble comme mort, mais le joueur n'a pas fini de se «divertir». Il assène un coup de massue d'une force effarante sur les genoux de sa victime, dont le corps se plie brutalement en deux. *GTA* est un jeu qui offre une palette incroyable de choix...

## — III
## UNE VIOLENCE PARTICULIÈRE : LA PORNOGRAPHIE

LE FILM VIOLENT et plus encore le jeu vidéo violent, nous l'avons vu, substituent à l'équation habituelle violence = stress = fuite une nouvelle équation : violence = récompense = plaisir. Le film porno suscite une excitation physiologique chez le spectateur (ou le joueur) qui peut d'autant plus facilement le conduire à une dépendance qu'il est psychologiquement fragile. Ou jeune. Violence et sexe sont des ingrédients qui font appel à des pulsions primaires et captent fortement le spectateur.

L'enfant, l'adolescent est aujourd'hui l'une des cibles privilégiées de cette industrie milliardaire. Mais les dommages peuvent être bien plus graves.

### UNE INDUSTRIE TOUTE-PUISSANTE

Rappelons quelques points essentiels concernant cette industrie et la façon dont elle accroche le jeune. Le rapport le plus complet à ce jour est celui rédigé pour la Délégation aux droits des femmes par quatre sénatrices et qui s'intitule « Porno : l'enfer du décor »[25]. L'objectif de ce rapport est indiqué dans l'avant-propos « Les rapporteures dénoncent sans détours une industrie qui génère des violences systémiques envers les femmes de façon générale que ce soit celles qui se retrouvent dans ces productions comme celles qui subissent une sexualité calquée sur les normes de violences véhiculées par le porno. »

Un bref historique de cette industrie permet de comprendre sa diffusion tentaculaire. Jusqu'aux années 1970, le porno était présent surtout dans la littérature. À partir des années 1970, on voit émerger des films pornographiques vantés comme associés à la libération sexuelle. À partir des années 2000, on observe une massification de la diffusion de vidéos pornographiques en ligne avec un trafic mondial massif et des contenus de plus en plus extrêmes et violents du fait de la concurrence. Le porno le plus trash devient accessible gratuitement en quelques clics. Cette massification de l'accès à la pornographie correspond à l'apparition, à partir de 2006-2007, de grandes plateformes internet, appelées «tubes». Elles diffusent gratuitement et sans aucune restriction d'accès une multitude de contenus souvent piratés.

Actuellement, deux tiers des enfants de moins de 15 ans et un tiers de ceux de moins de 12 ans ont déjà été exposés à des images pornographiques, volontairement ou involontairement. Chaque mois, près d'un tiers des garçons de moins de 15 ans se rend sur un site porno[26]. Le nombre de mineurs en visitant chaque mois a augmenté de plus de 36% en cinq ans[27].

En 2017, les mineurs étaient 19% à fréquenter les sites pornos pour 28% fin 2022. Le temps passé sur ces sites en 2022 par les mineurs était de sept minutes par jour contre seize chez les adultes.

Autre aspect également très préoccupant: selon un sondage Opinion Way publié en avril 2018 dans le quotidien gratuit *20 Minutes*, 21% des jeunes de 14 à 24 ans interrogés regardent une fois par semaine du porno et 9% des 14-17 ans en regardent plusieurs fois par jour. L'enquête a aussi montré que ceux qui regardaient beaucoup de porno passaient aussi beaucoup de temps sur les réseaux sociaux et sur les jeux vidéo, ce qui aurait tendance à renforcer leur isolement social[28].

Le smartphone est le terminal le plus utilisé chez les mineurs pour regarder ces sites. On se doute qu'ils ont quelques réticences à regarder du porno sur la télévision du salon pendant que leurs parents préparent le repas.

Enfin est noté un très fort écart selon le genre dans le visionnage de ces sites, que ce soit chez les mineurs ou chez les adultes. Les hommes et les garçons regardent beaucoup plus que les filles ou les femmes.

Les sites illégaux considérés comme «tout public» sont les plus gros pourvoyeurs d'images à caractère pornographique «accidentelles», notamment via l'ouverture intempestive de fenêtres pop-up qui représentent à elles seules 72 % des sources d'exposition accidentelle, contre 18 % pour les moteurs de recherche.

Le problème vient principalement des images qui arrivent à l'improviste: publicité sur les sites illégaux, vidéos circulant sur les smartphones à l'heure de la récréation, avec très peu de solutions de filtrage aujourd'hui, sites X qui peuvent pirater des adresses classiques et apparaître ainsi à l'écran, utilisation d'un ordinateur non protégé chez un ami, ainsi qu'une pornification de la communication et du marketing en général.

Sursollicitation et quête incessante, le porno est le contenu le plus recherché sur le Net. Avec à la clé un chiffre d'affaires difficilement évaluable. Dans leur rapport, les sénatrices donnent des chiffres qui varient de 8 milliards de dollars par an à 140 milliards de dollars ! En réalité, c'est le fonctionnement volontairement opaque des plateformes qui rend ce chiffre d'affaires si difficile à évaluer[29].

En revanche, ce qui ne varie pas ce sont les effets désastreux sur l'enfant et l'adolescent du visionnage de ces vidéos. « Traumatismes, troubles du sommeil, de l'attention et de l'alimentation, vision déformée et violente de la sexualité, difficultés à nouer des relations avec les personnes de sexe opposé, (hyper) sexualisation précoce, développement des conduites à risque ou violentes, etc. ». Et comme l'ajoutent à juste titre les sénatrices: « Les conséquences ne se limitent pas au seul public mineur, le porno a également un impact sur les adultes, sur leurs représentations d'eux-mêmes, des femmes et de la sexualité. »

### Comment l'enfant confronté à ces images réagit-il ?

D'après le rapport sur l'environnement médiatique des jeunes du collectif inter-associatif Enfance médias commandé en mars 2002 par Ségolène Royal, alors ministre déléguée à la Famille, à l'Enfance et aux Personnes handicapées, l'impact de la pornographie sur les enfants peut être comparé à un abus sexuel. Il n'y a pas là abus de langage. Le visionnage des films pornographiques crée une stimulation physique et sexuelle chez l'enfant et l'adolescent, comme chez l'adulte. Mais l'enfant ou le jeune ado est trop immature pour comprendre ce qu'il ressent et il en est fortement perturbé. Il ressent à la fois une excitation physique et un mal-être. Honte, dégoût et excitation se mêlent. Il se sent en général coupable des images sur lesquelles il est tombé par hasard et qui l'ont excité. Il va rarement se confier à ses parents ou à des adultes; il le fera plus facilement à ses pairs, dans une logique de défi. « Regarde, mate ça », lance Mathieu, 10 ans, en tendant avec un air de défi son portable à Lucas à l'heure de la récré: une femme en porte-jarretelles se fait sodomiser par un homme qui lui-même se fait sodomiser par un autre homme. Scène « banale » de récréation.

Par ailleurs, le visionnage du porno est répandu chez les collégiens. La découverte de la sexualité se fait alors par cet intermédiaire.

Non seulement le porno exhibe ce qui dans toute société est caché, à savoir la sexualité humaine, mais il met aussi en scène une forme particulière de sexualité. Il exhibe des performances sexuelles sans grand rapport avec la sexualité commune. Il met en scène des pratiques extrêmes (zoophilie, fist, éjaculation sur le visage, échangisme, etc.), dont certaines sont potentiellement dangereuses. Il crée chez le jeune spectateur une dissociation entre excitation sexuelle et sentiment amoureux. Il renvoie une image de la femme très dégradée, en position de soumission, insultée par les hommes. Il fait croire que la tarification des relations sexuelles est une chose banale.

Les conséquences chez le jeune spectateur varient selon son âge et son sexe. D'une façon générale, il ne ressort jamais indemne de l'exposition à ces images et du visionnage répété des films X[30].

## LES FILLES PLUS ATTEINTES

Maux de ventre, vomissements, pertes ou prises de poids peuvent s'observer chez les plus jeunes, en particulier chez les filles. On retrouve des symptômes identiques chez les enfants victimes d'attouchements ou de relations sexuelles avec un adulte.

Le porno malmène particulièrement les filles en raison des positions et des rôles qu'elles y tiennent, et probablement en raison d'un vécu différent de la sexualité. La banalisation des pratiques sexuelles au sein des collèges (parfois dès l'école primaire) concerne généralement la soumission d'un plus petit à un plus grand, d'un faible à un fort, d'une fille à un garçon. Ces conduites de prostitution, quand elles s'installent, détériorent psychologiquement et physiquement ces jeunes filles. Peuvent alors se développer des conduites à risque, comme des IVG répétées, des automutilations, des addictions à l'alcool ou au cannabis, auxquelles s'ajoutent fréquemment un absentéisme scolaire, des fugues, etc.

Le porno banalise la croyance que le viol et la douleur ressentie dans l'activité sexuelle sont associés à un sentiment de plaisir chez la femme. La gynécologue Ghada Hatem, qui reçoit des jeunes filles à la maison des femmes de Seine-Saint-Denis, qui accueille les consultations du planning familial, explique ainsi qu'elle voit « beaucoup d'adolescentes qui ne connaissent pas leur corps en situation d'emprise, à qui leurs petits amis [imposent] des façons de faire l'amour, avec des objets, à plusieurs, en pratiquant la sodomie. Ce sont des pratiques banalisées par la pornographie[31] ».

Les filles sont aussi plus souvent touchées que les garçons par le *sexting* (envoi ou réception d'images sexuellement explicites ou sexuellement suggestives par l'intermédiaire d'un téléphone portable). Ces images ou vidéos sont ensuite diffusées par le biais de réseaux sociaux, messageries instantanées ou courriers électroniques[32][33]. Le *sexting* est l'une des formes les plus agressives de cyberharcèlement[34]. Plusieurs suicides[35] de jeunes sont à déplorer depuis son « lancement », ainsi que la récupération de ces images par des sites pornographiques[36].

## CHEZ LES GARÇONS, LE CERCLE VICIEUX DE LA VIOLENCE

Il est fréquent que le jeune, après une première exposition au porno, se mette à rechercher ce type de contenu en raison de l'excitation physique ressentie lors du premier visionnage. Il peut aussi reproduire sur son entourage ce qu'il a observé. Rayan, 12 ans, en SEGPA[37], grand amateur du jeu *GTA* depuis ses 7 ans (voir plus haut), mais aussi de films sur Canal+ visionnés à une heure tardive (il a une télévision dans sa chambre), consulte avec sa mère, Mme X, très en colère. Elle vient de porter plainte au commissariat, car Rayan a obligé sa nièce Zora, 4 ans, à pratiquer sur lui une fellation. Zora n'a rien dit mais refuse de manger et vomit depuis une semaine. Finalement, elle s'est confiée à sa maman, qui en a parlé à sa sœur, Mme X. Même si cet acte oblige cette dernière à dénoncer son fils, elle n'a pas hésité une seconde.

Y a-t-il autre chose à reprocher à Rayan? Au collège, il tape les filles, violemment, c'est devenu «une habitude». Rayan reconnaît les faits. Je l'interroge sur ce qui a pu motiver de tels actes. Rayan ne peut rien dire. Non pas qu'il mente ou se dérobe. Il ne sait pas mentir. Mais Rayan regarde du porno depuis qu'il est très jeune, il joue à des jeux vidéo qui mêlent sexe et violence depuis tellement longtemps. Il a incorporé psychiquement et physiquement un certain type de scénarios et il a tenté de les reproduire. C'est tout. Ni sa mère ni son père ne regardent de films X ni ne jouent à de tels jeux. Son père n'a jamais battu sa mère. Que dois-je faire avec Rayan? Lui expliquer que c'est mal ce qu'il a fait à Zora, qu'il ne devrait pas taper les filles au collège? Lui faire la morale, comme sa mère et son père le lui ont fait? Mais quel sens cela a-t-il de faire la morale à un garçon soumis régulièrement et depuis qu'il est très jeune à des images de violence sexuelle et de maltraitance, des scénarios audiovisuels où le «héros» est celui qui viole, où il est «récompensé» chaque fois qu'il commet ces actions... La première chose à faire, pour l'heure, est de soustraire Rayan à de telles images, de l'empêcher de rejouer à l'infini ces scénarios. D'expliquer et de demander aux parents d'interdire, pour protéger leur enfant. Puis de tenter de faire comprendre à Rayan ce qui se passe dans sa tête quand il voit du porno, joue à des jeux qui promeuvent une sexualité violente.

## COMMENT PROTÉGER SES ENFANTS

D'une façon générale, voici comment les parents peuvent protéger leurs enfants du porno sur Internet.

D'abord, il faut discuter en amont avec son enfant et répondre à ses questions concernant la sexualité quand il vous en pose. Lui parler de façon simple et l'avertir des risques possibles d'une «rencontre» sur le Net d'images ou de films porno.

- «Cela peut arriver que tu tombes sur des images d'hommes et de femmes qui font des trucs avec leur zizi ou leurs fesses. Ils sont payés pour cela. Ça rapporte beaucoup d'argent à ceux qui leur demandent de le faire. Mais ces images sont choquantes et risquent de te dégoûter. Parce que l'on est toujours gêné quand on voit des gens nus et qui font des trucs avec leur zizi et leurs fesses. Quand on est grand et que l'on tombe amoureux, on a envie de se toucher, d'être nu contre l'autre, mais c'est différent. Tu n'as pas besoin de ces images pour le comprendre, cela viendra naturellement. Si tu regardes ces images, tu risques d'avoir peur ou d'être dégoûté plus tard de la sexualité et c'est dommage. Donc préviens-moi si tu tombes sur des images comme ça. Je ferais en sorte de les supprimer.»
- Ensuite, en faisant en sorte que l'enfant utilise toujours l'écran dans une pièce commune, donc sous le regard de ses parents. Pour cela, il ne faut pas mettre de télévision ou d'écran connecté dans sa chambre, car alors l'adulte perd tout contrôle sur ce qui se passe entre l'enfant et l'écran.
- Enfin, il est nécessaire de se renseigner sur les filtres existants et sur le contrôle parental avant de remettre à son enfant un téléphone portable ou un ordinateur.

## — IV
## HISTOIRES DE CAS

AFIN DE MIEUX FAIRE COMPRENDRE les effets de l'exposition aux contenus audiovisuels violents, nous relatons ici trois histoires d'enfants marqués par cette violence qui s'est imposée à eux par le biais des écrans. Hubert a surtout vu des films d'horreur, Théo était un grand amateur de *Call of Duty* et Ryan, téléphage, a été traumatisé durablement par une scène violente de très courte durée. Tous trois ont longtemps porté les stigmates de ces mauvaises rencontres audiovisuelles.

### THÉO : « ENTRAÎNÉ » À L'ACTION VIOLENTE

Théo a 9 ans quand il vient me consulter pour la première fois avec sa maman, à la suite d'une demande pressante de l'école. C'est un enfant à « haut potentiel intellectuel[38] ».

Quelques jours avant ce premier rendez-vous, la directrice de l'école, une femme très attentive et bienveillante envers ses élèves, m'a téléphoné pour me demander de l'aide. Elle n'a jamais rencontré un enfant aussi violent que Théo. Il a donné à plusieurs reprises des coups très violents à ses « camarades ».

Tête, ventre, sexe, jambes : toutes les parties du corps peuvent être atteintes par les poings ou les pieds de Théo.

— Et lorsque vous demandez à Théo pourquoi il fait ça, qu'est-ce qu'il en dit ?

— Rien, il n'en dit rien. Il ne sait pas quoi dire, c'est bien ça le problème, m'a-t-elle répondu.

La mère de Théo s'assied en face de moi. Mme T. est une femme élégante, robe longue en coton, la quarantaine, cheveux courts, traits réguliers. Elle n'est pas maquillée et parle avec une voix de petite fille. Théo a une tête carrée, des cheveux roux mal coupés. Il porte un bermuda bleu ciel, un peu trop court, et un tee-shirt jaune. Ses genoux sont écorchés, il balance ses pieds sous sa chaise, il regarde dans le vide et laisse parler sa mère.

Quelques minutes avant la fin de la séance, il se met… à sucer son pouce.

Je commence par poser à Mme T. des questions assez générales. Je lui demande si cela se passe bien pour Théo à la maison, à l'école. Je lui laisse me présenter elle-même les raisons de sa présence ici.

Mme T. manie avec une certaine aisance vocabulaire et explications «psy». À aucun moment elle ne parle du comportement asocial de Théo à l'école, mais s'éternise sur les problèmes de convergence visuelle de son fils qui l'ont conduite à consulter un orthoptiste, sur ses problèmes d'apprentissage de l'orthographe qui l'ont conduite à consulter une orthophoniste, sur les troubles du sommeil que cela aurait engendré, sur sa difficulté à s'insérer dans un groupe dès la petite section maternelle… Mme T. voit son fils essentiellement comme un enfant «qui manque de confiance en lui». Je pense intérieurement que cela doit être difficile pour Théo de tenter l'aventure des copains, du social, quand on a une mère qui vous comprend si bien…

**First Person Shooter**

Je me tourne ensuite vers Théo et je lui demande de me décrire sa journée au quotidien. Théo me regarde d'un air un peu hébété. Silence. Que Mme T. ne laisse pas s'installer, volant immédiatement au secours de son fils: « C'est moi qui réveille Théo. Il prend son petit déjeuner, que j'ai préparé, puis il s'habille et va regarder la chaîne Gulli, sur l'unique télé, dans le salon, pendant que je m'occupe de sa petite sœur. »

Sa mère l'accompagne ensuite à l'école. Le soir, quand il rentre vers 17 h, «il va directement sur Gulli ou bien il zappe. Parfois il utilise sa console qu'il a reçue il y a tout juste un an, pour ses 8 ans». 2 à 3 heures par jour de temps d'écran, si je calcule bien.

— Et à quoi joues-tu sur ta console, Théo?

— *Call of Duty*, *Assassin's Creed* et *Monster Track*[39], me répond Théo, qui n'a absolument pas conscience de déroger à une quelconque règle en jouant à 9 ans à des jeux déconseillés aux moins de 18 ans, comme c'est d'ailleurs le cas pour la majorité des enfants de son âge.

Je demande à Mme T. si elle connaît le contenu de ces jeux.

— Je crois que certains sont des jeux de guerre. Mon mari s'intéresse beaucoup aux jeux de stratégie, à tout ce qui est relatif à l'histoire et aux guerres.

Bien qu'elle soit très à l'écoute de tout ce qui pourrait nuire à son enfant, Mme T. n'a aucune idée du contenu des jeux auxquels joue Théo. Elle ne peut pas faire le lien entre l'agressivité de Théo et son goût très prononcé pour les jeux vidéo FPS[40], déconseillés aux moins de 16 ou 18 ans.

L'endormissement de Théo est souvent difficile. Cela prend beaucoup de temps. Théo fait des cauchemars, a une veilleuse dans sa chambre et réclame que la lumière du couloir reste allumée.

Le problème pour Théo n'est pas tant l'absence de limite en matière de temps passé sur écran que l'absence de règles en matière de contenus. Il y a quelque chose d'absurde de la part d'un parent à répéter des règles de bonnes conduites sociales à son enfant tout en le laissant pratiquer des jeux vidéo ultraviolents qui le conditionnent à associer à la violence envers autrui une notion de récompense. Dans des termes les plus clairs possible, je souligne cette incongruité à la maman de Théo et je revois celui-ci seul, une vingtaine de jours plus tard.

Comme je le fais chaque fois que je reçois un enfant en primaire, je lui demande de s'asseoir en face de moi. Le regard de Théo reste tout aussi fuyant, difficile à capter, comme celui de tant d'enfants et d'adolescents aujourd'hui.

— Théo, on va jouer au portrait chinois. Si tu étais une couleur, que serais-tu ?

— Le vert kaki.

— Vert kaki comme quoi ?

— Comme les tenues de guerre.

— Et si tu étais un personnage célèbre ?

— Adolf Hitler.

— Ah, et pourquoi ?

— Il a réussi à conquérir beaucoup d'espace. Il a fait la guerre.

— Tu sais qu'il a fait tuer des millions de gens ?

— Ben oui, la guerre, c'est fait pour ça.

Bon... Je change de sujet.

— Qu'est-ce que tu aimerais le plus changer pour toi à l'école ? L'écriture ? Le fait de mieux t'entendre avec les copains ?

— Arriver à m'entendre mieux avec les autres, répond Théo. Les autres arrivent et ils me tapent.

— Est-ce que c'est n'importe qui ou un enfant en particulier ?

— Celui qui le fait tout le temps, c'est Brian. Brian m'insulte.

— Et il a des copains, Brian ?

— On essaie de se faire copains avec lui parce que l'on n'a pas envie qu'il nous tape.

C'est la fin de l'année scolaire. Bientôt l'été. Je termine cette séance et souhaite de bonnes vacances à Théo. Il va pouvoir être plus souvent dehors, loin de la guerre, des fusils à pompe, des mitraillettes, des bombes, des séances de torture, des corps ensanglantés qui peuplent ses jeux sur console.

**Le butin du solitaire**

À la rentrée, je propose à Théo d'intégrer un groupe d'enfants. Des séances bimensuelles avec trois autres garçons. Au sein de ces groupes, nous fabriquons ensemble des objets, nous peignons, nous modelons... L'idée est que l'enfant qui connaît ou a connu des difficultés relationnelles puisse faire l'expérience, au sein de ces petits groupes, d'une expérience heureuse qu'il pourra peut-être plus tard répliquer dans un groupe plus grand.

Théo est assis à une table, face à quatre enfants et encadré par deux adultes. Durant les trois premières séances, il ne regarde jamais les autres. Il ne sait pas non plus s'y prendre pour utiliser un objet qui appartient à la collectivité. Quand nous décidons de construire ensemble des maisons à partir de Lego dont les pièces sont répandues sur la table, s'il a besoin d'une pièce en particulier et qu'elle ne se trouve pas devant lui, il l'attrape brutalement dans le tas de son voisin. Il ne regarde jamais l'enfant qu'il « vole » ou qui le « vole », il ne tente au préalable aucune transaction verbale («Tu me donnes ce Lego et je te donne celui-ci en échange»), il n'insulte pas, il «réagit» seulement à une vitesse étonnante. Le cerveau de Théo, bien exercé par des heures d'entraînement avec les FPS, est très opérant pour préserver son «butin», mais totalement incompétent pour éviter les affrontements physiques et mener à bien une négociation.

Cet enfant de 9 ans semble bien loin des règles minimales du savoir-vivre. Très soucieux du bien-être de leurs enfants, ses parents ont oublié le développement essentiel de ses compétences sociales. C'est finalement à travers le monde restreint et ultra-violent de certains jeux vidéo que Théo a appris les «codes» de la vie en société.

Pendant plusieurs mois, j'entraîne Théo et les autres garçons, la plupart très exposés aux écrans, à l'échange verbal plutôt qu'aux agressions répétées. Il faut les amener à reproduire ce type d'interaction, à le privilégier par rapport au mode «prédateur» qu'ils ont acquis par l'entraînement répété à l'action violente.

Progressivement la thérapie de groupe porte ses fruits et Théo devient un petit garçon socialement plus adapté. Il ne s'empare plus brutalement des objets des autres, ne donne plus de coups de pied. Mais il ne sait pas encore entrer dans une négociation verbale pour obtenir ce qu'il convoite. À présent, il se contente de sucer son pouce quand il ressent une frustration.

### Apprendre la négociation

En décembre, les parents de Théo viennent me voir pour faire le point. Pour la première fois, son père est présent. Chef d'une grosse entreprise, c'est un homme sur la réserve, assez distant, qui écoute plus qu'il ne parle. Sa femme à ses côtés, souriante et très loquace, s'empresse de meubler les silences. J'en viens rapidement à la question de l'accès aux écrans. La maman insiste aussitôt sur le temps très limité que Théo leur consacre désormais et je la crois volontiers.

— Mais est-ce que vous vérifiez le contenu?

— Heu… Je ne sais pas trop, à vrai dire. Il joue seul, dans sa chambre.

Je me tourne vers le garçon:

— Ben non, je ne touche plus aux jeux vidéo… Mais je vais sur YouTube regarder des joueurs en train de se filmer en train de jouer.

— Ils jouent à quoi ces joueurs?

— *The Walking Dead, Assassin's Creed*, etc.

Tous ces jeux sont déconseillés aux moins de 16 ou 18 ans et ultra-violents. Ma stagiaire, plus au fait que moi, décrit les contenus en séance. Théo ne proteste pas. Les parents tombent des nues.

De nouveau, il me faut réexpliquer que, à mon sens, la difficulté de Théo à se comporter de façon adaptée à l'école vient bien davantage de l'imprégnation psychique de modèles comportementaux violents que du classique «manque de confiance en lui».

Théo a appris la prédation, pas la négociation. Or la négociation est ce qui permet de fonctionner de la façon la plus sereine dans un groupe et de prendre confiance en soi.

Les mois passent, les séances de groupe se poursuivent. Théo y participe volontiers; il n'est plus du tout agressif, mais ses échanges verbaux ou de regards avec les autres enfants demeurent rares.

Six mois plus tard, les parents ont supprimé la tablette à la maison et ils surveillent de très près les contenus auxquels Théo est exposé via les écrans. Les agressions physiques entre Théo et sa petite sœur sont plus rares; il y a beaucoup de moments où les deux enfants peuvent jouer calmement ensemble. Théo a appris la frustration.

Théo commence à apprécier la détente que peut apporter un livre: il lit des magazines avant de s'endormir. Il ne se relève plus plusieurs fois par nuit, même s'il continue à s'endormir tard.

Quitter l'univers des jeux vidéo ultra-violents a permis à Théo de réinvestir des jeux classiques. Le temps libéré par les écrans l'a aussi ouvert au plaisir de la lecture, plaisir et compétence qu'il n'avait pas pu développer, tout occupé qu'il était à acquérir des automatismes et à perfectionner ses réflexes.

Les choses se sont faites progressivement et l'emprise des images lui a volé bien du temps. À 10 ans, il a encore grand besoin du support des images pour s'aider dans la lecture. Mais celle-ci a sans doute largement contribué à développer une concentration qui lui faisait cruellement défaut, ainsi qu'un début de pensée réflexive.

## RYAN : IL SUFFIT D'UNE BANDE-ANNONCE

Quand je reçois Ryan la première fois, c'est un petit garçon de 7 ans, en classe de CE1.

— Ryan est fils unique, me précise sa maman qui l'accompagne. On travaille tous les deux avec son père, mais j'ai arrêté il y a six mois. Ce qui m'inquiète, c'est l'apprentissage de la lecture, c'est encore difficile pour Ryan. C'est pour ça que j'ai demandé un suivi en orthophonie.

— À part ce problème, il y a d'autres choses qui vous inquiètent?

— Non, ça va, Ryan a des copains, c'est un garçon gentil, déclare la mère. Il est très observateur... Mais souvent il a peur, surtout la nuit. Il faut que j'aille dans son lit et que j'attende qu'il soit endormi pour retourner dans mon lit. Et s'il se réveille la nuit, il vient dans notre lit. En fait, en général, Ryan a peur dès qu'il est seul. Il a même peur d'aller aux toilettes.

Comme à chaque premier entretien, je demande aux parents de me décrire, avec le plus de précision possible, une journée type de Ryan en semaine et durant les jours sans école.

— Chaque matin, c'est moi qui réveille Ryan, raconte sa mère. Je l'habille. Puis il prend son petit déjeuner, que je lui apporte sur un plateau, devant la télé. Ensuite, je l'accompagne à l'école. Le soir, je viens le chercher à 16 heures. Quand il rentre, il envoie en l'air ses vêtements, alors je ramasse. Il regarde aussitôt la télé pendant environ deux heures.

— Et le mercredi?

— Là, Ryan en profite. Il se lève plus tard, vers 10 heures, et aussitôt il allume la télévision pour regarder les programmes pour enfants jusqu'à 16 h 30. Pour le petit déjeuner et le déjeuner, là encore, c'est moi qui le lui sers, toujours sur un plateau. En fait c'est impossible d'éteindre la télé, sinon Ryan pousse des hurlements.

Le week-end, c'est la même chose, sauf quand les parents ont prévu une sortie. Au total, Ryan comptabilise 24 heures de télévision par semaine, soit un peu plus que la moyenne nationale. Cette «activité» chronophage laisse bien peu de temps aux autres loisirs. Ryan n'a pas d'activité extrascolaire, mais «il n'en a pas envie», me dit sa maman.

Ryan présente un important surpoids et il n'aime pas le sport.

— Je préfère courir avec maman le week-end, c'est moins long qu'à l'école, m'avoue-t-il.

Lors de cette première consultation, la question de la place des autres écrans dans la vie de Ryan n'a pas été abordée, probablement parce que je manquais alors d'expérience dans ce domaine à l'époque. Je n'ai pas non plus posé la question du lieu où se situent les télévisions. Quatre mois plus tard, j'apprendrai qu'il y en a une dans chaque pièce (trois en tout), dont une dans la chambre de Ryan.

### Un programme de sevrage

Sans chercher à en savoir davantage pour le moment, j'explique dès cette première consultation pourquoi une diminution du temps passé devant les écrans est souhaitable. J'insiste: «La suppression des écrans va aider Ryan à progresser à l'école.» C'est un argument auquel les parents sont souvent sensibles. Puis je mets au point un programme de sevrage: suppression de la télé le matin, une demi-heure en rentrant de l'école au maximum. En même temps, j'encourage la mère à favoriser davantage l'autonomie de son enfant: laisser Ryan s'habiller seul le matin et se débrouiller pour son petit déjeuner. En contrepartie, je lui conseille d'acheter des jeux classiques et de prévoir une activité à faire avec lui le mercredi. Enfin, je prescris un bilan orthophonique qui débouchera sur une prise en charge hebdomadaire.

Une semaine plus tard, je revois la mère qui m'annonce, toute contente, que les consignes ont été suivies.

— Ryan n'a pas protesté autant que je le craignais... Il était content des nouveaux jeux achetés. Et puis je trouve qu'il me raconte davantage sa journée depuis que l'on a arrêté la télévision.

En séance, je trouve un enfant bien plus éveillé qu'en entretien avec sa mère. Mais c'est aussi un enfant qui se décourage vite face à l'échec: il ne persiste pas quand il échoue à un jeu et veut aussitôt passer à autre chose, ce que l'on décrit habituellement comme de faibles capacités attentionnelles. Il est dans un «zapping ludique» constant.

Un suivi hebdomadaire puis mensuel est mis en place. Le sevrage d'écrans semble avoir assez rapidement quelques effets positifs. La mère fait état avec fierté d'une amélioration des résultats scolaires.

Pour autant, Ryan demeure un enfant très anxieux: la peur du noir persiste et, depuis les vacances de février, une autre peur s'y est ajoutée, celle de la douche. Pendant une semaine, Ryan a refusé d'aller se doucher, ce qui ne s'était jamais produit auparavant. Je le questionne.

— Qu'est-ce que tu as peur de voir surgir dans la douche?

— Des requins, répond-il.

La mère alors m'explique cette crainte.

— Il réagit par rapport à une bande-annonce d'un film où l'on voit un requin surgir dans la baignoire. C'est vrai que ça fait un peu peur, mais franchement ça ne dure même pas une minute, ajoute-t-elle, plutôt surprise de la réaction de Ryan.

Certes, ce n'est qu'une minute, mais une minute que l'enfant ne peut anticiper, puisque cette bande-annonce surgit sans générique de fin du programme précédent. Pour assurer la continuité de la diffusion, les chaînes de télévision ont de plus en plus tendance à supprimer les génériques de fin des dessins animés et à enchaîner directement sur la publicité. Quand le requin dévoreur surgit dans la baignoire, Ryan n'a pas eu le temps de s'y préparer. L'image joue alors comme un véritable trauma: elle vient faire effraction dans le psychisme de l'enfant. Il n'y a pas la possibilité de la mettre à distance par un processus de rationalisation ou d'intellectualisation du type: «C'est de la fiction, c'est un trucage de cinéma bien réussi.» Du coup, chaque fois qu'il s'approche de la salle de bains, une peur incontrôlable s'empare de lui, car l'image du requin effrayant y est désormais associée: il a peur aussi d'uriner dans les W.-C. (peur du trou), mais pas par terre à l'extérieur de la maison. Les discours rassurants de la mère ont peu d'effet, de même que sa présence à ses côtés lorsqu'il a vu la bande-annonce.

Ryan ne parvient pas à faire le lien entre les images violentes perçues et ses propres peurs. En voici un exemple. Lors d'une séance, il dit qu'il a peur le soir que quelqu'un rentre avec un couteau dans sa chambre et le tue, ce qui le conduit à faire de nombreux cauchemars (cinq nuits par semaine en début de thérapie). Je lui demande s'il a vu une scène semblable dans un film. «Ben oui», me répond-il, en me donnant le titre du film. Et il ajoute aussitôt: «Mais ça ne fait pas peur un film!», réponse banale et sincère de l'enfant. Ryan n'a pas conscience de l'effet des images violentes sur son psychisme, pas plus que sa mère, par ailleurs très protectrice.

Je reprends la conversation avec Ryan et sa maman pour évoquer certaines scènes précises de tel film ou de certains dessins animés. La mère du garçon convient de la violence des images: la rapidité des coups, les personnages qui chutent d'une hauteur vertigineuse, les insultes, etc. Mais elle a tendance à banaliser la violence à la télévision au prétexte qu'elle est virtuelle, fictive. Pourtant, elle-même est victime des effets de ce bain de violence virtuelle: elle a peur que son fils se fasse racketter en allant acheter une baguette, qu'il se déplace seul dans la ville...

On retrouve là le syndrome du «grand méchant monde» décrit par George Gerbner[41]. Le visionnage répété des images violentes et stressantes conduit à la fois à l'accoutumance du spectateur (perte de l'empathie) tout en augmentant son anxiété dans le monde réel.

### HUBERT : DES CAUCHEMARS QUI SORTENT DE L'ÉCRAN

Ils sont venus tous les trois, M. et Mme P., avec leur garçon, Hubert. M. et Mme P. travaillent, ils ont des revenus modestes mais stables. Le papa me confie qu'ils ont eu une période de grand stress et de difficulté économique quelques années plus tôt, quand Hubert était petit, après la faillite de leur restaurant. Ils ont mis du temps à s'en remettre.

Hubert a 10 ans, il a une sœur de trois ans sa cadette. Il est en CM2. C'est l'école qui les envoie. Le motif de la consultation est classique: des troubles du comportement à l'école. Selon le père, Hubert se fait frapper par les autres enfants dans la cour et il refuse de rentrer en classe après la récréation. Mais pour l'école, c'est lui qui aurait tendance à embêter les autres, précise sa maman. «Hubert n'a pas de copains... Le seul qu'il avait jusqu'à présent a déménagé», explique le papa. Si les résultats scolaires d'Hubert étaient jusque-là corrects, il a toutefois des problèmes de graphisme importants.

Au cours de ce premier entretien, je note des constantes: une agitation permanente (confirmée par les parents et par l'école) et le fait que, lorsque l'on aborde un sujet chargé en émotions pour Hubert (l'école, les parents), soit les larmes lui montent aux yeux, soit des injures sortent de sa bouche. Il est par ailleurs incapable de sortir d'une attitude projective: «Ce sont les autres qui me cherchent.» Ses parents reconnaissent qu'Hubert est un enfant «hypersensible». *A priori*, il ne vient pas consulter pour des motifs très différents de ceux que je rencontre habituellement au CMP. Je propose alors un suivi hebdomadaire.

Il serait facile, dans le cas d'Hubert, de rendre compte d'un comportement inadapté par son histoire familiale et un environnement scolaire anxiogène. C'est d'ailleurs la piste qui est suivie pendant dix mois et qui porte en partie ses fruits. Peu à peu les relations familiales s'apaisent: Hubert n'est plus vu par ses parents comme le problème, mais il peut progressivement être perçu comme un enfant en grande détresse. Sa mère cesse ainsi de l'accabler quand il est débordé par ses émotions.

Cependant, le comportement à l'école reste très inadapté. Hubert alterne entre des périodes d'injures envers la maîtresse, un retrait dans l'écriture de listes interminables de joueurs de foot et parfois des fugues. Il ne parvient pas à délaisser une attitude très projective pour rendre compte de son rejet par les autres: «Les autres m'en veulent, la maîtresse me hait.»

Peu à peu, je décode son univers. C'est chez lui qu'il parvient plus ou moins à trouver refuge dans un espace où l'écran est très présent, sans contrôle parental, au début du moins. La famille vit dans un F4 et Hubert a une télévision et un ordinateur dans sa chambre. Il y a une autre télévision dans le salon et une troisième dans la chambre des parents.

### *Titanic* pour se calmer, *Scream* pour « s'amuser »

Dès le début de nos entretiens, Hubert apparaît comme un enfant hanté par l'univers des écrans et avec qui il est très difficile de parler, à cause d'un envahissement émotif permanent qui vient stopper toute possibilité de discours. Ses parents confirment cette hypersensibilité et l'emprise des écrans sur leur fils. Dès son plus jeune âge, précise sa maman, il a manifesté une très grande réactivité par rapport aux dessins animés. Après, il se met à parler et à bouger comme les personnages de l'écran. Il s'agite de la même manière et on a de grosses difficultés à le faire «atterrir», précise-t-elle.

Pour autant, les parents ne songent pas à supprimer les écrans: au moins, pendant ce temps-là, il se tient tranquille. Par ailleurs, il lit (pratique singulière au sein de cette famille) sur ses deux passions: le foot et les dinosaures. Il est perçu par ses parents comme un enfant intelligent. Le garçon collectionne les figurines de pirates et de dragons. Quand il est très triste, il regarde *Titanic*. «Ça me calme», dit-il.

Je ne prends pas d'emblée conscience de l'effet des écrans sur Hubert. Ce n'est que six mois plus tard, lors d'une séance, qu'a lieu le déclic. Hubert me raconte que pendant ses séjours chez son oncle (celui chez qui il va passer régulièrement ses vacances et qui est le seul membre de la famille qui accepte encore de le recevoir), il a pu apprécier *Scream* 1, 2 et 3, *Massacre à la tronçonneuse, Les Dents de la mer, Anaconda* 1 et 2, *Dracula* 1 ou encore *Godzilla contre King Kong.*

L'oncle a un fils du même âge qu'Hubert qui est très peureux. «Une vraie poule mouillée», dit le tonton. Pour traiter ce trouble, l'oncle a recours à une thérapeutique classique: soigner le mal par le mal, en d'autres termes faire disparaître la peur en exposant l'enfant et son cousin à tous les films d'horreur qu'il possède.

**Les dents de Dracula de la thérapeute**

Les deux cousins, fascinés, en redemandent. Hubert se garde bien de raconter à ses parents ce qu'il a vu. Il reconnaît toutefois que la thérapie d'exposition de l'oncle marche moyennement avec son cousin:

— Il est deux fois plus fou que moi. D'ailleurs, il prend tous les jours un médicament pour se calmer.

Mais cette thérapie d'exposition n'est pas sans effet sur lui, puisqu'il fait toutes les nuits des cauchemars dans lesquels les images de films reviennent et se mêlent.

— Avant de m'endormir, j'ai besoin de regarder sous le lit et d'inspecter chaque recoin de ma chambre. Après je m'enroule dans ma couette au cas où les vampires suceurs viendraient, me dit-il, les yeux dans les yeux.

Je souris:

— Hubert, il est normal de faire des cauchemars après avoir vu de tels films.

J'essaie de lui expliquer combien notre cerveau peut être facilement impressionné par les images perçues, pourquoi on en rêve, pourquoi parfois ces images sont tellement violentes que l'on fait un cauchemar.

— Est-ce qu'il arrive que, quand on voit des films, on ait ensuite l'impression que les personnages du film surgissent dans la vraie vie?

Je le rassure (un peu trop vite) là-dessus. Et je lui propose d'écrire ses cauchemars et de me les lire à la prochaine consultation.

La semaine suivante, Hubert me décrit son dernier rêve, celui de la nuit précédente:

— Voilà, je suis au gymnase du quartier. Brusquement il y a le signal d'alarme qui se déclenche. Je regarde le poste de télé de la sécurité, dessus il y a une image: c'est Scream qui est en train de se rapprocher. Tous les enfants s'enfuient. Après, c'est eux qui lui tendent un piège: Scream se retrouve prisonnier dans un filet et c'est moi qui le tue avec un couteau.

Entre-temps, me raconte Hubert, Scream a tué quatre personnes au gymnase: l'entraîneur d'Hubert, l'infirmier, son ami et son entraîneur de foot. Il s'agit là d'un rêve parce que, pour la première fois, Hubert ne se réveille pas en sursaut. Ce n'est pas un cauchemar. Mais Hubert reconnaît que, dans la journée, le visage de Scream continue de le hanter.

— J'ai peur de voir surgir son visage d'un seul coup.

Quand je lui demande à quel moment de la journée ce visage apparaît, et s'il se superpose parfois à d'autres au point que les personnes réelles prennent le visage des personnages virtuels, le garçon répond, surpris:

— Comment t'as deviné ça?

Je l'encourage à continuer. Il me raconte comment, à plusieurs reprises, il a vu son institutrice prendre le visage terrifiant de Scream. L'institutrice a effectivement retrouvé Hubert caché sous la table plusieurs fois. Elle est persuadée d'une maltraitance parentale... Lorsque Hubert est chez lui, les images traumatiques reviennent aussi fréquemment. Dans la semaine, alors que son père cuisinait, il l'a vu avec le couteau de Dracula à la main.

— Quand ma mère se penche pour m'embrasser, je vois sa mâchoire se déformer et des dents de Dracula lui pousser.

Hubert est très agité quand il raconte tout cela, mais c'est aussi la première fois en un an qu'il parvient à dire quelque chose le concernant. Brusquement, il se recule, se met à trembler de tous ses membres, paraît comme pétrifié. Quand je lui demande si le visage est là, il me répond:

— Je vois des dents qui vous poussent... Votre visage est horrible.

Je cherche à le rassurer en lui parlant sans discontinuité. Je lui demande de sortir du cauchemar, en tentant de le persuader qu'il en est capable. Au bout de quelques minutes, Hubert se calme. Je cherche à en savoir plus:

— Comment fais-tu en classe pour faire disparaître ces visages atroces qui apparaissent?

— Je me tape la tête contre les murs pour faire sortir les choses horribles, ou bien je crie pour «retrouver ma vraie mémoire».

Ces faits qui m'avaient été rapportés par l'institutrice l'avaient à juste titre extrêmement alarmée.

**Le carnet des rêves**

Après la séance, je fais venir le père d'Hubert. Le garçon accepte que je lui raconte les cauchemars et les images traumatiques de la veille, et leur lien avec les films d'horreur vus chez l'oncle. Le père y était en fait déjà sensibilisé, il avait supprimé depuis longtemps la télévision dans la chambre d'Hubert et toute possibilité de visionner des films anxiogènes. Mais c'est aujourd'hui seulement qu'il prend conscience de la gravité de l'effet des images sur son fils. Ce déclic aura pour effet une rupture temporaire des relations avec le tonton.

Je propose à Hubert de tenir pendant un mois un carnet de ses rêves et cauchemars. Le garçon revient un mois plus tard avec une grande feuille où il a soigneusement noté tous ses rêves: il y en a onze en tout, presque un jour sur deux. Tous les thèmes abordés sont directement issus des films d'horreur qu'il a visionnés auparavant. La thématique du dernier rêve est différente: Hubert se voit devenu grand, il est pauvre, seul, abandonné. Il est devenu «un clodo». Les «visions» dans la journée continuent, mais elles sont moins fréquentes. À la fin de la séance, je fais le point avec les deux parents: ils ont constaté une baisse de l'agitation. La mère n'a pas été étonnée d'apprendre qu'Hubert avait des «visions».

Par la suite, Hubert continue de tenir avec précision le carnet de ses cauchemars et de ses visions. Les notes prises à cette époque montrent qu'ils vont progressivement diminuer, pour deux raisons probablement. D'abord, parce que l'enfant a été soulagé de partager ses terreurs et de faire part de ses hallucinations. Ses parents ne l'ont pas traité de fou et ils ont pris l'habitude de venir le réconforter la nuit, en cas de cauchemar. Ensuite, ils ont accepté de revoir son environnement. Les écrans ont disparu de la chambre, le temps passé devant l'ordinateur a été limité, ce qui a demandé un gros effort aux parents et de longues heures d'explication de ma part. Même la décoration de la chambre d'Hubert a été repensée en séance, avec lui et ses parents. Tout ce qui est susceptible de faire peur a été supprimé pour ne garder que ce qui rassure. Finalement, la rentrée suivante se passera bien, dans une unité pédagogique d'intégration[42]. Hubert va s'y sentir en sécurité, il sera élu délégué de sa classe et fera une très bonne année scolaire à l'issue de laquelle il sera réorienté en cinquième «ordinaire». À la rentrée suivante, il passera en quatrième. Il vient de terminer sa troisième, avec des résultats acceptables en classe, des copains et un projet professionnel en tête: devenir cuisinier comme son papa.

6e PARTIE

# L'ADDICTION AUX ÉCRANS

## — I
## UNE ADDICTION BIEN RÉELLE

Nous avons montré précédemment comment les contenus audiovisuels ultra-violents modifient en profondeur et de façon durable le comportement du spectateur ou du joueur. Cette modification est due au bouleversement psychique qu'ils induisent chez le joueur. À l'association violence = stress se substitue progressivement une autre association: violence = récompense = plaisir. Ce changement est rendu possible par une étape intermédiaire: celle de l'habituation.

Progressivement, la peur et l'angoisse suscitées par les images violentes diminuent, jusqu'à ce que le sujet perde le sentiment de frayeur qui l'envahit mais garde l'intérêt suscité par le choc émotionnel engendré par l'image violente. C'est cela qu'il va rechercher continuellement, avec une appétence pour un dosage de plus en plus fort en violence, car l'effet initial de stress diminue du fait d'une habituation. Tandis que la montée d'adrénaline se réduit à chaque exposition aux contenus violents, un nouveau schème comportemental se met en place, lié à la répétition de la même action un nombre indéfini de fois: tuer, violenter, faire souffrir.

Ce schème est particulièrement opérant dans le cas du jeu vidéo violent où le joueur «produit l'action». Le jeu vidéo est très efficace dans le conditionnement du joueur, parce qu'il mobilise des circuits courts de la récompense: il le rend «accro». Cet accrochage du joueur est particulièrement vrai dans le cas du jeu vidéo en ligne, car les systèmes internes qui relancent le joueur lors de ses absences, voire le menacent d'exclusion, sont particulièrement efficaces pour provoquer la dépendance.

Mais l'addiction ne porte pas que sur les jeux vidéo et les contenus violents. Chez les enfants et les adolescents, elle s'étend à tous les écrans. Et plus l'exposition est précoce, plus l'addiction est difficile à lever.

## L'ADDICTION SELON LE DSM 5 : UNE DÉFINITION COMMENTÉE

La question de l'addiction aux écrans, en particulier aux jeux vidéo, fait débat[1]. Pourtant, si l'on examine le comportement des enfants et des adolescents engagés dans un usage intensif des jeux vidéo et/ou des réseaux sociaux, on relève des similitudes troublantes avec la définition de l'addiction telle qu'elle est présentée dans la classification américaine, le DSM 5.

Le DSM 5 de l'American Psychiatric Association retient les onze critères suivants pour qu'un diagnostic d'addiction puisse être posé:

1. Besoin impérieux et irrépressible de consommer la substance (*craving*).
2. Perte de contrôle sur la quantité et le temps dédié à la prise de substance.
3. Beaucoup de temps consacré à la recherche de substances.
4. Augmentation de la tolérance au produit addictif.
5. Présence d'un syndrome de sevrage provoqué par l'arrêt brutal de la consommation.
6. Incapacité de remplir des obligations importantes.
7. Usage même lorsqu'il y a un risque physique.
8. Problèmes personnels ou sociaux.
9. Désir ou efforts persistants pour diminuer les doses.
10. Activités réduites au profit de la consommation.
11. Poursuite de la consommation malgré les dégâts physiques ou psychologiques.

La présence de 2 à 3 critères signe la présence d'une addiction faible. La présence de 4 à 5 des critères atteste d'une addiction modérée. Enfin, la présence de 6 critères ou plus atteste d'une addiction sévère.

Il n'y a pas un seul de ces critères qui ne puisse s'appliquer à la majorité des enfants ou adolescents que j'ai rencontrés au CMP ou dans mon entourage et qui avaient un usage intensif des jeux vidéo, en ligne ou non, des réseaux sociaux, mais aussi des écrans en général, au point d'en être devenus captifs.

Je récuse d'emblée la critique facile d'un «biais de recrutement» des CMP qui ferait que, en tant que psychologue, je ne vois que des enfants présentant des difficultés psy, donc forcément plus sujets que d'autres à divers troubles associés dont la tendance addictive. Les critères retenus par le DSM 5 s'appliquent parfaitement aux enfants que je reçois au CMP, mais aussi à ceux de mon entourage, qui sont plutôt privilégiés en matière d'attention parentale.

Reprenons ces critères un à un.

### Critère 1. Besoin impérieux et irrépressible de consommer la substance (*craving*)

Plus l'enfant a été exposé de façon précoce et intense aux écrans, plus il développera un lien d'attachement fort avec cet objet, au point que l'écran peut se substituer à ses figures d'attachement (père, mère) et déboucher sur une forme d'«autisme virtuel»: l'enfant recherche une stimulation exclusive par cet objet. Chez des enfants plus âgés et qui ne présentent pas de symptômes d'allure autistique, on observe de plus en plus fréquemment des formes d'attachement pathogènes aux écrans: l'enfant ou l'ado se sent mal, angoissé, dès qu'il est privé d'écran et n'a de cesse de le réclamer. La privation d'écran peut entraîner de véritables crises d'angoisse.

### Critère 2. Perte de contrôle sur la quantité et le temps dédié à la prise de substances

C'est l'un des effets principaux des écrans que nous n'avons cessé de souligner tout au long de cet ouvrage. Le sujet, en particulier s'il est jeune, est incapable de réguler son temps devant un jeu vidéo, Internet, etc. Mis trop tôt devant les écrans, le bébé développe une addiction qui lui fait préférer cet objet à tout autre, même à ses parents. L'écran (portable, tablette) fait concurrence avec les figures habituelles d'attachement, papa ou maman. Il en triomphe sans peine et plonge l'enfant dans des mécanismes de traitement de l'information stériles et inefficaces, en tout point semblables à ceux observés chez les enfants atteints d'autisme et/ou gravement déficitaires.

Chez un enfant dont la relation d'attachement est déjà formée, l'effet de captation et d'addiction est tout aussi réel, mais les atteintes neurologiques sont probablement moins grandes, car la synaptogenèse[2] est déjà bien engagée. Et il en est de même à l'adolescence.

Je n'ai jamais rencontré de parent qui puisse me dire:

«Mon enfant joue régulièrement aux jeux vidéo, regarde les séries télé, navigue sur Internet, mais il s'arrête facilement dès que je le lui demande.» Je n'ai jamais observé ce phénomène dans mon entourage proche non plus.

### Critère 3. Beaucoup de temps consacré à la recherche de substances

Le critère 2 entraîne nécessairement le critère 3. La captation par l'écran fait que l'enfant, lorsqu'il en est privé, n'a de cesse de le rechercher. Rappelez-vous l'histoire de Manuel[3], qui cherchait partout le smartphone de ses parents après que ceux-ci l'avaient privé de cet objet, qui suivait partout sa mère dans l'espoir qu'elle le lui redonne quand elle rentrait du travail. Mes entretiens avec les parents au CMP sont remplis des mêmes plaintes: «J'ai dû partir ce matin au travail avec le câble ou la box, sinon il va sur Internet dès que j'ai le dos tourné»; «J'ai paramétré son temps d'utilisation mais il a trouvé le mot de passe et il a modifié les paramètres»; «Quand je rentre, la première chose qu'il me demande c'est de remettre la box»; «J'ai essayé de limiter le temps mais ça ne marche pas: si je lui concède une heure de jeu, il en réclame aussitôt deux.»

### Critère 4. Augmentation de la tolérance au produit addictif

C'est particulièrement vrai pour l'écran. Plus l'enfant est devant un écran, plus il en redemande, par un emballement de son système attentionnel qui fait qu'il devient accro à l'enchaînement rapide des images, aux traits formels saillants, indépendamment du contenu. Les contenus à fortes charges émotionnelles: excitants, violents, à connotation érotique, voire pornographique augmentent l'accrochage et enchaînent plus sûrement encore l'enfant qui va rechercher une dose d'excitation de plus en plus forte. Les préados amateurs de films trash comme Hubert[4] n'ont de cesse de chercher des contenus de plus en plus terrifiants. Le stress ressenti face à la violence diminue au fur et à mesure des expositions par un processus de désensibilisation que nous avons précédemment décrit. Ce processus de désensibilisation conduit naturellement les enfants à rechercher des images toujours plus choquantes.

### Critère 5. Présence d'un syndrome de sevrage provoqué par l'arrêt brutal de la consommation

La particularité de l'objet-écran, nous l'avons déjà amplement décrit, c'est qu'il provoque une réaction d'intense détresse quand on prive le sujet de son usage. Cris et hurlements du bébé de 1 an à qui l'on enlève le téléphone portable des mains, mais aussi menaces de suicide du jeune enfant à qui on enlève sa tablette[5], impossibilité pour les parents de détacher leur ado de sa console par risque de voir celui-ci s'en prendre physiquement aux autres[6] ou à lui-même. Le cas le plus spectaculaire m'a été rapporté par un papa d'ado désespéré de voir son fils, lycéen, s'enfermer de plus en plus dans l'univers du virtuel. Quand le papa a supprimé la console de jeux, l'ado l'a d'abord reprise de force, puis l'a jetée violemment par la fenêtre, ainsi que toutes les télés de l'appartement. Son père a dû faire appel aux urgences psychiatriques. Cet exemple n'est pas unique dans ma pratique. La suppression de l'écran (portable, tablette) provoque dans un premier temps une rage qui amène souvent le parent désemparé à rendre l'objet à l'enfant dans l'espoir de le calmer. L'enfant, contre toute attente, est si désorienté (ou atteint par un sursaut de conscience?) qu'il jette l'objet qu'on lui rend. «Il est devenu comme fou», disent certains parents. Fou… ou conscient, l'espace d'un bref instant, de la toxicité de son objet d'addiction?

### Critères 6 et 10. Incapacité de remplir des obligations importantes/activités réduites au profit de la consommation

Si le critère 6 concerne évidemment l'adulte, il est très proche du critère 10 qui s'applique largement à l'enfant ou à l'ado.

La captation par les écrans entraîne chez l'enfant la diminution, voire l'abandon de toutes les autres activités, dont certaines sont essentielles à son âge. Chez le tout-petit, ce sont les activités d'exploration sensori-motrice et les échanges avec les figures tutélaires qui sont négligés, au profit de la captation par les écrans. Chez l'enfant d'âge scolaire (à partir du CP), on observe très fréquemment un abandon des activités extrascolaires (sport, musique, etc.). À la rentrée, l'enfant ne désire plus comme les autres années être inscrit à une activité, prétextant qu'il a trop de devoirs, ou bien il abandonne l'activité à la première insatisfaction ou au premier échec. L'addiction entraîne par ailleurs un appauvrissement, voire un abandon des relations sociales: l'enfant ne veut plus aller chez ses copains, se tient à l'écart lors des réunions familiales, sauf s'il peut jouer sur une console...

### Critères 7 et 11. Usage même lorsqu'il y a un risque physique/poursuite de la consommation malgré les dégâts physiques ou psychologiques

Observons d'abord que, pour les jeux d'argent en ligne, pourtant reconnus comme addictifs, le critère 7 ne s'applique pas. Concernant les jeux vidéo et les écrans en général, les dégâts physiques ne sont de toute évidence pas immédiats, comme c'est le cas avec la prise d'héroïne. Ils sont cependant bien documentés en matière d'incidence sur la prise de poids, le sommeil[7] et la réduction du temps d'activité physique[8]. Cette dernière engendrant à long terme des risques cardiovasculaires. Enfin les dégâts psychologiques: déficit de l'attention, retard de langage, anxiété, phobies ont été largement développés dans les chapitres précédents.

## UNE DIFFICILE RECONNAISSANCE

Malgré les observations quotidiennes de très nombreux parents, de professionnels de l'enfance sur les effets addictogènes des écrans et de citoyens qui tentent d'alerter les pouvoirs publics[9], les sociétés «savantes» chipotent encore sur les termes, rechignant à parler d'addiction. En France, l'Académie de médecine reconnaît l'usage problématique des jeux vidéo, mais réfute le terme «addiction», qui devrait être réservé à la prise de substances chimiques pouvant détériorer l'organisme et créant un phénomène de manque physique, de *craving*, ou sevrage. Sans surprise, on trouvera dans le sillage de cette doxa Serge Tisseron, mais aussi Yann Leroux et Michaël Stora, cofondateurs de l'OMNSH.

Sur le terrain, les professionnels n'ont pas attendu les déclarations des sociétés savantes pour se prononcer. Ainsi l'Institut fédératif des addictions comportementales (IFAC) évoque l'existence d'une «véritable addiction aux jeux vidéo» et relaie une étude américaine de 2009 qui conclut que 8,5% des jeunes de 8 à 18 ans «présentaient des symptômes d'addiction aux jeux vidéo». L'hôpital Marmottan à Paris s'est spécialisé dans les addictions sans drogues depuis le début des années 2000. Sur leur site, il est précisé : «Nous recevons principalement des joueurs de jeux vidéo, des joueurs de jeux d'argent et de hasard et des usagers des sites pornographiques[10].» Malheureusement, leurs consultations ne s'adressent qu'aux adultes.

En résumé, malgré de réelles avancées dans l'appréciation des troubles, la bataille continue d'opposer les défenseurs de la notion d'addiction (jeu vidéo, Internet, réseaux sociaux, etc.) et ceux qui parlent d'un simple phénomène de dépendance. L'enjeu, on l'aura compris, est essentiellement financier. En effet, le mot «addiction», parce qu'il traduit une pathologie, exigerait un engagement et une régulation de la vente de l'objet addictogène par les pouvoirs publics.

Ainsi, la vente d'alcool (dont le fort risque addictif est reconnu) et sa promotion par voie publicitaire sont aujourd'hui strictement encadrées. Mais il n'en a pas toujours été ainsi.

Il y a un siècle et demi, Louis Pasteur affirmait: «Le vin est le breuvage le plus sain et le plus hygiénique qui soit.» Et dans les années 1920, le *Larousse ménager* évoquait la dépendance alcoolique à partir d'un litre et demi de vin par jour. Aujourd'hui, dépasser deux verres par jour est considéré comme une transgression du dogme préventif. Ce changement de discours ne tient pas seulement à une meilleure connaissance des effets de l'alcool sur le système digestif, mais il reflète la bataille acharnée de médecins et de scientifiques sans conflits d'intérêts contre les lobbies du vin.

Aujourd'hui, la même bataille a lieu entre les très puissants acteurs de l'industrie du numérique et les professionnels de terrain: médecins, addictologues, psychologues, psychiatres.

Pour ces derniers, qui sont au contact quotidien d'enfants et d'adolescents devenus prisonniers des écrans (jeux vidéo, réseaux sociaux), la reconnaissance par les pouvoirs publics d'un effet addictogène des écrans leur faciliterait grandement la tâche.

## NETTEMENT PLUS QU'UN «USAGE PROBLÉMATIQUE»

Sur le site du gouvernement drogues.gouv.fr, la Mission interministérielle de lutte contre les drogues et les conduites addictives (MILD&CA), on peut lire ceci: «Du point de vue scientifique et médical, les addictions sont des pathologies cérébrales définies par une dépendance à une substance ou une activité, avec des conséquences délétères.»

Les addictions concernent le tabac, l'alcool, le cannabis, les opiacés (héroïne, morphine), la cocaïne, les amphétamines et dérivés de synthèse. Parmi les addictions sans substance, seul le jeu pathologique (jeux de hasard et d'argent) est cliniquement reconnu comme une dépendance comportementale dans les classifications diagnostiques internationales (DSM 5, CIM 10). «Cliniquement», cela désigne une conformité aux observations des professionnels de santé au contact quotidien du patient.

Comment peut-on admettre l'existence des addictions sans substance comme les jeux d'argent et ne pas observer une addiction aux jeux vidéo, tout aussi virtuels que les jeux d'argent en ligne mais largement plus répandus auprès des jeunes? Sur les trois pages d'information diffusée par la MILD&CA, je ne trouve aucun début d'argumentation.

## DEUX CAMPS EN PRÉSENCE

Alors je cherche à comprendre. Sans surprise, on trouve deux «camps» en présence: d'un côté, les défenseurs des adolescents, et de l'humain en général, parmi lesquels des psychologues cliniciens, des addictologues, qui affirment sans hésitation que le mécanisme d'accrochage au jeu vidéo est un processus addictogène, totalement identique dans sa forme aux autres addictions avec substance; et de l'autre, le camp des défenseurs du numérique, qui critique avec beaucoup d'agressivité l'emploi du terme «addiction» pour décrire la dépendance aux écrans et jeux vidéo. Seule concession: certains de ces défenseurs du numérique acceptent de parler d'«usage problématique», un euphémisme bien faible pour caractériser ce qui s'apparente à une réelle dépendance.

Les arguments des défenseurs du numérique ne manquent pas. Nous examinerons ici ceux livrés par Oscar Barda dans un article plutôt agressif[11]. Qui est Oscar Barda[12] ? Le personnage se définit comme «game designer», il a travaillé pour de gros studios, puis pour le ministère de la Culture sur des projets de *serious games*. Il a été responsable de l'espace jeux vidéo à la Gaîté lyrique de 2010 à 2016. Il travaille aujourd'hui pour Alttab production, une agence «experte en media gaming»

- Premier argument: l'addiction réside dans la substance. Si les drogues provoquent «des tempêtes chimiques», le taux de dopamine généré par les jeux vidéo, le sexe ou la nourriture est très inférieur à celui produit par les drogues classiques.
- Second argument: l'addiction est liée à la substance alors que la dépendance est liée à la pratique, c'est donc un problème que le consommateur peut résoudre. On notera comment

cette distinction subtile permet de blanchir l'objet et de faire porter tout le poids du problème du côté de l'usager.

Eh bien justement, tout n'est pas si facile du côté de «la majorité des gens qui pratiquent le jeu vidéo» (on appréciera la précision mathématique de cette catégorie), en particulier lorsqu'il s'agit d'un public jeune (les plus concernés). C'est le très sérieux Observatoire français des drogues et des toxicomanies (OFDT) qui l'a démontré, dans un rapport de décembre 2014 qui souligne que 1 élève sur 8 aurait un usage problématique des jeux vidéo, soit 3 élèves par classe en moyenne. Ces conclusions se basent sur l'enquête Pelleas[13], conduite sur l'année scolaire 2013-2014 auprès de plus de 2000 collégiens et lycéens de la région parisienne.

Cette enquête a cherché à identifier «les corrélations entre une fréquentation "problématique" de jeux vidéo – au sens de la Game Addiction Scale[14] – et des caractéristiques sociales, familiales et individuelles particulières». Voici les caractéristiques identifiées de l'addiction aux jeux vidéo: survalorisation du besoin, modification de l'humeur, tolérance (à des doses de plus en plus fortes), symptômes de manque, conflits (avec les proches et soi-même) et rechute. Soulignons la très grande proximité de cette symptomatologie avec celle des addictions avec substances décrites plus haut.

Parmi les critères d'addiction le plus souvent rencontrés dans l'échantillon de l'enquête Pelleas, chez les jeunes ayant un usage problématique des jeux vidéo, il y a l'impossibilité à réduire les temps de jeu malgré les injonctions de l'entourage, d'où découlent des conflits récurrents avec les proches, un temps de plus en plus important consacré au jeu, une pensée presque entièrement tournée vers le jeu et la négligence, voire l'abandon des autres activités.

Ces observations décrivent ce qui s'observe dans la clinique des jeunes patients qui, je le rappelle, viennent rarement consulter au départ pour des problèmes d'addiction ou de dépendance aux jeux vidéo. Même si les choses commencent à évoluer, notre société a tendance à nier la dimension toxique d'un objet qu'elle contribue à diffuser et engendre du même coup une culpabilisation du consommateur (ou de ses parents), sur qui est rejetée toute la responsabilité du problème. Si l'ado est devenu accro aux jeux vidéo, ce serait en raison d'une fragilité interne et non à cause des propriétés mêmes de l'objet qui produisent cet accrochage. Si le jeune est devenu dépendant, c'est parce que le milieu familial dans lequel il évolue ne serait pas en mesure de fournir un accompagnement éclairé. Pour le dire autrement, il existe des drogues illégales dont on admet publiquement le caractère addictif (cannabis, drogues dures de type héroïne) et des drogues socialement valorisées parce qu'elles jouent un rôle dans l'économie sociétale (alcool et jeux vidéo). Pour ces dernières, on fait porter le curseur du côté du consommateur plutôt que du produit lui-même.

Pourtant, l'enquête Pelleas souligne le rôle mineur de la fragilité intrinsèque du jeune dans le processus d'addiction:

« Il est plus rare de jouer pour "oublier la vraie vie", conduites de fuite du réel qui témoignent d'un usage du jeu vidéo comme béquille psychique ou comme régulateur de l'humeur. »

Par ailleurs, si l'enquête met en valeur l'importance de l'encadrement parental, elle rappelle aussi qu'il est très souvent inefficace de combattre le processus de dépendance chez l'enfant. « Avoir des parents qui ont établi des conditions d'utilisation des écrans (durée limitée autorisée, moments autorisés dans la semaine, contrôle parental...) agit comme facteur de protection à l'égard du risque d'usage problématique de jeux vidéo. Cependant, ces précautions de limitation de l'accès aux écrans ne suffisent pas à prévenir un usage problématique des jeux vidéo, puisque la majorité des parents restreignent l'accès aux écrans. » En clair, encadrer l'accès aux écrans limite les dégâts mais n'évite pas la casse. Forcément, puisque le jeu vidéo (en particulier les jeux multijoueurs en ligne) engendre un processus éminemment addictif !

Si la Game Addiction Scale atteste les critères de cette addiction, elle ne nous dit rien des processus internes à cette addiction de l'enfant ou de l'ado à son jeu. Comment ça se passe dans le cerveau du jeune qui joue et ne parvient plus à s'arrêter?

## COMPRENDRE LE CIRCUIT DE LA RÉCOMPENSE[15]

Rappelons d'abord que le circuit de la récompense oriente tous nos choix, guide toutes nos actions. Je passe devant la vitrine du boulanger remplie de jolies brioches et je me rue dedans, oubliant mes promesses de régime: circuit court de la récompense. Un soleil printanier illumine la nature: je choisis de rester chez moi pour travailler, car je veux obtenir mon diplôme: circuit long de la récompense. Léo est seul dans sa chambre avec, sur son bureau, ses devoirs: circuit long de la récompense. Juste à côté de ses cahiers, sa console de jeux dont il se saisit aussitôt assis: circuit court de la récompense. Le problème, c'est que Léo n'a que 7 ans: autrement dit, ce qui se joue entre circuit long et circuit court de la récompense n'est pas une simple affaire de libre arbitre.

Le circuit de la récompense se développe dans deux structures en compétition: une partie postérieure située au niveau de l'amygdale et de l'hippocampe, une partie supérieure située au niveau du cortex préfrontal. La compétition entre ces deux structures s'opère dans les neurones du *nucleus acumbens*. Le *nucleus acumbens* est sous l'influence directe de ces deux structures différentes: le cortex préfrontal d'une part et le groupe hippocampe-amygdale d'autre part. Or le processus de communication chimique utilisé le long de ces deux voies, hippocampe-amygdale ou cortex préfrontal, n'est pas le même.

Si le niveau de dopamine dans le *nucleus acumbens* dépasse un certain seuil, il cesse temporairement de réagir au cortex préfrontal: il ne l'écoute plus. Si ce phénomène se prolonge, les connexions entre ces deux structures dégénèrent et le *nucleus acumbens* finit par ne plus entendre le cortex préfrontal. Le sujet se comporte alors comme s'il n'avait pas de cortex préfrontal. Au-delà d'une certaine concentration de dopamine, le *nucleus acumbens* zappe le cortex préfrontal, comme si celui-ci était inactivé ou lésé.

L'amygdale et l'hippocampe prennent alors le contrôle du *nucleus acumbens* et dictent pour une bonne part le comportement de l'attention vers les récompenses à court terme. Si Léo grandit dans un univers saturé d'écrans (fixés en hauteur sur son berceau, puis au-dessus de son tapis d'éveil et posés dans sa main dès qu'il peut tenir assis), des écrans dont les traits saillants orientent son attention vers les circuits courts de la récompense, il y a fort à parier qu'il va rapidement négliger des objets qui activent des circuits plus longs de la récompense: ces anneaux qu'il faut réussir à empiler sur le pylône, ces petits personnages ou animaux qui ne bougent pas tout seuls, qui ne produisent aucun son, qui n'envoient aucun jet de lumière, les êtres humains qui l'entourent, qui émettent un flux sonore complexe à décoder et requérant des efforts. Bref, le langage...

On peut créer de l'addiction de façon inconsciente en laissant un bébé se développer dans un univers saturé d'écrans. On peut aussi créer de l'addiction de façon intentionnelle, par exemple sur des rats de laboratoire. Une étude américaine montre comment on peut rendre des rats toxicomanes en les laissant s'auto-administrer des amphétamines pendant quelques semaines[16]. Au bout d'un mois seulement, des changements structurels se produisent dans leur cortex orbitofrontal. Les épines dendritiques, petites pointes situées sur les neurones et qui leur permettent de recevoir le signal émis par les autres neurones, ont en partie disparu et le comportement des rats s'est également modifié: dès la troisième semaine d'intoxication, les animaux ont commencé à présenter des difficultés pour établir les liens de cause à effet à long terme, entre un événement et une punition subie quelques heures plus tard.

Dans la vie normale, quand le sujet n'est pas soumis à des doses trop élevées ou continues de substances addictogènes, le cortex orbito-frontal peut jouer son rôle de surmoi ou, pour reprendre les termes de Jean-Philippe Lachaux, de «rabat-joie»: vous êtes prêt à craquer pour ce gâteau au chocolat, ce jeu vidéo à portée de regard, mais le cortex orbito-frontal joue les rabat-joie et vous vous souvenez alors de vos kilos en trop, de cet examen qui vous attend. Sans lui, notre comportement serait dicté par les préoccupations à court terme et par le seul bénéfice immédiat. Or, le cortex orbito-frontal est une structure dont le développement est plus tardif et nécessite des stimulations particulières pour se développer: échanges, communications et attentions parentales bienveillantes, qui diminuent l'angoisse du bébé.

Et quel est le rapport entre les comportements addictifs et l'attention? Jean-Philippe Lachaux l'explique en prenant l'exemple de l'alcoolique: «Placez une bouteille d'alcool à proximité d'un alcoolique et observez sa réaction: capture de l'attention, captivation motrice, émotionnelle, tout y est. L'attention subit à chaque instant la contrainte très forte du circuit de la récompense. Elle se porte toujours volontiers, et le plus longtemps possible, sur un stimulus apte à stimuler le *nucleus acumbens*. [...] Le circuit de la récompense détermine donc pour une large part ce que nous trouvons attirant, c'est-à-dire ce qui attire l'attention.» Remplacez le mot «bouteille» par les mots «smartphone» ou «jeu vidéo» et placez ces objets devant un ado: dans les deux cas, la réaction a toutes les chances de pouvoir être caractérisée par le mot «addiction». Les écrans, en particulier ceux dits interactifs, produisent un effet semblable aux addictions classiques. Leur différence avec les autres substances addictives? L'absence totale d'une politique de prévention en faveur des plus jeunes consommateurs!

## — II
## HISTOIRES DE CAS

Les enfants dont nous allons vous raconter l'histoire sont tombés dans une dépendance aux écrans si forte qu'elle a profondément affecté leur trajectoire scolaire, les conduisant parfois à abandonner leurs études (Armand). Elle a aussi fortement touché leurs relations aux autres au sein de la famille: rupture de la communication et du dialogue avec les parents, non-respect de l'autorité parentale. Elle a eu également des conséquences sur leur vie sociale: repli sur l'activité exclusive du jeu, rupture avec les relations amicales. Pour deux d'entre eux, la fragilité du contexte parental a probablement joué en faveur du processus d'enfermement dans l'univers des jeux vidéo et des écrans, mais pour le troisième cas (Olivier), le contexte familial, stable, occupe une place mineure. C'est principalement la rencontre avec l'objet-écran, à forte teneur addictogène, qui a généré l'enfermement de l'enfant. Malgré ce constat à répétition que les professionnels de l'enfance font chaque jour: l'écran rend les enfants «accro», les sociétés savantes rechignent à admettre le processus addictif, en particulier chez l'enfant, préférant parler d'usage problématique, terme plus vague et prétendument «moins stigmatisant».

### ARMAND ET LÉO: ACCROS DE FAMILLE

Armand a 14 ans. Il est en quatrième lorsqu'il vient consulter pour la première fois avec sa mère, Mme T. Armand est un grand garçon, d'allure massive. Il paraît avoir deux ans de plus. Une acné sévère dévore son visage carré, encadré d'une épaisse chevelure rousse. Armand est pubère depuis ses 12 ans et demi. Sa mère affirme que cette puberté précoce est un facteur déclenchant de son mal-être. Elle décrit avec force détails les modifications physiques précoces d'Armand: elle semble fière des signes virils surgis si tôt chez son fils –en décalage avec le physique svelte du père et celui de son frère cadet, Léo, que je rencontrerai plus tard.

Pour l'heure, Armand n'a rien d'un jeune homme sexy et plein d'assurance. Il se tient tête baissée, mine renfrognée, les mains dans les poches de son jean noir, engoncé dans un blouson en cuir de la même couleur, qu'il ne quittera pas malgré la tiédeur de la pièce. Il ne décroche pas un mot de l'entretien et laisse à sa mère le soin de débiter sa version des faits. Il en sera de même durant les entretiens qui suivront, quand ils auront lieu en présence de sa mère ou de son père.

Armand refuse depuis environ trois mois de se rendre au collège. Il passe le plus clair de ses journées sur les jeux vidéo. *Call of Duty*, déconseillé aux moins de 18 ans, occupe désormais toutes ses journées et une bonne partie de ses nuits. Il ne fait plus de sport depuis deux ans. Il a une télé dans sa chambre depuis le primaire et plusieurs consoles depuis la sixième.

La mère me révèle qu'elle est elle-même une joueuse assidue: elle joue jusqu'à 5 heures par jour en ligne.

Malgré cette pratique vertigineuse du jeu vidéo, dans laquelle me semble résider une partie des problèmes d'Armand, notamment son absentéisme scolaire, Mme T. s'obstine à voir les choses autrement. D'après elle, la précocité intellectuelle d'Armand, détectée en primaire, est l'origine principale du décrochage scolaire. Elle expose une lecture des symptômes de son fils sous deux angles principaux: surdouance et inadaptation du système scolaire. C'est l'ennui ressenti par Armand à l'école, en raison de sa «supériorité intellectuelle», qui l'aurait progressivement conduit à un désintérêt pour l'école puis un repli sur les jeux vidéo.

### Une intelligence supérieure?

Sa vision des choses a été confortée par une récente consultation en libéral chez S., psychothérapeute et «spécialiste de la précocité intellectuelle», selon Mme T., qui ne tarit pas d'éloges. S. semble lui avoir servi dès la première consultation l'explication prêt-à-porter de l'échec scolaire chez les enfants à haut potentiel intellectuel: «Leur intelligence supérieure les met en décalage avec les autres. Ce décalage engendre un ennui, puis progressivement une souffrance et à la longue un repli sur soi pouvant conduire à l'échec scolaire et à toutes sortes de symptômes.»

Je suis toute prête à adhérer à l'explication de S., à condition qu'elle s'accompagne d'autres facteurs tels qu'une curiosité de l'enfant, une très grande réussite et facilité scolaires, une pauvreté des stimulations en milieu scolaire et enfin des résultats clairs aux tests de QI, notamment à l'ICV (échelle verbale) et l'IRP (échelle de raisonnement logique). Pour l'heure, je ne retrouve aucun de ces facteurs chez Armand. Surtout, je me demande pourquoi (et je le déplore) S. n'a pas proposé à Mme T. d'autres rendez-vous. J'accepte donc d'endosser une fois de plus le rôle de la psy du service public: gratuite, donc forcément peu compétente.

Mme T. reprend sa litanie: Armand n'a plus envie de se rendre à l'école depuis la fin du CM2, où il avait deux institutrices, dont l'une avec qui «c'était très compliqué». Armand ne faisait rien avec elle, mais travaillait bien avec l'autre.

En sixième, il est entré dans un collège privé. C'est cette année-là que sa mère a offert à Armand sa première console. Il s'est mis à jouer principalement à des jeux de guerre, des FPS déconseillés aux moins de 16 ou 18 ans.

Les notes se dégradent brusquement en cinquième. Armand travaille de moins en moins et présente de nombreux troubles psychosomatiques au moment de se rendre en classe ou lorsqu'il s'y trouve: maux de ventre parfois violents, dont certains le conduisent aux urgences. Armand se renferme de plus en plus sur lui-même. À peu près à la même époque, sa mère a un accident assez sérieux sur son lieu de travail, qui la conduit à un arrêt maladie de neuf mois, arrêt qu'elle décide de prolonger pour des raisons psychologiques. Deux ans ont passé et Mme T. n'a pas repris le travail.

Ce que me dit Mme T. me laisse sceptique. Pour sa mère, Armand est un ado aux dons intellectuels hors normes, un jeune homme subtil et intelligent dont l'institution scolaire peine à reconnaître l'étendue des talents... Mais ce que j'observe, c'est un ado qui en une heure trente d'entretien est demeuré tête baissée, qui fréquente le collège de façon épisodique depuis la cinquième, ne s'y rend plus depuis environ quatre mois et qui passe 10 à 12 heures par jour à tirer sur des cibles, virtuelles certes, mais humaines. Je me demande si son intelligence supérieure n'en aurait pas pris un coup.

J'insiste devant Mme T. sur le temps excessif passé devant les écrans. Je m'étonne en moi-même que le collège n'ait pas signalé la situation. Je fixe à Mme T. et à Armand un nouveau rendez-vous quinze jours plus tard, en leur demandant de revenir avec le papa.

### Droit dans le mur

M. T. est effectivement présent au rendez-vous: un homme d'une quarantaine d'années, de taille moyenne, d'allure svelte. Et il n'a pas tout à fait la même vision des choses que sa femme: il pense que l'addiction (c'est le mot qu'il emploie spontanément) d'Armand aux jeux vidéo est le symptôme le plus urgent à prendre en compte. En effet, la vie de la famille est désormais entièrement régie par les jeux vidéo. «Les repas en famille ont disparu, car il faut jouer, toujours», dit M. T. Armand, sa mère et à présent Léo, 11 ans, passent la quasi-totalité de leurs journées à jouer en ligne. Je demande à M. T. de me dresser le podium de l'addiction. En tête arrive la mère, suivie par Léo; Armand est en troisième position. Mme T., qui ne travaille plus depuis deux ans et demi, passe ses journées rivée devant des jeux en ligne. Léo, qui jouait déjà beaucoup et manquait parfois les cours, a cessé de se rendre à l'école récemment, durant une semaine où il s'est retrouvé seul à la maison avec sa mère. Le père se dit impuissant à gérer une situation devenue intenable:

— Parfois j'ai envie de me foutre une balle dans la tête ou bien de partir et de les laisser. On va droit dans le mur.

Lorsqu'il rentre de son travail –il occupe un poste à responsabilité dans le secteur tertiaire–, il prend en charge la majeure partie des tâches ménagères: courses, repassage, etc. La mère s'occupe de moins en moins de la maison, prise dans ses addictions multiples, au jeu, au tabac et... à l'alcool: un vieux démon qui a ressurgi à la faveur de son arrêt maladie.

M. T. m'explique:

— Toutes mes tentatives pour sevrer les garçons des écrans sont vouées à l'échec: quand je supprime les écrans, ma femme les réintroduit en douce, sinon les garçons sont intenables. Ils deviennent vite très irritables et se battent entre eux. Le week-end, je leur propose des sorties –vélo, tennis, footing–, mais ils refusent le plus souvent. En vacances, ils ne s'intéressent plus à rien et restent devant leurs écrans.

Je propose de voir Armand seul quelques minutes avant la fin de la séance. Je lui parle d'autres choses, j'essaie de le brancher sur d'autres centres d'intérêt: musique, sport, copains, mais les mots peinent à sortir de sa bouche et je n'arrive pas à croiser son regard. Ses phrases sont courtes et formulées avec lenteur. Armand semble «ensuqué», comme si les privations répétées de sommeil dues à sa «passion du jeu», comme la nomme sa mère, avaient eu raison de toute autre forme de curiosité. Quand je l'interroge sur les raisons de son absentéisme scolaire, il commence par fournir une réponse conforme à celle de sa mère et de S.: il est surdoué; c'est pour ça qu'il n'aime pas l'école. Puis il parvient peu à peu à me parler davantage de lui-même:

— Je suis fatigué tout le temps. J'aime pas l'école. Je m'ennuie. Je rends les devoirs seulement quand ils sont notés. À la récré, je parle des jeux avec mes amis et parfois pendant les cours.

Armand reconnaît que son esprit est relié en permanence à sa console, qu'il soit en cours, en famille, ou dans le trajet qui le conduit au collège.

Je lui demande de se concentrer et d'imaginer la situation suivante.

— Dans ta ville se produit brusquement une énorme coupure de courant qui rend impossible l'utilisation des écrans. Tu es chez toi, et ni ta mère ni ton frère ni toi ne pouvez les utiliser. Qu'est-ce qui se passe?

Armand se tait puis finit par lâcher, maussade, mais franc:

— Léo et moi, on péterait un câble.

— Mais vous pourriez passer du bon temps ensemble, ressortir les jeux de société?

— Non, Léo ne tient pas sur un jeu de société, et moi je ne tiens pas non plus.

— Et ta mère, comment ça se passerait pour elle?

— Ma mère, elle fume, elle boit et elle dort. Du moment qu'elle peut boire, ça irait pour elle.

— Et ton père?

— Je sais pas.

— Je pense, Armand, que vous souffrez tous beaucoup, dans votre famille, de ne plus pouvoir faire les choses comme avant: pour ta mère de ne plus aller à son travail, pour toi et Léo de ne plus aller au collège, sortir, voir les amis, la famille. Vous souffrez tous de cette situation, mais peut-être pas de la même façon ou aussi fort. D'après toi, qui souffre le plus?

— C'est moi. Ensuite, il y a mon père, puis ma mère et en dernier Léo.

Armand sorti, son père revient dans mon bureau. Je lui fais part de mon sentiment d'impuissance face à la situation.

— M. T., ce que vit aujourd'hui Armand n'est pas un phénomène transitoire, un petit moment de déprime passager. Cela fait près de six mois qu'il ne se rend plus au collège. À la maison, il ne respecte plus aucun cadre, ni aucun horaire. Sa maman est enfermée dans une triple dépendance: jeu, alcool, tabac, qui l'empêche de jouer son rôle de mère auprès de ses enfants. La situation est bien trop complexe pour que je puisse vous aider seule. Je vous conseille vivement de vous rapprocher d'un centre dévolu à l'addiction, de voir des professionnels qui seront mieux armés que moi pour répondre à cette situation si inquiétante. Je ne peux assurer un suivi pour Armand qu'à cette seule condition.

### Affronter ses démons

Plus personne ne vient pendant deux mois. Un jour, Mme T. se présente seule.

— Armand et Léo ne voulaient pas venir, mon mari lui ne pouvait pas venir.

Son médecin généraliste l'a mise sous antidépresseurs. D'après elle, tout a commencé par son accident qui a déclenché de très fortes névralgies cervico-brachiales. Elle a ensuite, à deux reprises, fait des chutes qui ont engendré une déchirure musculaire. Un examen récent vient de lui apprendre qu'elle a un kyste à l'utérus.

— Je veux me sauver pour sauver mes enfants et sauver mon mari, affirme-t-elle.

J'essaie progressivement de la questionner sur la notion d'addiction. Comment fait-on dans sa famille quand on traverse une épreuve, un chagrin? Je marche sur des œufs avec cette femme qui se défend dès que l'on tente d'envisager avec elle la façon dont elle affronte ses démons. Elle a une conception projective des événements: sa situation actuelle et celle de ses enfants sont le résultat d'un environnement scolaire ou professionnel trop contraignant, plein d'incompréhension... Elle se remet peu en cause, trop fragile sans doute.

J'avance tout de même le terme «addiction», parle de refuge dans l'usage excessif d'une substance ou d'une activité. Elle l'accepte du bout des lèvres pour elle-même, en particulier en ce qui concerne l'alcool. Mais elle ajoute qu'elle n'y a plus recours à présent. Elle préfère s'étendre plus longuement sur le cas de son mari, qui a été «addict au sport».

À l'issue de cette séance, j'insiste sur la nécessité, pour Mme T., de commencer à penser à elle-même si elle veut être à même d'aider ses enfants. C'est en prenant soin d'elle, en trouvant le moyen de ne plus gérer sa tristesse, son sentiment d'impuissance par le recours à l'alcool ou le refuge dans les écrans qu'elle pourra le mieux accompagner ses fils. Je lui fais part de mon impuissance à l'aider sans une démarche active de sa part vers un centre de soins.

Je lui donne un rendez-vous un mois plus tard, avec son mari et ses deux garçons.

Je les retrouverai... un an et cinq mois plus tard.

**La désintégration**

Cette fois, c'est le père qui vient avec Léo, à la demande pressante du collège. Je commence par prendre des nouvelles des autres membres de la famille. Mme T. est hospitalisée depuis un mois. Armand redouble sa troisième et bénéficie d'horaires allégés (12 heures seulement par semaine). A-t-il des projets? Pas vraiment. Il doit trouver un stage professionnel d'une semaine. Il voudrait le faire dans le milieu du jeu vidéo mais n'a pas vraiment cherché...

Pour l'heure, ce n'est pas pour Armand que M. T. semble s'inquiéter le plus, mais pour Léo. Léo se retrouve cette année dans le même niveau de classe que son frère. Et ce n'est pas au collège qu'il fréquente le plus Armand, puisqu'il ne s'y est guère rendu depuis la rentrée. Il passe ses journées et ses nuits sur des jeux en ligne; *World of Warcraft* retient toute son attention. Comme son frère, il doit trouver un stage professionnel d'une semaine. Il aimerait le faire dans une pâtisserie, mais il rechigne à téléphoner aux contacts que son père a trouvés, car il n'a «pas envie de laver les casseroles».

Il voudrait arrêter le collège, où il déclare s'ennuyer, et aimerait suivre des cours par correspondance.

— Et ta mère, qu'est-ce qu'elle en pense?

— Ma mère, elle est d'accord avec moi. J'suis à haut potentiel, comme mon frère, c'est pour ça que je m'ennuie au collège.

Le père s'oppose à ce projet. Il craint que cette solution ne renforce l'enfermement des garçons sur les jeux vidéo et, d'une façon générale, leur isolement.

Nous nous quittons sur ces nouvelles toujours plus sombres. Quelques secondes à peine après cet entretien, M. T. revient seul et frappe poliment à ma porte.

— Puis-je vous voir quelques instants seul? J'ai décidé de partir. La situation n'est plus tenable. Nous allons nous séparer. Les enfants ne sont pas encore au courant.

Après cette séance, je décide, après en avoir informé les parents, d'appeler de nouveau le collège pour voir ce qu'il en est de la scolarité des garçons. Puis je demande à l'assistante sociale de mon service d'être présente lors du prochain entretien. Il nous faut trouver une solution d'urgence.

**Le signalement**

Cette fois, nous avons les deux parents et Léo. La situation, qui reste bloquée, se focalise sur la question des cours par correspondance. Les parents ne parlent pas de la séparation évoquée par M. T. à l'entretien précédent. Mme T. maintient son souhait de ce type de scolarité pour Léo, qui passe désormais ses journées devant les jeux vidéo, qui n'a plus de vie sociale, ne pratique plus d'activités extrascolaires. Léo joue la nuit et dort le jour.

Mme T. accuse le collège de ne pas la soutenir dans son projet. Quand nous lui objectons que rien ne l'empêche de faire les démarches, elle rétorque qu'elle n'a pas les moyens de payer des cours par correspondance. Le père, jusque-là clairement opposé à ce projet, se tait et laisse à madame le soin de critiquer les décisions du collège.

Je prends la décision de rappeler le collège. Ensemble, nous proposons de mettre rapidement en place une réunion pluri-professionnelle (RPP) qui convie tous les partenaires institutionnels impliqués dans une situation (collège, aide sociale à l'enfance, CMP) lorsqu'un jeune est repéré comme étant «en danger».

Ce jour-là, tous les partenaires sont présents. Le collège nous confirme que Léo ne vient plus en cours. Quant à Armand, après avoir quelque temps repris le chemin de l'établissement, il est de nouveau très souvent absent et, d'après les dires de ses camarades, semble être retombé dans une addiction complète aux jeux vidéo. Il apparaît comme très dépressif et solitaire.

La situation a déjà été signalée plusieurs fois, comme il se doit, au rectorat. Plusieurs dispositifs d'aménagement du temps scolaire, des aides pédagogiques, ont été tentés par le collège, en vain. Un signalement conjoint est décidé à l'issue de cette réunion. Mais l'assistante sociale de la circonscription nous prévient:

— Ne vous faites pas d'illusion: cela ne débouchera probablement sur aucune mesure. N'oubliez pas que l'on est dans un département où la priorité est donnée aux enfants en situation plus urgente: ceux qui trouvent les placards et un frigidaire vides à leur retour de l'école.

La réunion se clôt sur cette note pessimiste. Je n'ai plus entendu parler d'Armand depuis. Trop d'obstacles se sont dressés sur ma route, trop de fausses pistes dans lesquelles Armand et ses parents se sont engouffrés et qui n'ont fait que renforcer ses symptômes: le surdon supposé d'Armand, l'allègement du temps scolaire...

Personne, parmi les psys ou enseignants consultés, n'a pu dire: «Stop, commençons par résoudre un problème concret et tangible, celui de l'addiction d'Armand aux jeux vidéo, addiction qui concerne deux autres membres de cette famille.» Par ailleurs, à l'époque, il n'existait pas encore de centre d'addictologie qui propose la prise en charge de ce type d'addiction[17]. Mais je suis optimiste de nature et je sais par expérience que les choses finissent par s'arranger à peu près. Il faut parfois que ça craque au sein des familles pour que des réaménagements s'opèrent. Le principe de survie, bien ancré en chacun de nous, pousse généralement les membres d'une famille à réagir au moment où tout bascule.

### SIMON : SEUL FACE À LA MACHINE

— Bonjour, Mme S.

J'accueille cette femme qui vient consulter pour son garçon. C'est une femme d'une quarantaine d'années, d'allure assez athlétique. J'ai du mal à capter son regard.

— Parlez-moi un peu de Simon.

— Simon a 8 ans, il est en CE1. Il a un frère aîné, Martin, 14 ans. Il vit avec moi et son frère. Il voit son père un week-end sur deux et la moitié des vacances scolaires.

Je lis sur sa fiche de premier rendez-vous: «Comportement bizarre, agressif et violent depuis quelques mois. A dit à sa mère qu'il voulait se suicider. A été conduit aux urgences de pédiatrie. Est en conflit intense avec sa mère, dit qu'elle est méchante.»

Simon, petit garçon roux, est assis à ses côtés. Il mâche sans discontinuer un chewing-gum et actionne sa tablette sans jamais relever la tête. Shoot de sucre et shoot d'images –c'est ainsi que Simon se présente à moi durant la première séance. À ses côtés, sa mère déverse un flot continu de plaintes. Elle est à bout.

— Simon est ingérable, violent. Il se tape la tête contre les murs, il se griffe. Uniquement à la maison, chez moi... Pas à l'école ou chez son père.

Ce comportement apparaît toujours dans un contexte de frustration, c'est-à-dire quand sa mère dit non ou tente de dire non à Simon.

— Et la dernière fois où Simon a fait une crise, c'était à quelle occasion?

Mme S. réfléchit un peu.

— Quand je lui ai demandé de lâcher sa tablette pour venir à table[18].

Quand Simon ne s'auto-agresse pas, il fait facilement du chantage, m'explique sa mère: «Si tu ne me rends pas ma tablette, je me suicide.» Et il fait mine d'aller jusqu'au bout! Sa mère, qui a déjà tenté de tenir par un «non» ferme à ses demandes, l'a vu enjamber la balustrade. C'est un «tyran», dit-elle.

Comme à l'accoutumée, je demande à la maman de me décrire une journée type de l'enfant. Sans grande surprise, les écrans sont omniprésents depuis le réveil, avec la fonction réveil de sa tablette et la télé au petit déjeuner. École, cantine. Des copains? Non. Seul dans la cour. Le soir, retour à la maison, retour à la tablette: films, cartoons... Simon ne parvient pas à s'endormir avant 23 heures. La mère ne cherche plus à lui enlever sa tablette, car il pique alors des crises intenses, l'injurie. Quand il ne surfe pas sur le Net, il utilise la fonction appareil photo et photographie de façon répétée son sexe.

En résumé, c'est un petit bonhomme difficilement cadré par sa mère, sans doute assez remué par les récents événements dans sa vie familiale -séparation de ses parents, cambriolage de son appartement, déménagement- et qui a trouvé dans les écrans un refuge et un moyen de ne pas être confronté à sa tristesse. Sa tablette est devenue une véritable addiction: elle ne quitte plus ses mains, hormis le temps où il est sur les bancs de l'école. Sans adulte pour échanger et dialoguer avec lui, il navigue sur le Net sans contrôle: violence et porno lui sont accessibles à tout moment.

### Une lueur d'espoir

Quelques jours plus tard, je retrouve Simon et sa maman. Celle-ci me tend des papiers. Six feuillets manuscrits.

— J'ai écrit pour que vous compreniez. J'ai besoin d'écrire. Je n'y arrive plus.

Cette femme est au bout du rouleau. En plus de son chantage permanent, Simon est devenu agressif envers sa maman, son frère et sa grand-mère.

Voici quelques extraits des notes de sa maman:

> Il est impossible d'avoir un dialogue avec lui. Il me dit sans cesse que je suis méchante et me demande de m'excuser dix, vingt, cent fois. Si je ne le fais pas, il tape sur les murs, claque les portes et fait une crise de nerfs. Au quotidien, Simon refuse d'effectuer les actes simples de la vie: se laver, laver ses dents, ses mains, s'habiller, sortir de la maison. Il a en permanence des idées noires, il soutient que tout le monde est méchant. Il s'isole de plus en plus. Il est beaucoup moins sociable qu'avant. Il a des propos étranges, mystiques, sans rapport aucun avec nos échanges habituels: « Le Bon Dieu est un fils de pute », crie-t-il. Simon parle beaucoup de sexe, montre son sexe, parle de politique. « François Hollande est un con », dit-il. Je n'aborde jamais les sujets politiques avec mes enfants, je n'ai pas

de comportement sexuel douteux ou ambivalent. Je ne m'explique donc pas certains propos et attitudes de Simon.

En discutant avec Mme S., j'aperçois une lueur d'espoir dans ce tableau bien sombre. Le repli sur soi, les idées noires, les intérêts déplacés pour le sexe, l'argent, la politique, les conduites étranges de Simon, les difficultés d'endormissement sont relativement récentes. Cela remonte à un an. Quand sa mère lui a acheté une tablette connectée. Depuis, Simon est devenu intolérant à la frustration, il n'accepte plus aucune limitation et, en même temps, en a désespérément besoin: cet objet qui a un si fort pouvoir d'addiction complique sacrément le boulot de sa mère.

Je prends alors le temps d'expliquer, comme je le fais à chaque consultation, les effets des écrans sur l'enfant en séparant le contenant du contenu. Simon, toujours sur sa tablette, nous écoute sans jamais relever la tête. Mme S., qui est une femme intelligente, a perçu depuis longtemps l'aspect addictif de l'objet. Mais elle rétorque, à juste titre:

— Comment je fais pour l'enlever?

**Prisonnier de la tablette**

Bien dit. À la fin de la séance, je prends donc Simon à part, sans sa maman.

— Simon, assieds-toi, ferme ta tablette et regarde-moi bien. Tu crois, Simon, que ta mère veut prendre le contrôle sur toi, mais tu te trompes. Ta maman n'a aucun pouvoir sur toi. En revanche ce que je sais, c'est qu'il y a quelqu'un qui a un superpouvoir sur toi. Tu fais tout ce qu'il te demande, tout ce qu'il veut et tu es devenu sa marionnette.

Simon me regarde et ne comprend pas.

— N'importe quoi, je fais ce que j'veux, moi.

— Si, il y a depuis quelques mois quelque chose qui dicte tes pensées, tes comportements, tes actions, tes phrases. C'est ce truc, dis-je en désignant sa tablette. Ce truc a totalement pris le contrôle de ton cerveau. Et moi je ne vais pas pouvoir t'aider tant que tu es sous son emprise.

Je poursuis tranquillement:

— Tu passes ta journée à regarder des séries sur YouTube où ça parle d'argent, où des gens montrent leur sexe et font des trucs vraiment bizarres. Et tu sais ce qui se passe quand tu vas sur ces sites? Eh bien, ça enrichit ceux qui les font et c'est exactement ce qu'ils veulent: te garder prisonnier. Ils fabriquent des images qui te font peur et aussi t'excitent pour que tu aies envie d'y retourner. Et ensuite ça te donne des idées vraiment bizarres comme prendre des photos de ton sexe. Tu fais ce qu'ils attendent de toi: des trucs bizarres sans comprendre pourquoi tu fais ça. Et ils ne font pas que ça, ces gens: ils ont réussi aussi à te voler du temps de sommeil. Ces images qui te font peur et t'excitent se sont incrustées dans ton cerveau au point que tu n'arrives plus à les chasser le soir au moment de t'endormir. Vraiment, Simon, je ne crois pas que tu seras assez fort pour ne plus obéir à cette machine.

Simon me regarde, perplexe.

— Ben si! J'peux m'en passer!

Je feins un soupir:

— C'est ce que tu crois, Simon, et c'est ce que tu voudrais au fond de toi, mais je crois qu'il est trop tard. Les écrans ont déjà pris le pouvoir de presque tout ton cerveau...

### Briser les chaînes

Dix jours se passent. Simon arrive –avec sa mère– pour sa séance vers 16 heures Il tient dans sa main un sandwich jambon-beurre et une cannette de coca. Il mâche un chewing-gum et pose sur la table un paquet de bonbons: six Carambar et six Malabar! C'est la commande qu'il a passée à sa mère lorsqu'ils se sont rendus à la boulangerie après l'école, pour son goûter. Je suis épatée de ce qu'il arrive à faire faire à sa mère et je le félicite devant elle.

Puis je demande s'il obéit avec toujours autant de zèle à sa tablette.

— Il n'y touche plus du tout depuis dix jours, me dit sa mère. Il regarde seulement les Simpsons le soir à la télé.

Je suis sidérée par la force de ce petit garçon. Je lui dis que je n'aurais jamais cru qu'il puisse être aussi fort, que je n'ai jamais vu ça, un garçon de 8 ans qui arrive seul à briser les chaînes qui le relient si fortement aux écrans. Et je suis sincère... J'étais plutôt pessimiste à l'issue de la première consultation. La maman énumère alors ce qu'ils ont fait ensemble le week-end : visite de la tour Eiffel et de quelques autres monuments de Paris. Elle tient à me montrer qu'elle aussi a fait des efforts, qu'elle lui propose des activités pour remplacer les écrans. Après Simon, c'est elle que je félicite pour tout ce qu'elle fait pour Simon, pour tout ce temps qu'elle lui consacre. Mais Mme S. ne sait pas savourer les victoires. Elle se plaint de ce qui se passe pour Simon quand il est chez son père où il regarde la télé en continu, dans sa chambre, ou bien joue à *GTA*, un jeu vidéo ultra-violent, déconseillé aux moins de 18 ans.

Pourtant, Simon semble avoir réussi à lâcher sa tablette et paraît être dans une situation moins alarmante. Les crises avec menaces de suicide si sa mère ne lui donne pas immédiatement ce qu'il désire ont cessé. Il n'a plus jamais redemandé sa tablette depuis la première consultation, même s'il garde l'habitude de s'endormir avec un DVD le soir et refuse que sa mère lui lise un livre, comme je le lui avais suggéré.

### Pas de victoire

Quand je revois Simon, il est tout seul. Enfin, il va pouvoir me regarder et répondre à mes questions sans le filtre de sa maman ! Je lui propose des jeux de société : bataille, Dobble, Puissance 4, Bazar Bizarre, Umbogo. Une façon de tisser un lien avec un garçon de 8 ans.

On part des jeux de hasard pour aller vers des jeux plus stratégiques en passant par des jeux de discrimination visuelle. Simon se détend un peu. Il esquisse un sourire. Il est content de partager avec un adulte une activité normale d'un petit garçon de son âge. Cela fait longtemps, trop longtemps qu'il n'a pas vécu un tel moment. Non pas que sa mère ne le lui ait pas proposé, mais parce qu'il s'est mis subitement à refuser toutes les alternatives aux écrans. Dégagé des rapports de tension/passion avec sa mère, loin des contenus excitants, violents et le plus souvent inadaptés de YouTube ou des chaînes pour enfants, à l'écart d'une certaine indifférence paternelle, il se détend progressivement: il est urgent qu'il vive de nouveau des expériences normales de petit garçon, qu'il éprouve des émotions en lien avec son âge.

Je le revois une dernière fois pendant les vacances d'été. Il tient dans sa main une très petite mallette qu'il pose sans un mot sur la table. (Simon parle toujours très peu durant les séances. Il se contente en général de répondre par oui ou par non à mes questions.) Je lui dis combien j'aimerais savoir ce que contient sa mallette.

— Des trash packs, répond Simon.

Il sort alors de sa mallette une série de petits personnages colorés qui semblent tous avoir un lien avec les... détritus. Ils sont issus d'un jeu vidéo: ils balancent des détritus, des crottes de nez, de la morve, etc.

— Les trash packs habitent des poubelles, me dit Simon, ils sont sales.

— Ah! ils sont marrants ces petits personnages. Tiens, moi j'aime bien celui-ci. Et toi, pourquoi tu les aimes ces trash packs?

— Parce qu'ils sont rigolos, me dit Simon avant de me décrire la spécialité de chacun d'eux (poubelle, camion poubelle, etc.).

Il poursuit:

— Moi je mange mes crottes de nez. À l'école, on me dit que je suis dégoûtant.

Sa mère le rejoint en fin de séance. Je sonde un peu l'ambiance à la maison. Elle me dit que Simon fait moins de crises, qu'il joue moins avec sa tablette (il avait recommencé à la prendre), qu'il mange beaucoup moins de bonbons. La mère s'est mise à faire les courses sans lui, comme je le lui avais conseillé pour éviter à Simon d'être en situation de «réclamer».

Beaucoup d'éléments positifs donc, mais Mme S. demeure tendue. En séance, Simon et elle ne se regardent jamais pour échanger un sourire complice. Pourtant, Simon fait des tentatives de rapprochement: le soir, à présent, il demande à sa mère de rester un peu pour «qu'elle lui gratte le dos». Bravo Simon, qui tente de retenir sa maman, de raccorder quelque chose qui s'était cassé entre elle et lui depuis des mois.

Simon qui avait tourné le dos à sa mère et s'était fait l'esclave des écrans a réussi en très peu de séances à tourner le dos aux écrans, du moins à ne plus en être totalement le jouet, et essaie désormais de se rapprocher, à sa façon, de sa mère. Réussira-t-il à se raccorder de façon harmonieuse à elle, à rebrancher son regard à celui de sa mère pour avancer de façon plus assurée dans le monde? Je l'ignore puisque Mme S. et Simon ne sont pas revenus en consultation. J'aime à croire que c'est parce que l'urgence était moins grande et qu'ils ont trouvé la bonne manière d'être ensemble.

## OLIVIER : TOMBÉ DANS LES JEUX EN RÉSEAU

L'histoire qui suit n'est pas celle d'un patient que j'ai suivi au CMP. Je n'ai reçu Olivier que trois fois en tout, dans le cadre d'entretiens familiaux. Mais sa maman, dont j'avais suivi la fille Katie quand elle était plus jeune, est venue un jour au CMP pour me confier ses préoccupations au sujet d'Olivier. Après cette conversation, je l'ai reçue avec le papa, sans Olivier, pour leur expliquer l'effet addictogène des jeux en ligne et les aider à aider Olivier. Quelque temps plus tard, ils m'ont appris qu'ils avaient réussi à sortir Olivier de son addiction. Voici le récit qu'en livre sa maman.

> Olivier a 12 ans et demi actuellement. À 10 ans, il était un enfant joyeux, sans problème pour apprendre et aller à l'école. Il avait toujours des copains. Ses résultats étaient moyens mais pas mauvais. Il a par ailleurs toujours eu de bons résultats en mathématiques jusqu'à la fin de la sixième. Il y a deux ans, au moment de Noël, nos enfants ont demandé une console de jeux. Ils l'ont eue et ont commencé à jouer à *Minecraft*[19] et à des jeux de voitures. Olivier aimait beaucoup jouer, mais tant que c'était sur la console, le temps restait

assez limité car nous regardions la télé parfois. Il finissait par se lasser et faisait d'autres activités: ping-pong, trottinette, ballon...
Un membre de notre famille nous avait installé un système de jeux en réseau sur l'ordinateur. Les cousins d'Olivier, un peu plus âgés, jouaient déjà en réseau. Mon mari a installé cette fonctionnalité sur l'ordinateur de son bureau et sur l'ordinateur de mon bureau à la maison.
Olivier et sa sœur aînée, Katie (14 ans), ont commencé à jouer en réseau avec leurs cousins, puis avec d'autres personnes. Les jeux variaient: *Minecraft*, *Garry's Mood...* Ma fille jouait de façon plus ponctuelle et passait facilement à autre chose, mais Olivier passait de plus en plus de temps à jouer. Cela m'a inquiétée et j'ai demandé à Olivier de limiter. Je trouvais aussi affreux qu'il joue à la guerre. Je trouvais que c'était violent mais je n'arrivais pas à limiter son temps, ni à convaincre mon mari que ce jeu faisait du mal à Olivier. Je suis même allée dans une boutique me renseigner et j'en ai parlé à mon médecin.
Tout le monde m'a dit que les garçons de l'âge d'Olivier jouaient à ça! Mon mari a été enfin convaincu et nous avons demandé à Olivier d'arrêter à certains moments de jouer. Mais il nous a fait de très grosses crises de colère: cris, portes qui claquent, pleurs... Nous n'avons pas réussi à limiter son temps de jeu. Mon mari a installé un logiciel de contrôle, mais cela ne marchait pas bien. Olivier jouait donc souvent du matin au soir. Il est devenu plus distant avec nous, sortant de table plus rapidement, ne participant plus aux activités de la famille. Il se montrait parfois brutal dans ses paroles et ses résultats scolaires ont chuté en maths et en français. En l'aidant pour ses devoirs, je me suis aperçue qu'il avait une très faible capacité de concentration, ce qui n'était pas le cas quand il était plus jeune. Il ne veut plus voir ses copains et préfère souvent rester à la maison. En décembre, voyant qu'il n'arrivait plus à se concentrer, il a beaucoup pleuré un soir et a demandé à son père de tout arrêter, de fermer l'ordinateur. Ce que mon mari a fait.
Puis Olivier a demandé à pouvoir de nouveau l'ouvrir quelques jours plus tard sous le prétexte de regarder des vidéos sur YouTube. Mon mari a cédé. Olivier a recommencé à passer énormément de temps

sur l'ordinateur pour les jeux et les vidéos. Je demande depuis à mon mari presque tous les jours de m'aider à restreindre l'accès d'Olivier aux écrans, à bloquer l'ordinateur avec un logiciel. C'est fatigant et c'est devenu conflictuel avec mon mari, qui ne réalise pas vraiment qu'Olivier est en train de s'éloigner de nous.

Depuis peu, devant les mauvais résultats scolaires d'Olivier et peut-être grâce à mes nombreuses explications sur les dangers des écrans, mon mari a enfin acheté un nouveau logiciel de contrôle, mais il ne l'a pas encore installé. Je crois qu'il redoute la réaction d'Olivier, tout comme moi d'ailleurs. J'ai proposé à Olivier de lui acheter des livres, mais je me suis fait « jeter ».

En mai, nous avons adopté un petit chat, qui a réussi à faire décrocher Olivier de l'ordinateur. Enfin, par moments seulement. Olivier aime beaucoup jouer avec lui et le câliner. Il nous reste à voir comment va se passer l'été sans ordinateur en vacances.

J'espère que notre rendez-vous avec vous en juin convaincra définitivement mon mari qu'il faut sortir Olivier de cette addiction.

En espérant que vous passerez un bel été. N'hésitez pas à me solliciter de nouveau pour des témoignages. Je suis avec vous sur ce combat. En discutant avec de nombreux parents, je vois que nous sommes nombreux à être démunis devant ce phénomène. C'est peut-être moins difficile à gérer pour des parents qui savent restreindre leur enfant dès le départ et savent gérer les conflits que cela provoque.

Bonne soirée et bon été à vous.

Madame X.

7e PARTIE

# LA MÉTHODE DES « 4 PAS » POUR AGIR CONCRÈTEMENT

Parents et professionnels de l'enfance ont aujourd'hui une demande pressante, urgente: «Dites-nous comment faire avec ces écrans omniprésents, qui ont rendu notre boulot impossible ? Comment fait-on avec ces objets qui font obstacle à la relation que nous voulons nouer avec nos enfants, ces écrans qui volent toute leur attention, empêchent leur concentration ? Il nous faut des outils, un mode d'emploi, car nous n'arrivons plus à exercer notre rôle de parents, d'enseignant, d'éducateur, d'orthophoniste, de psychologue, de pédopsychiatre...»

Lors des consultations au CMP, les problèmes générés par les écrans sont devenus le motif de conflit numéro un dans les familles. Ils concernent toutes les familles: pauvres ou riches, urbaines ou citadines, issues de l'immigration ou pas.

Ils concernent aussi toutes les institutions qui sont chargées de l'enfance et de la jeunesse. Quand j'ai commencé à m'intéresser à ce sujet, j'étais sollicitée une fois tous les deux mois pour une formation, une conférence sur ce thème. Aujourd'hui, je reçois en moyenne cinq demandes par semaine, sans compter les interviews pour des journaux, des radios ou la télévision[1] ! En réalité, c'est tout un secteur, celui qui s'occupe de la jeunesse, depuis le tout-petit jusqu'à l'adolescent, qui s'est retrouvé désorienté, déboussolé par l'augmentation subite des écrans dans la vie des enfants.

La régulation de l'usage des écrans chez les enfants ne concerne pas uniquement quelques familles mal informées: c'est devenu un véritable enjeu de société et de santé publique. Faute d'une prise en charge réelle et efficace par les pouvoirs publics, les institutions se tournent vers ceux qui leur semblent le mieux connaître ce que vivent les parents au quotidien et qui proposent des règles applicables.

Un autre secteur, beaucoup moins déboussolé, a pu me solliciter au début: celui du numérique. Concepteurs de logiciels pour bébés, de tablettes numériques «adaptées», de version «familiale» de Skype, la demande n'est jamais directe: on loue mon approche prudente et raisonnable, «qui ne diabolise pas les écrans tout en cherchant à protéger les enfants». Mais je ne suis pas dupe. Ce qui intéresse ces interlocuteurs, c'est mon étiquette de psy qui peut «rassurer» l'acheteur sur les bienfaits du produit.

Personnellement, je juge impossible de prétendre soigner et comprendre l'humain, en particulier ce qu'il y a de plus fragile en lui, à savoir l'enfant, quand on roule en même temps pour de telles instances. Car s'il est un domaine où l'on doit choisir son camp, c'est bien celui-là. Soit on est soignant, pédiatre, psychiatre, psychologue, orthophoniste, et on est du côté de l'enfant, à son service, avec une règle éthique: ne jamais rien entreprendre qui puisse lui nuire. Soit on est du côté d'une industrie qui réalise le plus gros chiffre d'affaires en ce début de XXIe siècle. Mais arrêtons de faire croire que les deux activités sont compatibles.

Pour ma part, j'ai choisi d'être du côté de l'enfant, donc des parents et des professionnels de l'enfance qui demandent à être aidés, conseillés, face aux problèmes générés par un usage intensif et souvent très précoce des écrans.

C'est à cette demande que répond la méthode des «4 pas», que j'ai imaginée en m'appuyant sur les recommandations de l'American Academy of Pediatrics.

— I

# UNE SOURCE D'INSPIRATION : LES RECOMMANDATIONS DE L'AAP

J'AI ÉTÉ SENSIBLE très tôt au désarroi des parents, à la nécessité de répondre de manière simple et efficace à leur demande. Il fallait réaliser un outil qui réponde à leur difficulté: «Rendez-nous notre enfant!» Pour élaborer la méthode des «4 pas», je suis donc partie de l'observation des familles, mais aussi des recommandations qui existaient déjà, entre autres celles de l'American Academy of Pediatrics[2].

D'abord très nombreuses, les règles préconisées par l'AAP se sont ensuite réduites de moitié et largement «adoucies». Tout se passe comme si l'invasion des écrans dans les foyers était un fait dont il fallait prendre acte, à moins que les pédiatres n'aient été contraints de modifier leur discours sous la pression des lobbies.

## LA VERSION DE 2009

Nous traduisons ici quelques-unes des recommandations de l'AAP, parues dans la revue *Pediatrics* en 2009.

### Recommandations aux pédiatres

Selon l'AAP, les pédiatres devraient poser au moins deux questions à chaque visite de routine de leurs patients.

1. Quelle quantité quotidienne de médias de divertissement l'enfant regarde-t-il?
2. Y a-t-il une télévision ou une connexion à Internet dans la chambre de l'enfant?

Quand un usage massif de médias est identifié, les pédiatres devraient évaluer les comportements agressifs, les peurs, les troubles du sommeil et intervenir de façon appropriée.

### Recommandations aux familles

- Retirer télévisions, connexions à Internet et jeux vidéo des chambres des enfants.

- Faire des choix de médias éclairés et les regarder avec les enfants. Le fait de regarder ensemble devrait inclure le fait de discuter l'aspect inapproprié des solutions violentes adoptées spécifiquement dans les programmes télévisés, films ou jeux vidéo et aider l'enfant à imaginer des alternatives non violentes.
- Limiter le temps d'exposition aux écrans (incluant télévision, vidéo, ordinateur et jeu vidéo) de 1 à 2 heures par jour, éviter les jeux vidéo violents (définis comme les jeux qui comprennent des violences intentionnelles faites à autrui, en incluant les personnages d'allure de dessin animé ou non réaliste aussi bien que les jeux réalistes ou gore). Les parents ont aussi besoin qu'on leur rappelle qu'ils ont un rôle de modèle quant à leur propre usage des médias.
- Éviter les médias à écran pour les bébés et nourrissons de moins de 2 ans.

**2016 : une version « adoucie »**

Sept années plus tard, les recommandations demeurent globalement les mêmes[3], mais l'âge de la première exposition aux écrans a été abaissé et les recommandations incluent désormais un autre type d'écran, la tablette interactive. Pour les pédiatres américains, une grande prudence est de mise: «Bien qu'il y ait eu de grands espoirs sur le potentiel éducatif des médias interactifs pour les jeunes enfants, et cela en même temps que les craintes quant à leur utilisation excessive pendant cette période cruciale de développement rapide du cerveau, les études sur ce domaine restent limitées[4].»

**Recommandations aux pédiatres**

- Informer les parents sur le développement cérébral dans les premières années et sur l'importance du jeu social et non structuré interactif avec les mains pour le développement des compétences du langage, cognitives et socio-émotionnelles.

- Pour les petits en dessous de 18 mois, décourager tout emploi d'écran hormis le *chat* vidéo.
- Pour les parents d'enfants de 18 à 24 mois qui désirent introduire un média digital, conseiller des programmes et des applis de très bonne qualité. Qu'ils les utilisent avec leurs enfants parce que c'est ainsi que les petits apprennent le mieux. Éviter toute utilisation solitaire.
- Faire la recommandation d'aucun écran pendant les repas et une heure avant le coucher.

**Recommandations aux familles**

- Éviter tout écran (sauf *chat* vidéo) aux enfants avant 18 à 24 mois.
- Ne pas se sentir obligé d'introduire les technologies très tôt: les interfaces sont tellement intuitives que les enfants les décryptent très rapidement une fois qu'ils les ont utilisées à l'école ou à la maison.
- Pour les enfants de 2 à 5 ans, limiter le temps écran à 1 heure par jour de programme de haute qualité, à voir avec un parent à côté. Aider les enfants à comprendre ce qu'ils voient et à appliquer concrètement ce qu'ils apprennent au monde qui les entoure.
- Éviter les programmes au rythme très rapide (les jeunes enfants ont du mal à comprendre), les applis avec un contenu trop distractif et tout contenu violent.
- Surveiller le contenu des médias de vos enfants et quelles applis sont utilisées et téléchargées. Tester les applis avant usage.
- Bannir les écrans des chambres, durant les temps de repas et des moments ludiques parents-enfants. Les parents de leur côté neutraliseront leur portable pendant ces moments.
- Pas d'écran une heure avant l'heure du coucher. Retirer tout appareil des chambres avant l'heure du coucher.

**Conseils aux concepteurs**

- Arrêter de mettre sur le marché des applis pour les enfants de moins de 18 mois jusqu'à ce que des preuves tangibles de bénéfices soient démontrées.
- Faire des évaluations formelles et scientifiques des produits avant de prétendre à des vertus éducatives.
- Éliminer les publicités malsaines pour les applis. Les enfants ne peuvent faire la différence entre publicité et information factuelle.
- Développer des systèmes inclus dans les appareils qui permettent aux parents de surveiller et limiter le temps écran.

## DES RECOMMANDATIONS LACUNAIRES

Ces conseils sont à mille lieues de ceux rendus par l'avis de l'Académie des sciences. Cependant, bien qu'ils soient nombreux, ils nous semblent à l'usage souffrir de quelques lacunes. Quelles sont-elles?

- Nous pensons qu'il aurait été utile d'élargir à tous les professionnels de la petite enfance les conseils aux pédiatres. Car c'est l'ensemble des professionnels de l'enfance (santé, Éducation nationale) qui se trouve aujourd'hui concerné par les effets des écrans sur son public.
- Ces recommandations (onze) demeurent trop nombreuses pour le parent lambda! Quand on sait la difficulté, pour le parent d'aujourd'hui, à faire respecter trois règles dans la maison (je parle aussi pour moi!), on imagine facilement que onze recommandations sont impossibles à tenir.
- Certaines de ces recommandations sont impossibles à appliquer, car elles méconnaissent l'aspect addictogène de l'objet. Nous avons largement expliqué précédemment comment l'effet de captation et d'excitation induit par l'écran (en particulier l'écran interactif) rend le rôle des parents beaucoup plus difficile. Poser des limites au temps d'écran, proposer des activités de remplacement est très compliqué, car l'exposition répétée aux écrans modifie le circuit de la récompense et le système d'attachement.

- Autre vœu pieux, celui qui conseille aux parents d'aider leur enfant (de 2 à 5 ans) à comprendre ce qu'il voit. Cette proposition méconnaît le fait que, dans 90% des cas, le parent a recours à l'écran pour avoir enfin un instant de tranquillité ! Car l'enfant ne lui demandera jamais rien dans cette situation-là et c'est ce que cherche tout «bon» parent qui s'occupe régulièrement de son enfant: avoir quelques instants de paix où le petit ne réclame pas son attention ! Quitte à partager une activité avec son enfant, le parent en préférera généralement une autre, où la disponibilité attentionnelle de l'enfant est plus grande, où il peut transmettre et partager réellement avec son enfant, et non une «activité» qui, par sa nature même, soustrait l'attention de l'enfant à son interlocuteur.
- Ce vœu pieux en rejoint un autre qui concerne les applis et qui recommande de les tester avant usage, de jouer avec l'enfant pour lui demander ce qu'il en pense. Concrètement, je n'ai jamais rien vu de tel en 15 ans de consultation. Le plus souvent, les applis, de qualité médiocre, sont présentes sur la tablette et l'enfant s'en contente un certain temps, jusqu'à ce qu'il découvre celles du grand frère, du papa ou du tonton sur leur mobile, pas adaptées à son âge dans leurs contenus mais bien plus excitantes. Voilà comment se passent les choses dans la vraie vie !

## — II
## LA MÉTHODE DES « 4 PAS » EN PRATIQUE

Face au désarroi exprimé par les familles lors des consultations, il m'a semblé urgent de mettre au point des recommandations que les parents puissent adopter réellement, des règles qu'ils puissent faire appliquer. Des recommandations des pédiatres américains, j'ai retenu quelques éléments clés:

- informer les parents des effets des écrans sur le développement cérébral de l'enfant;
- poser des questions sur la place et le temps consacrés aux écrans; ne jamais oublier que les parents sont des modèles pour leurs enfants;
- ne jamais oublier que les écrans sont avant tout un problème pour les relations sociales et/ou familiales car ils soustraient l'enfant à son groupe familial en raison de son caractère extrêmement captivant.

D'où mon idée de retenir quatre règles principales qui seraient quatre moments de la vie de l'enfant et de la famille, où l'écran serait banni afin de permettre de faire autre chose et de rendre possibles les échanges familiaux. C'est ainsi que sont nés les « 4 pas », qui sont à la fois quatre interdictions et quatre possibilités d'acquérir des compétences pour l'enfant.

Ces « 4 pas » figurent désormais sur le site de plusieurs organismes d'État (ministère des Familles, de l'Enfance et des Droits des femmes, Centre de liaison de l'enseignement et des médias d'information ou Clemi), des établissements (EPS de Ville-Évrard qui a permis la mise en page, MGEN), des associations (Alerte, Edupax, CoSE, Enfanceteledanger, etc.).

Ils ont connu un succès considérable auprès des professionnels de l'enfance, en particulier les orthophonistes, en raison probablement de leur facilité d'application.

**MON ENFANT FACE AUX ÉCRANS : QUATRE « PAS » POUR MIEUX AVANCER**

L'écran fait partie de notre quotidien: travail, maison, loisirs... L'enfant y est confronté dès son plus jeune âge. Il y passe un temps de plus en plus long. Voici quelques conseils qui permettront à votre enfant de s'approprier l'écran sans en devenir captif. Quatre «pas» qui lui donneront le temps de mettre en place tout ce qui est nécessaire avant d'aborder les écrans.

- Pas d'écrans le matin.
- Pas d'écrans durant les repas.
- Pas d'écrans avant de s'endormir.
- Pas d'écrans dans la chambre de l'enfant.

**1. Pas d'écrans le matin**

Les écrans (télévision, jeux vidéo, smartphones, etc.) sont des capteurs d'attention. Or l'attention est essentielle pour les apprentissages scolaires. L'écran sur-stimule l'attention non volontaire. L'enfant est capté par les stimuli visuels et sonores ultrarapides, changeant à l'écran. Son attention s'épuise au bout de 15 minutes. L'enfant qui regarde un écran le matin fatigue son système attentionnel avant d'arriver en classe. Or un enfant dont l'attention est fatiguée est un enfant qui bouge, qui parle, qui fait tomber ses affaires... et qui ne parvient plus à se concentrer !

Ce mécanisme freine le développement de son attention volontaire, requise pour le travail scolaire. Ses résultats scolaires peuvent chuter.

**2. Pas d'écrans durant les repas**

La télévision allumée durant les repas familiaux empêche votre enfant de vous parler et vous lui parlez moins. Un enfant qui grandit avec une télévision allumée en permanence acquerra un vocabulaire plus pauvre, un langage moins riche. Chez les enfants de 15 mois à 4 ans, 2 heures de télévision par jour aboutissent à multiplier par trois la probabilité de voir apparaître des retards de développement de langage.

Le contenu anxiogène de certains programmes (en particulier le journal télévisé) a des répercussions sur le comportement et la gestion des émotions de l'enfant même s'il est trop jeune pour comprendre. Lui expliquer ne modifie pas ses émotions.

### 3. Pas d'écrans avant de s'endormir

Le sommeil se forme avec les dernières images perçues. Il sera de moins bonne qualité si l'on regarde l'écran avant de s'endormir, car l'image animée, même adaptée, n'est pas une activité calmante pour le cerveau de l'enfant. Elle est trop stimulante émotionnellement.

L'écran diffuse une lumière bleue (LED) qui inhibe la sécrétion de la mélatonine, hormone régulatrice du sommeil, empêchant l'enfant de s'endormir naturellement.

### 4. Pas d'écrans dans la chambre de l'enfant

La présence d'un écran dans la chambre de l'enfant diminue son temps de sommeil.

Avec la télévision, l'ordinateur, la tablette et le téléphone connecté dans la chambre de l'enfant, les parents n'ont pas la possibilité de contrôler ce que leur enfant regarde. S'ils lui interdisent verbalement de regarder les contenus inadaptés, ils lui confèrent une trop grande responsabilité.

Sans écrans dans sa chambre, l'enfant apprend à développer des compétences essentielles: activités sensori-motrices, jeux de faire semblant, jeux symboliques, graphisme, nécessaires pour le développement de sa pensée, son attention, sa socialisation.

### Respecter les limitations d'âge

L'enfant apprend... en imitant. S'il est exposé à des contenus inadaptés, c'est-à-dire violents ou pornographiques, ces images produiront sur lui un effet traumatisant et excitant. Il peut développer une appétence pour ce type de contenus et parfois tenter de les reproduire. L'image violente «manipule» le cerveau émotionnel de l'enfant. Le discours secondaire du parent ou sa présence aux côtés de l'enfant durant le visionnage du film ne diminuent pas la charge émotionnelle de l'image et son pouvoir sur l'enfant.

Mettre en place ces quatre temps sans écrans dès aujourd'hui, c'est prendre soin de votre enfant afin qu'il développe au mieux:

- son langage;
- sa pensée;
- son imagination;
- sa capacité à être seul;
- son autonomisation;
- la distinction entre le réel et le virtuel.

## COMMENT INTRODUIRE CES RECOMMANDATIONS AUPRÈS DES PARENTS ?

Bien entendu, ces quatre pas ne sont pas délivrés tels quels. La lecture des chapitres précédents le prouve: c'est au sein d'une relation qui se noue avec la famille que nous pouvons délivrer ces recommandations. Cependant, au fil des années, la manière dont je procède s'est organisée de façon à être la plus efficace possible... et le plus rapidement possible.

Lors de la première consultation, quel que soit le motif pour lequel la famille vient me rencontrer, je demande à l'enfant, secondé par ses parents, de me décrire de façon très concrète sa journée quotidienne du lever au coucher. Je pose des questions générales entrecoupées de questions qui concernent uniquement la place des écrans[5].

- «Le matin, tu te réveilles seul ou bien c'est maman ou papa qui te tire du lit?» (*Cette question me permet de repérer les enfants qui se conditionnent pour se lever plus tôt afin de regarder leur série préférée sur la télé.*)
- «Que fais-tu une fois que tu es levé?»
- «Est-ce que tu prends ton petit déjeuner devant la télé?» Si la réponse est oui: «Qui allume la télé le matin?» (*Plus souvent que l'on ne le croit, c'est le parent.*)
- «Qu'est-ce que tu prends pour ton petit déjeuner? Tu bois

dans une tasse ou un biberon?» (*Beaucoup d'enfants qui regardent la télé le matin l'associent avec le biberon jusqu'à un âge tardif.*)

- «Est-ce que tu t'habilles seul ou bien avec l'aide de papa ou maman? (*Le manque d'autonomie est fréquent chez les petits téléphages.*)
- «Est-ce que tu manges à la cantine?» Si la réponse est non: «Manges-tu devant la télé? Est-ce que quelqu'un éteint la télé quand le repas est terminé?»
- «Après l'école, vas-tu à l'étude ou au centre de loisirs?» (*Pour beaucoup d'enfants, le raccourcissement des journées d'école dû au changement des rythmes scolaires a eu pour effet une augmentation du temps passé devant les écrans.*)
- «Après tes devoirs, que fais-tu? À quoi joues-tu?»
- «Où fais-tu tes devoirs? Est-ce que la télévision est allumée?»
- «Combien y a-t-il de télévisions dans ta maison? Où sont-elles?»
- «Quels sont les autres écrans à la maison? Et toi, qu'est-ce que tu utilises? Qui t'a offert cette tablette, cette console, ce téléphone? À quel âge?» (*Ces questions permettent souvent de faire le lien entre l'émergence d'un symptôme et l'arrivée brusque d'un nouvel écran particulièrement addictif dans la vie de l'enfant: tablette tactile pour les petits, téléphone mobile pour les plus grands.*)
- «Quels sont les jeux auxquels tu joues? (*Cette question permet de savoir si l'enfant joue à des jeux aux contenus appropriés.*) Sur quels sites aimes-tu aller? Qu'est-ce que tu regardes sur YouTube?» (*Il ne faut pas hésiter à aller regarder avec l'enfant ce qu'il regarde, de préférence à la seconde consultation, quand on reçoit l'enfant seul*[6]*.*)
- «Le soir, est-ce que tu prends ton dîner avec tes parents?»
- «Est-ce que vous mangez devant la télévision?» (*Si l'enfant hésite à répondre, c'est parfois en raison d'un dispositif de table particulier: les parents sont face à l'écran et, dans un souci de «protéger» leur enfant celui-ci est dos à l'écran, mais face à ses parents qui ne le regardent pas: double punition!*)

- «Que regardez-vous?»
- «Est-ce que la télévision reste allumée après le repas? Qui la regarde?»
- «Que fais-tu juste avant de t'endormir? (*Cette question permet de voir si le parent accompagne l'endormissement de l'enfant par une histoire racontée, une chanson ou un petit temps de discussion, un bisou...*)

Ces questions doivent s'insérer dans le fil naturel de la conversation. Elles permettent d'avoir une connaissance précise de l'exposition de l'enfant (et de ses parents) aux écrans. Par ailleurs, le parent devant qui l'enfant décrit sa journée prend conscience du temps souvent vertigineux que l'enfant y consacre. Point n'est besoin alors de l'inciter à diminuer ce temps d'écran, cette prise de conscience suffit à l'en convaincre. Il faut ensuite, de façon simple, expliquer aux parents les problèmes engendrés par l'exposition aux écrans et les règles qu'ils peuvent appliquer pour résoudre une part importante de ces problèmes.

**Comment j'amène les « 4 pas »**

Les recommandations restent globalement les mêmes, mais la façon dont elles sont amenées diffère en fonction de ce que je perçois de la famille. Voici un scénario possible.

— Vous savez, si je vous pose autant de questions au sujet des écrans, c'est que je me suis rendu compte qu'ils sont présents partout dans nos vies aujourd'hui. Ce n'était pas comme ça quand nous étions enfants. Vous vous souvenez? Il y avait une seule télé, dans le salon, et des programmes pas toujours palpitants pour nous les enfants.

(Sourire de la maman ou du papa.)

— Oui, je me souviens, on regardait *La Petite Maison dans la prairie* avec ma sœur le mercredi, et *Drôles de dames* le vendredi soir. Et ça s'arrêtait là.

*(Moi.)* — Aujourd'hui il a plus d'écrans que de personnes dans une famille et de pièces dans un appartement. C'est très difficile de dire stop à son enfant.

*(La maman.)* — Oui, c'est exactement ça, c'est une lutte permanente. Je retire la console, ils vont sur le portable, j'enlève le portable, ils vont sur l'ordinateur. J'ai beau essayer de mettre des limites, ils essaient toujours de les contourner.

*(Moi.)* — Oui, c'est très difficile. Et ce n'est pas parce que nous éduquons mal nos enfants. C'est parce que les écrans ont un pouvoir de captation très important qui rend dingue notre boulot de parent. Ils sont très différents des objets habituels avec lesquels l'enfant peut se stimuler: un ballon, une poupée, un livre... Je vais vous expliquer pourquoi. Il y a un effet lié au contenant, indépendamment du contenu. Celui-là, assez peu de gens le connaissent. Et un effet lié au contenu. Les écrans agissent sur l'attention, quel que soit le contenu des programmes que nous regardons. Ils stimulent très fortement un type d'attention seulement: l'attention non volontaire ou réflexe. Quand il y a du son, du mouvement, de la lumière dans mon champ visuel ou auditif, je ne peux pas faire autrement que de tourner mon regard vers leur source: c'est un réflexe. Or c'est principalement ce type d'attention qui est stimulé par les écrans. Les écrans produisent ces stimulations de façon beaucoup plus forte, continue et rapide que dans le monde physique, réel. Mais plus les écrans stimulent ce type d'attention, moins votre enfant, qui est capté, sera capable de développer un autre type d'attention, la concentration. La concentration, c'est quand j'oriente mon attention vers quelque chose qui ne bouge pas ou très peu, comme ce Playmobil, un livre d'images, papa ou maman qui me parle. Pour développer cette attention, il faut pouvoir faire un break dans les stimulations continues et répétées que produisent les écrans. Donc, si vous voulez que votre enfant soit plus concentré, vous écoute davantage, je vous conseille de faire en sorte que les écrans soient éteints à certains moments clés de la journée. Il faut commencer par les arrêter le matin, car c'est là où l'attention est la plus forte. C'est d'ailleurs pour ça que les apprentissages à l'école sont essentiellement concentrés le matin. Et puis vous verrez, si vous interdisez les écrans le matin, Wilhem se réveillera sans doute un peu plus

tard, car il ne sera plus « téléguidé » par son programme préféré. Et s'il dort un peu plus longtemps, ça lui permettra d'être plus attentif aussi. Vous seriez d'accord pour tenter cela le matin? **(Premier pas)**

*(La maman.)* — Oui, ça me semble tout à fait possible. Moi, de toute façon, je ne regarde pas la télé le matin. C'est les enfants qui allument.

*(Moi.)* — OK alors. Essayez aussi de prendre votre petit déjeuner avec les enfants. Ils ont besoin de vous, de parler un peu avec vous avant de partir: c'est avec vous qu'ils doivent recharger leurs batteries. Avec vos paroles et vos regards ils se remplissent la tête et le cœur de bonnes choses qui vont les nourrir et les porter durant leur journée. Avec le bruit, les cris des personnages de cartoons qui ne s'adressent pas à eux, ils vident leur cerveau et deviennent fébriles.

(La maman sourit, parfois elle laisse couler des larmes silencieuses quand elle mesure l'étendue du désastre provoqué par la prise de pouvoir des écrans dans la famille.)

*(Moi.)* — Le deuxième moment de la journée où il faut éviter les écrans, ce sont les repas. **(Deuxième pas)** Vous savez, on a fait le compte du temps d'échanges parents-enfants dans une famille aujourd'hui, c'est 35 minutes par jour! 35 minutes, vous vous rendez compte? Est-ce que ça suffit pour faire correctement son boulot de parent? Non! Vous m'avez dit que vous mangiez devant la télé parce que votre mari regarde BFM. Racontez-lui ce que je viens de vous dire et vous pourrez lui passer le petit fascicule que voici *(Les 4 Pas)*, en attendant que l'on se voie un jour tous ensemble. Un autre effet important des écrans, c'est le contenu. Là-dessus, vous m'avez dit que vous faisiez attention. Mais même en faisant très attention, c'est vraiment difficile de contrôler, car les contenus inadaptés, violents ou porno sont très présents. Avec la télévision, ça reste encore assez contrôlé, mais là où vous n'avez plus aucun contrôle, c'est avec Internet. Et vous m'avez dit que vous laissiez jouer Wilhem sur sa tablette connectée une fois qu'il a terminé ses devoirs. *(Wilhem a 8 ans.)*

*(La maman.)* — Oui, mais il n'a pas le droit de télécharger de jeux violents. Je ne veux pas qu'il joue à ces trucs.

*(Moi.)* — D'accord, mais même si vous faites attention, vous savez comme moi que l'écran de nos ordinateurs et de nos smartphones est bourré de fenêtres pop-up qui surgissent à chaque instant.

*(Wilhem, qui ne perd pas une miette de la conversation.)* — Mais moi j'appuie sur la croix dès que je vois la pub.

*(Moi.)* — Je sais, Wilhem. Mais l'image va plus vite que ton doigt. Avant que tu aies eu le temps de cliquer sur la croix, l'image a eu le temps de rentrer dans ton cerveau, même si tu ne te souviens plus d'elle. C'est fait pour ça. L'image reste, mais tu ne te souviens plus d'elle. Alors, dans le supermarché tu vas te diriger comme un robot vers les barres chocolatées que ton cerveau a enregistrées plutôt que vers d'autres gâteaux. Bon, ça ce n'est pas trop grave. Le plus grave, c'est le mal que nous font les images très violentes ou choquantes quand elles rentrent dans notre cerveau. Parce qu'elles restent. Elles ne partent pas, elles s'accrochent. La preuve, c'est que la nuit, tu fais des cauchemars. Ou bien tu te mets à avoir très peur le jour dès que tu es seul dans une pièce. *(Je m'adresse maintenant à la maman.)* Globalement, on observe trois types d'effets dans les minutes, les jours, les mois qui suivent l'exposition à des contenus violents: davantage de comportements et de pensées violentes chez l'enfant, une modification de son humeur (il devient plus anxieux, plus nerveux, plus intolérant à la frustration) et une diminution de l'empathie. L'empathie, Wilhem, c'est quand je vois quelqu'un qui se fait taper violemment et je lui viens spontanément en aide.

*(Wilhem.)* — Ben moi, si mon copain se fait taper, je vais direct cogner les autres.

*(Moi.)* — Tu le fais parce que c'est ton copain. Mais l'empathie ça concerne aussi ce que tu ressens pour des gens qui ne sont pas tes copains ou ta famille. Les voir souffrir te donne envie de trouver un moyen de les aider, de leur porter secours. Le problème, c'est qu'à force de voir de la violence sur des écrans, de

s'entraîner à tirer sur des êtres humains dans des jeux vidéo, on finit par ne plus être capable de se mettre à la place de quelqu'un qui souffre, on finit par trouver ça normal et on ne réagit plus quand quelqu'un se fait agresser. Quand une personne se fait tabasser dans le métro, on sort le portable pour filmer la scène et l'envoyer à ses copains du collège au lieu de tirer sur la sonnette d'alarme.

*(La maman.)* — Oui, c'est vrai ce que vous dites, c'est atroce.

*(Moi.)* — Aussi, le mieux c'est de ne pas laisser Wilhem jouer seul sur sa tablette dans sa chambre. **(Troisième pas)** Quand il joue sur sa tablette, il doit toujours être dans le salon. Et puis je vais vous indiquer quel contrôle parental vous pouvez mettre. Et sur quel site vous pouvez vérifier si les jeux ou les séries qu'il regarde sont de son âge[7]. Dans la chambre, le mieux c'est zéro écran, jusqu'à l'entrée au collège. Wilhem va peu à peu apprendre à faire sans eux et vous n'aurez pas à vous inquiéter des mauvaises rencontres qu'il pourrait faire sur Internet. Enfin, le dernier moment où il faut éviter les écrans, c'est juste avant de se coucher. **(Quatrième pas)** Pour deux raisons. D'une part, parce que les dernières images perçues à l'écran avant de s'endormir sont le plus souvent excitantes ou inquiétantes et risquent de générer un sommeil de mauvaise qualité. D'autre part, parce que l'écran diffuse une lumière bleue, froide, semblable à la lumière du jour, qui inhibe la sécrétion de la mélatonine, une hormone régulatrice du sommeil. Cela empêche une entrée naturelle dans le sommeil. Si vous arrivez à respecter ces trois moments (le lever, les repas, le coucher) et à préserver un lieu (la chambre de l'enfant) de la présence des écrans, vous aiderez Wilhem à se sentir moins fatigué le matin, à être un peu plus concentré à l'école, moins nerveux et irascible à la maison comme à l'école. Vous arriverez à discuter plus facilement avec lui. Vous seriez d'accord pour essayer de suivre cette règle ou une partie?

*(La maman.)* — Oui, ça me paraît logique. Le matin, ce sera sans problème. Avant de se coucher aussi pendant la semaine. Il ne la regarde pas ou rarement. Bon, pour les repas, il va falloir

convaincre mon mari. Mais les jeux sur tablette, ça va être dur pour Wilhem de les lâcher. Pareil pour ses séries sur YouTube. Il y est tout le temps. C'est dur de trouver à l'occuper, il dit qu'il s'ennuie quand j'arrête les écrans.

*(Moi.)* — D'abord, vous n'êtes pas une animatrice de centre de loisirs, vous êtes sa mère. Vous n'êtes pas tenue de le distraire à chaque instant. Surtout qu'il ne pourra jamais apprendre à s'occuper par lui-même s'il n'a pas été confronté à l'ennui auparavant. Par contre, je vous demande de lui consacrer quelques moments chaque jour. Trente minutes suffisent: ça peut être un jeu de société, la lecture d'un livre ensemble le soir ou une sortie au square. Si vous voulez regarder un film ou une émission tous les deux ou en famille, c'est très bien. Ou bien faire un jeu vidéo qu'il vous fera découvrir. Ça peut être aussi un bon moment que l'on partage ensemble, le week-end par exemple.

*(Je m'adresse maintenant à Wilhem.)* Je sais que tu n'es pas très content de tout ça, qu'en sortant tu vas sûrement dire à ta maman: «Pourquoi on a été chez cette dame?» Tant pis. Moi ce que je veux, c'est que tu arrives à te concentrer davantage à l'école et que ce soit moins compliqué entre ta maman et toi à la maison. *(À sa maman.)* Bon, je vous propose de revoir Wilhem dans 15 jours et d'appliquer ces recommandations dès à présent.

Dans 99% des cas, les parents se sentent concernés par ce que je décris. Avec ce qu'ils m'ont raconté de leur quotidien, je transforme cette histoire en un vécu émotionnel. «Vous rentrez le soir, vous êtes fatiguée. Il est 18 h 30 quand vous arrivez à la maison. Une journée de travail dans les pattes... Et là vous trouvez Wilhem affalé sur sa console mais calme, Émilie sur Facebook. Vous savez parfaitement qu'ils y sont depuis deux, trois heures chacun, car la journée de collège se termine tôt. Mais que faire? Il vous reste encore à préparer le repas, à ranger un peu la maison, peut être ressortir pour faire quelques courses, alors vous n'avez pas la force de leur dire stop.»

«Oui, c'est ça, c'est exactement ça», murmurent chaque fois les mamans. Elles ont souvent l'impression d'avoir été comprises, alors que cela fait une heure que l'on s'est rencontrées. Elles ont pourtant déjà consulté, elles ont parlé avec l'institutrice de Wilhem qui a souligné son agitation en classe, avec l'infirmière ou le pédiatre. Mais, trop souvent, ces personnes pourtant bien intentionnées ont tenté d'analyser la qualité du lien parents-enfants avant de se demander tout simplement si ce lien était possible. Or, répétons-le encore et encore, les écrans nomades, omniprésents dans nos vies, sont actuellement ce qui ronge les liens familiaux. Et ces liens sont indispensables à l'enfant pour qu'il puisse se développer normalement, développer sa pensée, développer des relations normales et adaptées aux autres.

# — CONCLUSION

J'ai écrit ce livre pour les enfants d'aujourd'hui, disséminés sur tous les continents, dans tous les pays saturés de technologie numérique. Ce sont des enfants qui présentent des symptômes graves dus à une surexposition aux écrans et à l'exposition à des contenus maltraitants psychiquement. Des enfants dont le comportement est parfois très semblable à celui des enfants atteints d'autisme, si semblable que les médecins qui les ont reçus ont posé ce diagnostic, ont proposé un établissement « adapté », mais n'ont pas cru nécessaire de demander aux parents comment l'enfant était stimulé à la maison, ou n'ont pas pensé que cela avait une réelle importance. Il faut accepter de se mettre à la place de ce petit enfant et d'imaginer ce que cela fait d'être assis, sans pouvoir se déplacer ni s'éloigner, dans une pièce où la télévision est allumée en permanence, où une maman vous nourrit en regardant son portable mais sans vous regarder, où le premier objet que l'on vous a tendu était un portable et non un hochet ! Il faut imaginer ce que cela fait pour un bébé d'être bombardé continûment de sons forts, de flashs lumineux violents.

J'ai écrit ce livre pour les innombrables enfants d'aujourd'hui, les super-agités, les super-excités, qui ont tant de difficultés à se concentrer. Des enfants qui se font souvent frapper par des parents excédés, souvent rabrouer par leurs enseignants et pour lesquels mille méthodes ont déjà été envisagées. Des solutions qui ne leur sont guère utiles, parce que personne n'a jamais songé à se demander ce qui, dans le cerveau d'un enfant d'aujourd'hui, est susceptible de provoquer une telle agitation.

J'ai écrit ce livre pour les innombrables enfants qui, chaque soir, redoutent d'aller se coucher, font des cauchemars à répétition ou ont peur de se retrouver seuls dans une pièce, des enfants qui sont si angoissés qu'ils ne peuvent pas se laisser aller à jouer, rêver, imaginer et ne pourront probablement jamais le faire…

Non qu'ils aient grandi auprès de parents peu aimants, mais parce qu'ils ont subi à répétition des expositions audiovisuelles (télévision, bandes-annonces, films sur le Net) qui les ont traumatisés et contre lesquelles leurs parents ne les ont pas protégés. Comment combattre les monstres, les zombies, les morts-vivants, les loups-garous quand ils peuvent s'échapper de dix endroits à la fois? (Il y a en moyenne 10 écrans par foyer aujourd'hui.)

J'ai écrit ce livre pour les enfants et les adolescents qui, un jour, se sont mis à entendre des voix, à voir des personnes que nous ne voyons pas. Non pas que ces enfants soient atteints de schizophrénie débutante, mais parce que leur immersion brutale dans des jeux vidéo ultra-violents, dans des séries d'une rare cruauté, a suscité des angoisses telles, des traumatismes psychiques si profonds qu'ils ne peuvent plus faire la différence entre le réel et le virtuel.

J'ai écrit ce livre pour ces innombrables enfants et adolescents qui, depuis tout-petit, mordent, tapent, cognent, cherchent à faire mal et à détruire l'autre. Non pas qu'ils aient grandi auprès de parents qui les battent ou se battent. Non pas qu'ils aient grandi dans un pays en guerre. Mais simplement parce qu'ils ont intégré les scénarios de combats de leurs dessins animés préférés et, plus tard, de leurs jeux vidéo violents pour lesquels ils sont récompensés chaque fois qu'ils tuent, torturent ou violent.

J'ai écrit ce livre pour cette jeune fille de 15 ans, fleur vite éclose pleine de grâce et de fraîcheur et qui s'est refermée aussi vite qu'éclose dans l'étau de la dépression et de la phobie scolaire, parce qu'un garçon l'avait filmée à son insu dans les toilettes du collège et avait balancé la vidéo à la terre entière.

Sans doute, ce livre suscitera-t-il encore de longs et stériles débats entre «experts» pour savoir si oui ou non on doit parler d'autisme acquis par surexposition aux écrans, si oui ou non on peut avancer une cause environnementale telle que les écrans pour comprendre le TDAH, si oui ou non l'exposition répétée à des contenus audiovisuels violents rend violent. Ce sera autant de temps perdu pour les enfants et autant de temps gagné pour l'économie du numérique et ses vassaux.

Car ce que j'avance dans ce livre n'est pas l'hypothèse farfelue d'une thérapeute isolée. C'est le récit d'une expérience vécue et répétée des dizaines de fois auprès d'enfants de tous âges, de tous les milieux socioprofessionnels et toutes les origines. Mon expérience est partagée par un nombre croissant de professionnels de l'enfance: 5 000 personnes ont signé à ce jour la charte du collectif CoSE, dont 2804 pour la France.

Ma conclusion: «Les écrans trop tôt, en trop grande quantité et sans attention portée aux contenus sont neurotoxiques», repose sur cette observation simple et répétée: quand on supprime les écrans, les symptômes de l'enfant diminuent ou partent et ne reviennent pas.

C'est parce que j'ai constaté que les cauchemars partent quand on soustrait l'enfant aux images audiovisuelles violentes que je suis sûre de moi. Alors que parler avec l'enfant de ses cauchemars sans supprimer leur source ne provoque aucun changement.

C'est parce que j'ai vu des petits enfants sortir de leur bulle, regarder leurs parents dans les yeux, s'adresser à eux, pouvoir fixer leur attention, sourire et rire, après que les parents ont stoppé l'exposition intensive de leur enfant aux écrans que je suis sûre de moi. Je n'ai jamais observé de prise en charge qui ait obtenu de résultats aussi foudroyants.

C'est parce que j'ai vu des enfants diagnostiqués TDAH, qui faisaient pleurer leur mère et rendaient fous leurs profs, s'apaiser, se remettre à jouer seuls, être capables d'être attentifs et posés en classe quelques mois après la réduction drastique des écrans et la suppression de tout contenu audiovisuel excitant ou angoissant, que je suis sûre de moi.

C'est parce que j'ai vu les hallucinations auditives et/ou visuelles de jeunes de 10 à 13 ans disparaître après suppression d'un téléphone portable trop tôt acquis et contrôle strict de leur exposition aux écrans en général que je sais que l'entrée dans la psychose est parfois liée à une maltraitance par l'écran.

C'est parce que mes observations sont aujourd'hui partagées par des milliers de thérapeutes de tous les pays du monde que je sais que j'ai raison et que je garde espoir.

La question à présent est: COMBIEN DE TEMPS?

Combien de temps faudra-t-il aux gouvernements pour prendre des mesures qui protègent réellement les enfants au lieu de mesures qui laissent toute liberté à l'industrie du numérique d'engranger toujours plus de profit?

Combien de temps faudra-t-il encore aux gouvernements pour qu'ils fassent le choix de l'humain plutôt que celui de l'argent?

En tardant à prendre toutes ces mesures, nos gouvernements successifs se sont grandement éloignés de l'article 19 de la Convention internationale relative aux droits de l'enfant:

«Les États parties prennent toutes les mesures législatives, administratives, sociales et éducatives appropriées pour protéger l'enfant contre toute forme de violence, d'atteintes ou de brutalité physiques ou mentales, [...] de mauvais traitements ou d'exploitation.»

Puisse ce livre être le début d'une prise de conscience collective.

# — POSTFACE À L'ÉDITION DE 2020

Ce livre a été publié une première fois en octobre 2018, il est paru deux ans plus tard en format poche et aujourd'hui dans une version augmentée aux éditions L'échappée. Le propos reste-t-il d'actualité? Les thèses présentées dans ce livre ont-elles été battues en brèche depuis sa première parution? De nouvelles découvertes les ont-elles invalidées ou, au contraire, les ont-elles confirmées?

Le thème de ce livre –l'impact des écrans sur le développement des enfants– est plus que jamais un sujet d'actualité. Des études, des livres, des dossiers de presse, des émissions de radio et des reportages télévisés n'ont cessé d'être publiés ou produits depuis. Parmi les livres qui ont marqué le public, citons *La Fabrique du crétin digital*[1], de Michel Desmurget: dans la lignée de *TV Lobotomie*, du même auteur, cet ouvrage recense et analyse les dernières études sur le danger des écrans pour les enfants et montre comment ce sujet est manipulé par les médias. Citons aussi *Les Ravages des écrans. Les pathologies à l'ère du numérique* du psychiatre allemand Manfred Spitzer[2], qui s'intéresse aux cyberpathologies de l'adulte. Cet ouvrage complète le mien qui est centré sur les cyberpathologies de l'enfance et de l'adolescence. Enfin le livre d'Yves Marry et Florent Souillot, *La Guerre de l'attention. Comment ne pas la perdre*[3] aborde la question de la manipulation de notre attention sous un angle qui n'est pas traité dans ce livre: l'économie et le politique.

Ni synthèse exhaustive des études ni essai philosophique, mon livre adopte une démarche plus pragmatique: il part de ce que j'observe dans ma pratique –les thérapies d'enfant et d'adolescent, les thérapies familiales– afin de faire prendre conscience de ce qui se joue d'inédit pour toute une jeunesse. Le livre veut alarmer, mettre en garde avant qu'il ne soit trop tard. Avant que le numérique ait pris toute la place dans la vie de nos enfants, avant qu'il ait remplacé deux piliers essentiels du développement de l'enfant: la famille et l'école.

Pourquoi cet effacement de la famille et de l'école au profit d'une éducation par les écrans, d'un enseignement numérique sont-ils annonciateurs d'un désastre? Parce que cette substitution rend impossible le développement de deux compétences humaines essentielles: l'attachement des êtres humains les uns aux autres, mais aussi l'attention, socle de tout apprentissage.

Alors que famille et école se complètent naturellement pour créer des êtres capables d'empathie et en mesure de penser par eux-mêmes, l'éducation par le numérique transforme les enfants et les adolescents en «crétins digitaux»: elle les déshumanise et les rend incapables de toute distance critique. De quelle façon? Par quels processus? C'est précisément ce que tente de montrer mon livre à travers des exemples concrets, des histoires «vraies» d'enfants et d'adolescents qui sont passés par ces phases... et s'en sont sortis.

Quand une histoire singulière est bien racontée, elle produit un phénomène d'identification: on se reconnaît ou on reconnaît nos proches. Après la parution de mon livre, j'ai reçu énormément de courriers de parents, d'enseignants, d'orthophonistes, de médecins. Ils me témoignaient leur reconnaissance, mais surtout leur désir de faire connaître ce discours engagé et les solutions simples que le livre propose.

Une enseignante m'a écrit:

> J'ai réussi à mettre la main sur votre livre. [...] J'en ai été bouleversée et émue, car moi-même, en tant qu'enseignante, j'avais fait le même constat que vous et je vois des jeunes aller à la dérive depuis un moment en raison de l'omniprésence des écrans dans leur vie, mais rien n'est fait. Ce phénomène mondial met à mal l'école, où on nous demande sans cesse de nous adapter aux enfants. [...] Des enfants des milieux les plus défavorisés sont les plus touchés par ce fléau, car, au-delà de l'échec scolaire, ils n'ont aucun moyen d'être aidés. [...] Merci pour votre livre, vous avez réalisé un travail majeur,

> nécessaire. [...] J'ai maintenant des arguments solides grâce à votre travail et un protocole grâce aux 4 Pas.

Deux étudiantes en médecine m'ont aussi écrit ceci: «Nous sommes deux internes en médecine générale à Marseille à nous lancer dans une thèse sur les enfants et la surexposition aux écrans. [...] Nous avons découvert votre règle des 4 Pas via le site CoSE [...]. Nous aimerions proposer cette règle aux familles [...]. Seriez-vous d'accord pour qu'on utilise cette règle dans le cadre de notre projet de recherche et pour que l'on donne aux parents la plaquette des 4 Pas qui est sur votre site[4]? »

Une orthophoniste m'adresse une longue lettre manuscrite:

> Je tenais à vous remercier pour votre livre que j'ai dévoré ces deux derniers jours. Du fait de mon métier, je suis sensible à la surexposition aux écrans et je trouve que votre ouvrage traite ce sujet avec précision, clarté et espoir. [...] C'est rassurant et réconfortant de se dire que l'on n'est pas seule à constater les dégâts des écrans sur le quotidien d'un certain nombre d'enfants et qu'il est possible, par le dialogue, la sensibilisation, l'information auprès des parents, de faire évoluer des situations qui, de prime abord, peuvent sembler dramatiques.

Cette orthophoniste aborde ensuite un sujet plus délicat: l'autisme et l'implication des écrans dans l'émergence de ces troubles. Un sujet qui touche personnellement cette professionnelle: «Mon frère est autiste et les écrans ont toujours été un point de cristallisation dans sa vie.» Elle décrit de façon précise et subtile le développement de son frère dans un environnement saturé d'écrans. Sa lettre fait partie de celles qui m'ont le plus touchée et invite à réfléchir. Car elle revient sur le point le plus controversé de mon livre, celui du lien entre autisme et écrans.

La réédition d'un livre est l'occasion pour son auteur de se demander si ses hypothèses se sont avérées justes au fil du temps. Mon livre fait l'hypothèse d'un lien entre quatre symptômes majeurs de l'enfant et de l'adolescent d'aujourd'hui et un environnement saturé d'écrans – ce qu'on appelle les effets de la surexposition aux écrans[5].

1. Lien entre une augmentation très importante et inexpliquée des cas d'autisme et la précocité de l'accès aux écrans, jointe à une forte augmentation du temps passé devant ces écrans.
2. Lien entre une augmentation très forte en pédopsychiatrie, ces dernières années, des diagnostics de TDAH et un trop-plein d'écran
3. Lien entre augmentation des idées suicidaires, des automutilations chez l'adolescente et pratique précoce et intense des réseaux sociaux
4. Lien entre une augmentation des comportements impulsifs (agressivité, violence sexuelle) et une exposition inappropriée à des contenus inadaptés.

Concernant les hypothèses 2, 3 et 4, on peut dire que le livre a permis de faire tomber certaines croyances: il est désormais admis que les écrans sont un facteur favorisant l'augmentation des troubles de l'attention (beaucoup d'articles sont parus sur le sujet et mon livre en recense quelques-uns). De la même façon, le lien entre une exposition, via les écrans, à des contenus violents ou pornographiques et une perturbation des comportements de l'enfant ou de l'adolescent n'est plus démenti aujourd'hui comme il l'a longtemps été par des personnalités qui s'intitulent experts de l'enfance mais sont en fait des experts de la cause numérique. Il y a des mensonges qui finissent par s'user tant le réel les dément.

En revanche, l'hypothèse 1 a fait l'objet d'une campagne de dénigrement via les réseaux sociaux de la part d'une poignée de parents. Elle n'était pourtant pas totalement nouvelle, car elle s'appuyait sur des articles existants sur le sujet et que j'ai longuement commentés dans le livre. Par ailleurs, un témoignage de terrain, celui du docteur Ducanda, médecin de PMI, avait grandement contribué à diffuser cette idée.

Mais ce qu'il manquait à ce livre dans sa première version, ce sont des études de revues référencées. Ce n'est plus le cas aujourd'hui: trois articles ont été publiés depuis, dont un dans le *Jama Pediatrics*, le Graal des revues de pédiatrie. La traduction en français des principaux paragraphes de ces études est fournie en annexe. J'invite le lecteur à s'y reporter s'il veut compléter ses connaissances. Il pourra aussi, sur mon site Internet (http://www.sabineduflo.fr/), retrouver ces études au complet (rubrique «TSA & Écrans»).

Reprenons les trois conclusions auxquelles aboutissent ces études.

## LES CONCLUSIONS DE LA PREMIÈRE ÉTUDE

Conduite par une équipe israélienne, la première étude a paru en 2018 dans la revue *Medical Hypotheses*[6].

### L'hypothèse de départ

Notre hypothèse se concentre sur l'engagement des parents avec leurs téléphones portables et son influence possible sur le développement et la qualité de l'attention commune. Le fait que les nourrissons regardent un écran peut potentiellement s'additionner à l'effet délétère produit lorsque les parents regardent leur téléphone en présence de leur enfant.

Dans la présente étude, beaucoup plus de parents d'enfants avec des retards linguistiques et moteurs ont utilisé leur téléphone pendant les évaluations [...]. Une tendance similaire a été observée pour le sous-groupe des enfants atteints de TSA [...]. Les parents d'enfants avec troubles congénitaux [...] ont utilisé leur portable significativement moins.

### Les recommandations qui en découlent

Alors que davantage de recherches sont en cours, il serait raisonnable de conseiller aux parents de réduire au minimum l'utilisation des téléphones portables lors de l'interaction avec leurs jeunes enfants.

## LES CONCLUSIONS DE LA DEUXIÈME ÉTUDE

Le second article a lui aussi été publié dans la revue *Trends in Neuroscience and Education*, en octobre 2019. Écrit en anglais, il émane du pédopsychiatre Bruno Harlé. Son titre est très explicite: «L'exposition précoce et intensive aux écrans comme un facteur causal des troubles du spectre autistique: les arguments en faveur de "l'autisme virtuel"»[7]. Un point de vue courageux au regard des positions très conflictuelles que produit ce diagnostic depuis bientôt 80 ans[8], étayé par une enquête sur deux années auprès de plusieurs équipes de pédiatres et psychiatres sur quatre continents. Dans son article, le docteur Harlé fournit une synthèse de chacune des études qu'il a pu recenser auprès des praticiens (France, Japon, Roumanie, États-Unis, Thaïlande, Tunisie, Qatar). Il m'a appelée chaque fois pour me faire un retour des échanges qu'il a pu avoir avec les représentants de ces différentes équipes, son bilinguisme lui permettant de discuter avec aisance. Et il m'a transmis tous leurs échanges par mail. Quel bonheur et quelle joie de constater que nous ne sommes pas seuls, que nos observations cliniques, nos hypothèses sont partagées par les équipes de médecins, psychologues qui travaillent à des milliers de kilomètres de distance. Cela aide à supporter les tracasseries (entre autres des émissions programmées puis annulées au dernier moment) et les oppositions souvent très virulentes auxquelles nous devons faire face.

### L'hypothèse de départ

L'exposition précoce et intensive aux écrans a été associée à des effets délétères concernant différentes variables telles que l'attention, le langage, la régulation des émotions et la socialisation. Certaines de ces variables sont essentielles pour le diagnostic des troubles neurodéveloppementaux, comme le TDAH (trouble déficitaire de l'attention avec ou sans hyperactivité) et les troubles des apprentissages. Suivant les recommandations de Bradford-Hill, nous soutenons qu'il existe de plus en plus d'arguments cliniques et empiriques à l'appui d'une relation de cause à effet entre l'exposition précoce et intensive aux écrans (plus de quatre heures par jour) et des symptômes de troubles du spectre autistique chez certains jeunes enfants potentiellement vulnérables (moins de 6 ans)[9].

### Les recommandations qui en découlent

Nous préconisons un sevrage d'au moins trois mois sans écran pour les enfants plus jeunes surexposés présentant des symptômes de TSA, accompagné d'une interaction ludique quotidienne avec les parents pour différencier l'autisme classique de l'autisme virtuel. Nous croyons que certains enfants prédisposés manifestent une sensibilité particulière aux écrans qui peut se manifester sous la forme de symptômes autistiques, habituellement accompagné de retards de langage, une conséquence déjà bien connue d'un temps excessif d'écrans.

## LES CONCLUSIONS DE LA TROISIÈME ÉTUDE

Cette étude parue le 20 avril 2020 dans le *Jama Pediatrics*[10] a été réalisée sous la conduite de Karen Heffler, une psychologue qui a régulièrement échangé avec le CoSE, et plus particulièrement le docteur Harlé, depuis trois ans.

Voici le résultat auquel aboutit cette étude:

> Cette étude de cohorte portant sur 2152 enfants a révélé que l'exposition à la télévision et/ou aux vidéos, associé à une diminution des interactions ludiques parents-enfant à l'âge de 12 mois, était significativement associée à des symptômes de type TSA plus importants. [...] Moins d'exposition à l'écran et plus d'interaction parents-enfants à 12 mois ont été associés à moins de symptômes de type TSA à 2 ans.

*

Difficile d'être plus clair que les conclusions de ces trois études. Certes, les contradicteurs pourront toujours exiger davantage d'études pour légitimer ces hypothèses qui contredisent leur doctrine. Mais cette question, parce qu'elle est à présent traitée et étudiée par des équipes de chercheurs de plus en plus nombreuses, est devenue un sujet de science légitime. Et comme l'écrit le docteur Harlé à la fin de son article:

«Compte tenu de toutes ces preuves accumulées, de la gravité du diagnostic de TSA pour les enfants et les parents, et de son coût pour la société, ne pas tester davantage cette hypothèse serait non scientifique.»

Pour moi qui travaille au quotidien sur le terrain de l'enfance perturbée, je me réjouis de voir que mes observations, ainsi que celles des collègues du collectif CoSE, sont devenues un sujet d'étude pour la science. Mais il y a dans mon plaisir une certaine amertume. Celle de constater le temps de latence si long entre le constat des praticiens et la prise en compte de leurs observations par les chercheurs: combien d'enfants sacrifiés durant ce laps de temps? Ce constat suscite une autre interrogation: comment se fait-il que la médecine et la psychiatrie aient réussi à fabriquer, en une décennie, un objet d'étude totalement détaché de l'environnement qui le constitue[11]? En appréhendant l'enfant comme ce qu'il est réellement: un être en interaction permanente avec son environnement (social, familial, scolaire, etc.), on sauverait alors bien des enfances.

# — POSTFACE À L'ÉDITION DE 2024

PAR MAURICE BERGER

Ce livre de Sabine Duflo alerte sur le risque que les écrans provoquent la destruction de la capacité de penser et de créer de l'espèce humaine.

Pour les multiples raisons décrites dans cet ouvrage, les écrans et leurs contenus peuvent entraîner des comportements addictifs, violents, et sexuellement inadaptés; d'autant plus qu'ils sont proposés tôt à un enfant, ou qu'ils offrent à un adolescent des sensations fortes et de l'immédiateté. Or, penser, créer, est un effort qui consiste à assembler, à articuler plusieurs éléments ensemble: objets, réflexions, sentiments. Ce qui nécessite du temps et de la retenue: le contraire de l'excitation et d'un clic.

Réguler l'usage des écrans demande aux parents de faire un réel effort éducatif. Car il est toujours plus facile d'«occuper» un enfant en le mettant devant un téléviseur ou un jeu vidéo. Certains parents sont eux-mêmes souvent devant des écrans au lieu d'être face à leur enfant; des bébés dans leur poussette ne voient plus le visage de leur mère, mais seulement le dos de son smartphone. Il arrive aussi qu'un parent donne le biberon à son bébé âgé de 10 mois qui tord la tête sur le côté pour voir l'écran de sa tablette en même temps qu'il se nourrit. Or, une des premières qualités dont doit faire preuve un parent est la capacité à se décentrer de soi pour être pleinement présent dans sa relation avec son enfant. Nous touchons là au rôle de miroir de la mère, et de l'adulte en général, dans la construction du psychisme du petit. Celui-ci ne sait qu'il sourit que s'il peut lire un sourire sur le visage de l'adulte en réponse au sien. Il a besoin de partager ses émotions. Désormais, trop souvent, l'image remplace le reflet de soi.

Pour moi, pédopsychiatre depuis 40 ans, la question fondamentale est de savoir si les parents ont un enfant joueur en eux, qui leur donne envie de jouer avec leur enfant. Profondément, on peut se demander pourquoi un adulte a un enfant s'il n'a pas le désir de retrouver des plaisirs de son enfance en jouant avec lui, dès tout petit, à des jeux de «coucou-caché», à la tour de cubes qu'on monte et démolit, à la dînette, etc. Et les choses ne peuvent qu'aller en empirant puisqu'on a de la difficulté à imaginer comment les adolescents accros aux écrans pourraient avoir envie d'inventer de «vrais jeux» avec leurs enfants lorsqu'ils seront parents. J'utilise le terme de «vrais jeux» car les jeux vidéo n'en sont pas, au sens psychique du terme. Les divertissements connectés, ou qui incluent une pile, ne sont pas de vrais jeux. Il faut rappeler que si les protides, glucides et lipides sont l'aliment de la croissance physique, c'est le jeu qui est l'aliment de la croissance psychique. Il est une activité créative sans excitation excessive, sans intention pédagogique, qui implique une alternance «à toi, à moi», et qui, si possible, met en scène un processus psychique, comme le jeu absence-présence de «coucou-caché». Si le jeu est aussi précieux, c'est parce qu'il permet d'acquérir le «comme si», le faire semblant, donc la pensée abstraite, alors qu'avec les écrans, l'image remplace l'imaginaire. De plus, le jeu permet de transformer l'agressivité naturelle présente chez beaucoup d'enfants en jeu, démolir-reconstruire au lieu de détruire dans la réalité. Mon slogan: «Une France où chacun jouerait cinq minutes par jour à de vrais jeux, la télévision étant éteinte, serait une France moins violente» (Maurice Berger, *De l'incivilité au terrorisme. Comprendre la violence sans l'excuser*, Dunod, 2018).

*

Laisser les mineurs autant de temps devant des écrans soulève la question de la capacité des parents à dire «non», à interdire au nom d'une asymétrie fondamentale, à savoir que les adultes savent mieux qu'un enfant ce qui est bon ou pas pour lui. Mais dire «non» nécessite d'avoir une estime de soi suffisante pour supporter que son enfant déclare «Tu es méchant, je ne t'aime plus», pleure, se mette en colère ou même menace. De moins en moins de parents en sont capables, d'autant plus qu'ils ne sont pas soutenus par la société en général, ce qui les amène à se réfugier derrière la «mentalité de groupe» décrite par le psychanalyste Wilfred Bion (1897-1979): «Tous font comme ça maintenant.» Et c'est vrai qu'il faut beaucoup de ténacité pour se positionner face à cette résignation collective. L'absence de contenant et de limites est un problème majeur de notre fonctionnement sociétal actuel; ce qui se traduit par la faiblesse du contrôle exercé par les parents sur le contenu des jeux vidéo et des échanges de leur enfant sur les réseaux sociaux. Absence de limites aussi pour les mineurs, car la situation s'est aggravée depuis que les accès sont devenus illimités. Le résultat est une incapacité à supporter le vide et l'attente. Quand j'étais enfant, au moment des vacances, il arrivait que je m'ennuie. Et quand on s'ennuie, on n'a pas d'autre solution que d'inventer des jeux avec des petits soldats ou des voitures ou des poupées, de colorier, de découper, de coller, de construire, de lire, de rêvasser, ou de chercher des copains. Un enfant consommateur d'écrans a perdu ce sentiment précieux qu'est l'ennui car il peut tout de suite l'effacer par de l'excitation. Dans de nombreuses familles où la télévision fonctionne du matin au soir –et pour avoir réalisé des visites à domicile dans de tels contextes–, je peux affirmer qu'il est très difficile d'aider un enfant à penser avec ce bruit de fond et ces images toujours présentes.

*

Ce qui est aussi problématique, c'est l'excitation transmise par des vidéos commerciales à contenu très sexualisé, par les bandes-annonces violentes ou érotiques qui, au cinéma, précèdent tout film pour enfant, etc. Ce laisser-aller signe un renoncement de la part des adultes à protéger les enfants et les adolescents des actions d'autres adultes. La loi du 16 juillet 1949 sur les publications destinées à la jeunesse, qui vérifie qu'elles ne comportent aucun contenu dangereux pour la jeunesse, pourrait être transposée dans le domaine du numérique.

Les difficultés rencontrées pour limiter l'accès à la pornographie montrent l'importance des enjeux financiers (il faudrait d'ailleurs faire le même effort pour les contenus violents). Alors, qu'est-il possible de faire ? La Chine a réglé en partie le problème en interdisant aux mineurs l'accès aux écrans pour une durée supérieure à 3 h par jour, mais nous ne sommes pas une dictature... On tarde beaucoup à mettre en place certaines actions de prévention comme la diffusion de la méthode des «4 pas» de Sabine Duflo. Ce qui signifierait le désaccord des adultes à ce que les mineurs regardent certains contenus, et indiquerait par là même que l'adolescent est vulnérable et qu'il n'est pas encore un adulte.

Le numérique est une effraction constante du public dans le privé. Comment agir dessus ? Faut-il fixer un âge minimum obligatoire pour l'accès au téléphone portable (sauf pour les téléphones ne permettant d'appeler qu'un ou deux numéros parentaux en cas de problème) ? Pour les jeux vidéo ? Interdire l'accès aux réseaux sociaux avant un âge déterminé ? On est ici face à un problème de santé publique concernant le développement affectif, intellectuel et social des mineurs. La responsabilité des adultes est donc engagée. Les écrans et leurs contenus constituent potentiellement une drogue fournie gratuitement à domicile. Leurs effets sont fortement nocifs, même si on ne peut pas leur attribuer tous les problèmes de comportement. L'exemple du TDAH (trouble déficit de l'attention avec ou sans hyperactivité) est à ce titre exemplaire, même s'il peut être lié à différentes perturbations: résidence alternée précoce, négligence et maltraitance dans la petite enfance, ou à un trouble neurodéveloppemental que la Ritaline peut améliorer. Mais l'intérêt de cet ouvrage est de montrer que l'on néglige trop le rôle des écrans lors des consultations en pédopsychiatrie ou en psychologie.

Je fais partie d'une génération qui a vécu sans problème sans jeux vidéo et sans réseaux sociaux. Nos parents nous racontaient des histoires le soir pour nous aider à nous endormir. Que de bons moments ! Alors je suis effrayé par le nombre d'enfants et d'adultes qui, maintenant, ne s'endorment que par épuisement, devant un écran, sans rêverie, sans le plaisir régressif de se blottir sous une couverture. Perte de l'enfance, et constatation que rien ne remplace la présence d'un être humain.

Maurice Berger est pédopsychiatre.

# ANNEXES

## UN TEXTE FONDATEUR : LA PREMIÈRE TRIBUNE DU COLLECTIF CoSE PARU DANS *LE MONDE*

**Voici le texte de la tribune parue dans *Le Monde* du 31 mai 2017 (dans le cahier « Sciences et technologie »), dans laquelle des médecins et professionnels ont lancé une alerte sur les graves troubles du comportement et de l'attention qu'ils observent de plus en plus chez les petits.**

Nous, professionnels de la santé et de la petite enfance, souhaitons alerter l'opinion publique des graves effets d'une exposition massive et précoce des bébés et des jeunes enfants à tous types d'écrans: smartphone, tablette, ordinateur, console, télévision.

Nous recevons de très jeunes enfants stimulés principalement par les écrans, qui, à 3 ans, ne nous regardent pas quand on s'adresse à eux, ne communiquent pas, ne parlent pas, ne recherchent pas les autres, sont très agités ou très passifs. La gravité de ces troubles nous conduit à réinterroger les éléments déjà exposés dans des articles précédents. Captés ou sans cesse interrompus par les écrans, parents et bébé ne peuvent plus assez se regarder et construire leur relation. Les explorations du bébé avec les objets qui l'entourent, soutenues par les parents, sont bloquées ou perturbées, ce qui empêche le cerveau de l'enfant de se développer de façon normale.

Ces deux mécanismes –captation de l'attention involontaire et temps volé aux activités exploratoires– expliquent à eux seuls les retards de langage et de développement, présents chez des enfants en dehors de toute déficience neurologique.

### DÉSORGANISATIONS DU COMPORTEMENT

Mais comment comprendre les troubles plus graves que nous observons chez ces enfants présentant des symptômes très semblables aux troubles du spectre autistique (TSA) ?

Des absences totales de langage à 4 ans, des troubles attentionnels prégnants: l'enfant ne réagit pas quand on l'appelle, n'est pas capable d'orienter son regard vers l'adulte ni de maintenir son regard orienté vers l'objet qu'on lui tend hormis le portable. Des troubles relationnels: l'enfant ne sait pas entrer en contact avec les autres. Au lieu de cela, il les tape, lèche, renifle...À ces désorganisations du comportement s'adjoignent parfois des stéréotypies gestuelles et, enfin, une intolérance marquée à la frustration surtout lorsque l'on enlève «son» écran à l'enfant.

Lorsque nous interrogeons les parents, nous découvrons trop souvent la place centrale des écrans dans la famille. L'enfant est en contact permanent avec les écrans: de façon directe ou indirecte, quand un écran est allumé dans la pièce où l'enfant se trouve, ou lorsque le parent regarde son portable mais ne regarde plus son enfant. Que s'est-il passé qui conduit à un tableau si grave? Une expérience cruciale en psychologie, celle du «Still Face» menée par le docteur Edward Tronick en 1975 aux États-Unis, peut nous aider.

## MANQUE DE STIMULATION ET D'ÉCHANGES

Des bébés d'environ 1 an communiquent avec leur parent (échanges de sourire, pointage, babillage mélodieux, etc.). Puis on demande à ce dernier de se détourner de l'enfant et de revenir vers lui en lui présentant un visage sans expression émotionnelle pendant deux minutes. D'abord le bébé tente de relancer son parent avec des sourires orientés, des babillages modulés, un pointage pour partager une émotion. Sans réponse du parent, il cherche à s'éloigner, à fuir ce qui est source de stress. Enfin il se désorganise: il émet des sons stridents, se jette en arrière, perd le contrôle de ses gestes. Il éprouve un état de stress intense.

En prolongeant l'expérience, on verrait très probablement le bébé se replier sur des gestes d'autostimulation, adopter un regard errant et ne plus répondre aux sollicitations humaines, trop stressantes car irrégulières.

Nous faisons l'hypothèse que des enfants de moins de 4 ans, présentant des symptômes proches des TSA, vivent depuis leur naissance des expériences de «Still Face» répétées par manque de stimulation et d'échanges humains suffisamment continus. Un bébé pour lequel ne s'est pas constitué l'accordage primaire avec son parent, grâce auquel se synchronisent les regards, la voix et les gestes, ne peut se développer de façon normale. Il ne peut accéder à une conscience de soi et développer un langage humain de communication et d'échange avec l'adulte. Lorsque nous demandons aux parents de retirer les écrans, nous observons des redémarrages: davantage de regards adressés, un temps d'attention prolongé, des échanges de sourires, un besoin de jouer, davantage de curiosité, un développement du langage.

## RETARD GRAVE DE DÉVELOPPEMENT

La surexposition aux écrans est pour nous l'une des causes de retard grave de développement sur laquelle nous pouvons agir de façon efficace.

Ces symptômes ont un coût pour la société qu'il est urgent d'évaluer. Aujourd'hui, ces enfants sont adressés systématiquement pour un bilan hospitalier puis pour une prise en charge multidisciplinaire et entrent dans le champ du handicap.

La première intention de tout professionnel de l'enfance devrait être de poser la question de l'exposition aux écrans.

Ce problème doit être un enjeu de santé publique.

Notre expérience de terrain nous montre que ce fait concerne tous les enfants quel que soit le milieu social dont ils sont issus, leur origine culturelle. Le même phénomène est observé dans tous les autres pays avec des campagnes de prévention déjà en cours. En Allemagne, elles ont lieu dans les crèches pour inciter les parents à regarder leur bébé; à Taïwan, des amendes de 1400euros peuvent être imposées à un parent qui laisse son enfant de moins de 2 ans devant les écrans. Afin de prévenir ces graves retards du développement chez les bébés et les jeunes enfants, nous demandons que des campagnes nationales issues des observations et des recommandations des professionnels du terrain, sans conflit d'intérêts –c'est-à-dire qui ne soient pas liés à l'industrie du numérique et de l'audiovisuel ou aient pu être rémunérés de façon directe ou indirecte par cette industrie– soient menées en France et diffusées dans tous les lieux de la petite enfance.

Nous demandons aussi que des recherches indépendantes soient menées par des professionnels du terrain, en coopération avec des chercheurs libres de tout conflit d'intérêts, dans tous les lieux publics de consultation de la petite enfance.

## LA CHARTE DU CoSE

NOUS, PROFESSIONNELS DE L'ENFANCE, alertés par l'explosion de conduites très inquiétantes chez les enfants, avons décidé de nous constituer en un collectif appelé Alerte surexposition enfants écrans: AS2E.

Notre objectif principal: que la surexposition aux écrans des enfants soit reconnue comme un enjeu majeur de santé publique.

Notre collectif est constitué de praticiens de terrain: médecins de PMI, pédiatres, pédopsychiatres, neuropédiatres, psychologues en pédopsychiatrie, orthophonistes, enseignants. Tous sont sans aucun lien ni conflit d'intérêts avec l'économie du numérique.

Notre pratique quotidienne nourrit ces inquiétudes qui concernent d'une part les très jeunes enfants: surexposés souvent dès la naissance aux écrans, et en particulier aux écrans interactifs (smartphones, tablettes), ces jeunes enfants ne nous regardent pas quand on s'adresse à eux, ne communiquent pas, ne parlent pas, ne recherchent pas les autres, sont très agités ou très passifs. Certains peuvent présenter des symptômes proches de ceux que l'on rencontre chez des enfants souffrant d'autisme même lorsqu'il ne s'agit pas d'enfants autistes.

Mais nous sommes aussi alertés par les enfants en élémentaire: nous observons d'importantes difficultés dans les apprentissages, des difficultés globales de compréhension, des difficultés à mobiliser une attention soutenue, une maladresse à utiliser les objets du quotidien, un intérêt limité porté à leur environnement (objets et personnes) hormis les écrans, avec parfois une focalisation quasi obsessionnelle sur certains contenus sans variété ou une utilisation excessive de contenus audiovisuels, très souvent déconseillés aux moins de 16 ans mais aussi aux moins de 18 ans.

Chez les adolescents, notre constat est tout aussi alarmant avec un nombre de plus en plus important d'enfants souffrant de difficultés de concentration, entraînant des difficultés d'apprentissage sévères, un rapport addictif aux écrans pouvant conduire à leur déscolarisation.

À tous ces âges, certains symptômes émergent de façon troublante: troubles de l'attention, relations aux autres très inadaptées, intolérance à la frustration, manque d'autonomie, maladresse avec les objets simples du quotidien, troubles du sommeil, baisse des capacités physiques, troubles du comportement tels que: agressivité, comportements hypersexualisés, et toujours recherche permanente de contact avec les écrans entraînant des réactions de détresse intense quand on les supprime.

Pour une majorité de ces enfants, nous constatons une exposition importante aux écrans jointe à une amélioration nette de leur état dès que l'on supprime ou que l'on encadre très strictement le temps d'écrans. Nous n'observons pas de changement dans la vie de ces enfants ayant eu un effet aussi immédiat et efficace.

À côté de ces constats cliniques qui s'accumulent dans nos consultations, le nombre de publications scientifiques et de recommandations internationales sur le sujet croît chaque jour et toutes vont dans le même sens: la nécessité de limiter drastiquement le temps d'écran chez les enfants et d'être très vigilant sur le contenu.

En France, si ces troubles sont constatés dans toutes les régions et dans toutes les couches de la société, les recommandations comme les messages de prévention efficaces sont quasi inexistants. L'Académie des sciences a rendu en janvier 2013 un avis peu clair.

Elle juge négativement la télévision pour les moins de 3 ans mais préconise l'usage précoce (dès 6 mois) des écrans dits «interactifs», et elle juge plutôt favorablement l'ensemble des autres écrans (téléphone portable, ordinateurs, jeux vidéo). Aucune autre société scientifique ou gouvernementale ne s'est penchée sérieusement sur le sujet.

En signant cette charte, vous reconnaissez que la surexposition aux écrans des enfants est un enjeu majeur de santé publique.

**NOS OBJECTIFS PREMIERS**

- Obtenir des nouvelles campagnes de prévention, plus explicites et qui prennent en compte nos observations de terrain. Ces campagnes doivent s'adresser au grand public, aux familles et aux professionnels de l'enfance. Nous demandons à y être associés afin d'en garantir l'indépendance.
- Obtenir que la place et le temps consacrés aux écrans soient une question centrale dans toute consultation paramédicale, médicale, psychologique et dans les entretiens enseignant/familles. Nous voulons en généraliser l'enseignement à tous les professionnels de la petite enfance.
- Obtenir, à l'instar des pays anglophones, des études françaises de type épidémiologique, des recherches fondamentales et des recherches cliniques en association avec des praticiens, menées par des professionnels qui déclarent leur absence de conflit d'intérêts avec l'industrie du numérique.
- Obtenir une conférence de consensus indépendante de l'industrie des médias concernant les effets d'une surexposition aux écrans sur la santé des enfants et des adolescents, et sur leur santé mentale en particulier.
- Obtenir des données cliniques et chiffrées de la part des professionnels de la santé et de l'éducation.

## VIOLENCES À L'ÉCRAN : PROTOCOLE POUR COMPRENDRE ET PROTÉGER

**Ce protocole est celui que je propose aux parents que je reçois pour les aider à protéger leur enfant de la violence des écrans.**

Les enfants, les adolescents passent un temps croissant devant les écrans. Les collégiens déclarent y consacrer 7 h 48 par jour ! Leurs goûts, leurs désirs, leurs pensées sont formatés par les écrans.

**Attention: la violence est l'un des thèmes les plus fréquemment présentés à la télévision et sur le Net.**

### VIOLENCE À L'ÉCRAN : IMPACTS

Lorsque nous percevons une scène violente, qu'elle soit réelle ou fictive, les conséquences sont toujours les mêmes, chez l'enfant et l'adolescent comme chez l'adulte. La violence perçue à l'écran:

- augmente les pensées et les comportements violents;
- modifie notre humeur (sentiments anxieux/dépressifs);
- diminue l'empathie;
- nous conduit à rechercher plus de contenus violents à l'écran;
- modifie nos réactions physiologiques.

#### Augmentation des pensées et des comportements violents

Le fait de regarder des films et des vidéos violents ou de jouer à des jeux vidéo violents augmente chez le spectateur la fréquence des comportements agressifs, à court terme et à long terme.

Le spectateur va tendre à rejouer cette violence par imitation. L'imitation est facilitée quand le spectateur peut s'identifier au héros violent du film ou du jeu vidéo. L'enfant ou l'ado «rentre dans la peau du personnage».

Dans le jeu vidéo violent, on observe un renforcement positif de la violence. Le joueur gagne des points chaque fois qu'il commet une action violente: il «progresse» dans le jeu grâce à son action violente et asociale.

Voir la violence de façon répétée ou la «jouer» pousse le spectateur ou le joueur à la reproduire.

**Attention: voir/jouer la violence ne «défoule» pas. Cela ne permet pas de diminuer sa propre violence. Les études constatent un effet inverse.**

### Comportements anxieux/dépressifs

L'exposition répétée à des films ou des séries violentes ou à des jeux vidéo violents impacte fortement l'humeur du spectateur et du joueur.

L'image violente s'inscrit durablement dans le cerveau émotionnel de l'enfant et de l'adolescent. Le stress qu'elle induit fait que le cerveau ne peut la traiter comme les autres perceptions. Elle peut donc ressurgir de manière inattendue sous forme de cauchemars, de comportements anxieux, ou d'une humeur dépressive, ou même d'un passage à l'acte. Le sujet est subitement poussé à reproduire ce qu'il a vu sans comprendre pourquoi. L'image violente n'est pas «digérée» par le cerveau: elle s'incruste en lui comme une balle de plomb.

Attention: la présence du parent à côté de l'enfant ou de l'ado ne modifie pas la perception que l'enfant, l'ado a de la scène violente; parler après coup à l'enfant de ce qu'il a vu ne modifie pas la charge émotionnelle et traumatique de l'image violente et/ou pornographique.

### Habituation et recherche, diminution de l'empathie

À la longue, l'effet de stress diminue. L'enfant ou l'adolescent «s'habitue» aux images violentes: le cerveau, pour se protéger, ne peut supporter une situation de stress de façon continue.

Les capacités d'empathie de l'enfant ou de l'adolescent diminuent progressivement. Les scènes violentes ne produisent plus de stress mais une sensation de plaisir. Les images violentes le fascinent tout en diminuant sa capacité à ressentir ce que l'autre ressent et à se mettre à sa place.

L'enfant ou l'adolescent peut être amené à rechercher la violence parce qu'elle est présentée de façon positive et ludique dans les films et comme une récompense dans les jeux vidéo violents.

**Attention: l'exposition à des films violents ou à des jeux vidéo violents ne rend pas l'enfant/l'adolescent plus courageux, c'est-à-dire capable d'affronter le danger et de protéger les plus vulnérables en cas de violence réelle, vécue. L'exposition répétée à la violence audiovisuelle modifie l'association physiologique de base «violence = peur» en une nouvelle association «violence=plaisir».**

### Addiction aux jeux vidéo

En France, 1 élève sur 8 a un usage problématique du jeu vidéo, selon une enquête de l'Observatoire français des drogues et des toxicomanies. L'exposition répétée à des scènes ou des jeux vidéo violents amène le spectateur à les rechercher toujours plus. Cela stimule au niveau du cerveau le circuit de la récompense en activant un neurotransmetteur, la dopamine.

Le processus addictif concerne particulièrement les jeux en ligne, multijoueurs (MMORPG) car le jeu ne s'arrête pas quand le joueur s'absente. Par ailleurs, il existe des systèmes de relance assez agressifs au sein de ces jeux (menace d'exclusion du jeu...) qui poussent le joueur à une participation prolongée.

**Attention: ce processus addictif peut concerner tous les joueurs, pas uniquement les sujets les plus fragiles. Ce processus addictif ne concerne pas uniquement les jeux vidéo violents.**

## POUR PROTÉGER L'ENFANT, L'ADOLESCENT, UTILISEZ 4 BOUCLIERS

1. **Montrer l'exemple.** L'adulte qui prend soin de l'enfant au quotidien est son premier modèle. L'enfant, l'ado est attiré par ce que son parent regarde. Il ne faut absolument pas visionner des images violentes ou jouer à des jeux vidéo violents en sa présence.
2. **Dire non d'abord, expliquer ensuite.** Interdire l'accès à des images violentes c'est protéger son enfant. L'explication doit toujours être secondaire: elle permet à l'enfant de comprendre le sens de l'interdit mais elle n'est pas suffisante. Si un enfant s'apprête à traverser la route sans regarder, on le retient pour le protéger. Même attitude avec la violence audiovisuelle: on protège, on explique ensuite. Privilégier l'explication avec le jeune enfant, c'est prendre une mesure qui le protège mal.
3. **Faire respecter la signalétique.** «Déconseillé aux moins de 12 ans» signifie que le contenu n'est pas bon pour l'enfant à cet âge-là. Après cet âge, l'effet émotionnel de l'image sera probablement moindre.
   Une signalétique «–10», «–12», «–16», «–18» affichée durant toute la longueur de l'émission permet au parent d'éviter que l'enfant ou l'adolescent soit exposé à un contenu inadapté. Mais les films déconseillés aux mineurs sont en progression. La France est l'un des pays d'Europe où cette signalétique est la moins restrictive.
   Renseignez-vous sur les contrôles parentaux avant de mettre dans les mains de votre enfant un ordinateur ou une tablette connectée.
   Ne rendez pas votre enfant responsable des contenus auxquels il s'expose volontairement ou involontairement. Cela lui confère une responsabilité trop grande. Il n'est pas responsable de ce qu'il regarde. On n'apprend pas à un enfant à limiter sa consommation de sucres en disposant des bonbons partout.

4. **Mettre en place une gestion raisonnée du temps d'écran.** Appliquer, pour l'enfant entre 0 et 10 ans, les «4 pas»: pas d'écrans le matin, pas d'écrans durant les repas en famille, pas d'écrans dans la chambre de l'enfant, pas d'écrans avant de se coucher. Plus l'approche des écrans aura été progressive, plus l'enfant, puis l'ado en auront une utilisation maîtrisée, régulée et... créatrice!

# EXTRAIT DES RECOMMANDATIONS 2016 DE L'AAP[1]

## ENFANTS ET TOUT-PETITS

Les enfants de moins de 2 ans ont besoin d'une exploration concrète et d'une interaction sociale en compagnie des personnes de confiance, qui prennent soin d'eux, afin de développer leurs aptitudes cognitives, motrices et socio-émotionnelles. En raison de leur mémoire symbolique immature et de leurs compétences attentionnelles, les enfants et les tout-petits ne peuvent apprendre des médias numériques traditionnels autant que des interactions avec les adultes. En outre, ils éprouvent des difficultés à transférer ce savoir à leur expérience tridimensionnelle. Le facteur principal qui facilite l'apprentissage des petits avec un média commercial (à partir de 15 mois environ) est le fait qu'un parent regarde à leur côté et qu'il leur réapprend le contenu.

## PROBLÈMES DE SANTÉ ET DE DÉVELOPPEMENT

L'augmentation de la durée d'exposition aux médias à écrans, et la présence d'une télévision, d'un ordinateur ou d'un appareil mobile dans la chambre durant la petite enfance sont associés avec une perte de plusieurs minutes de sommeil par nuit. Même les petits exposés à un média à écran pendant la soirée montrent une diminution sensible du temps de sommeil par rapport à ceux qui ne sont pas exposés aux écrans. Les mécanismes qui sous-tendent cette association sont, entre autres, un contenu excitant, et la suppression de la mélatonine à cause de la lumière bleue émise par les écrans.

Des études basées sur la population persistent à montrer une permanence des associations entre une écoute excessive de la télévision pendant la première enfance et des retards cognitifs, de langage et socio-émotionnels.

## LA CONSOMMATION MÉDIA DES PARENTS

L'usage en fond sonore de la télévision par les parents empêche les interactions parent-enfant et le jeu de l'enfant. Un usage parental intensif d'appareils mobiles est associé avec une réduction des interactions verbales et non verbales entre parents et enfants et peut être corrélé avec une augmentation de conflits parent-enfant.

## LES IMPLICATIONS CLINIQUES

De multiples problèmes de santé et de développement restent présents pour les jeunes enfants qui utilisent de façon excessive toute forme de média numérique. Les preuves sont suffisantes pour recommander des limites de temps de média numérique pour les enfants de 2 à 5 ans n'excédant pas une heure par jour, afin de permettre aux enfants d'avoir assez de temps pour s'impliquer dans d'autres activités essentielles pour leur santé et leur développement, et pour établir des habitudes de consommation de médias associées, avec de moindres risques d'obésité plus tard dans leur vie. De plus, les enfants bénéficieront au mieux de ce qu'ils regardent si l'on encourage les parents à passer à un contenu éducatif et pro-social et à s'impliquer avec leurs enfants dans les nouvelles technologies.

## RECOMMANDATIONS POUR LES PÉDIATRES

- Initiez le dialogue très tôt. Posez des questions aux parents d'enfants sur l'utilisation des écrans dans la famille, sur l'usage qu'en ont les enfants et sur les différents lieux d'utilisation.
- Préparez avec chaque famille un plan familial d'usage des écrans avec des instructions personnalisées pour chaque parent et enfant.
- Informez les parents sur le développement cérébral dans les premières années, et sur l'importance du jeu social et non structuré interactif avec les mains pour le développement des compétences du langage, cognitives et socio-émotionnelles.

- Pour les enfants en dessous de 18 mois, découragez tout emploi de l'écran.
- Donnez des exemples de portails pour des produits de haute qualité.
- Faites la recommandation d'aucun écran pendant les repas et aucun écran une heure avant le coucher.

## CONSEILS POUR LES FAMILLES

- Pour les enfants de 2 à 5 ans, limitez l'utilisation de l'écran à une heure par jour d'émissions de haute qualité, regardez avec vos enfants, aidez-les à comprendre ce qu'ils voient et aidez-les à appliquer ce qu'ils apprennent au monde qui les entoure.
- Évitez les programmes rapides (les jeunes enfants ne les comprennent pas aussi bien), les applications avec beaucoup de contenus distrayants et tout contenu violent.
- Éteignez les téléviseurs et autres appareils lorsqu'ils ne sont pas utilisés.
- Évitez d'utiliser les médias comme seul moyen de calmer votre enfant.
- Surveillez le contenu multimédia des enfants et les applications utilisées ou téléchargées.
- Gardez les chambres à coucher, les repas et les jeux parents-enfants libres d'écran.
- Pas d'écran 1 heure avant le coucher et retirer les appareils des chambres à coucher avant le coucher.

## CONSEILS POUR LES PROFESSIONNELS DU NUMÉRIQUE

- Faites des évaluations formelles et scientifiques des produits avant de prétendre à des vertus éducatives.
- Éliminez les publicités et les messages malsains sur les applis. Les enfants de cet âge ne peuvent faire la différence entre publicité et information factuelle.

# REMERCIEMENTS

Je tiens à remercier Pierre Thiesset, journaliste à *La Décroissance*, rencontré lors d'un café repaire à Vierzon. Il m'a donné l'idée de m'adresser à Cédric Biagini pour la réédition de ce livre. Bravo à lui pour son juste combat.

Merci à Cédric Biagini, qui a permis la réédition de ce livre, merci pour sa relecture exigeante. Je suis fière d'être publiée dans cette maison d'édition, qui fait des choix cohérents et engagés de publications d'auteurs.

Je remercie le groupe des infatigables CoSEURS, ce collectif et cette association devenus aujourd'hui une référence chez les professionnels de la santé et un interlocuteur sollicité des médias. Un merci en particulier à Éric Osika, notre référence au sein du collectif pour les études. Il est aussi le créateur et l'administrateur principal du site surexositionecrans.fr, une mine d'informations justes au service des professionnels de l'enfance et des parents.

Merci au docteur Bruno Harlé, l'ami de longue date dont la curiosité et l'esprit toujours en éveil ont su nourrir ma réflexion.

Merci à mes patients sans qui ce livre n'existerait pas: ils sont mon combat et ma raison d'être.

Merci à Michel Brillié pour sa patience infinie et sans faille à mes côtés, dans un combat et une cause qui ne sont pas les siens, mais qu'il a toujours soutenus par affection profonde pour l'auteur.

Merci à mes parents: parmi toutes leurs omissions éducatives, celle-ci fut sans doute la plus bénéfique; ils ont fait entrer une télévision dans notre famille quand j'avais 11 ans.

# NOTES

## PRÉFACE

1. Toutes les citations sont extraites de *Pour comprendre les médias*, de Marshall McLuhan (traduction de Jean Paré, Le Seuil, 1968).
2. Les Petites Victoires (21, rue du Faubourg Saint-Antoine, 75011 Paris) est un institut médico-éducatif (IME) au service des autistes, créé par le docteur Catherine Milcent.
3. Collectif Surexposition aux écrans. Voir www.surexpositionecrans.fr, page consultée le 5 octobre 2023.
4. Auteur du livre *Les Ravages des écrans. Les pathologies à l'ère du numérique*, L'échappée, 2019.
5. FigaroVox, 16 février 2018 [www.lefigaro.fr/vox/culture/2018/02/16/31006-20180216ARTFIG00331-patrice-franceschi-l-idee-s-insinue-que-nous-sommes-tenus-de-tout-partager-de-notre-intimite.php].
6. Grasset, 2018.

## INTRODUCTION

1. L'ordre de présentation de ces troubles reprend celui qui est présenté dans le texte fondateur du collectif CoSE, fondé en 2017 avec douze autres membres (j'y reviens plus loin).
2. Michel Desmurget, *TV Lobotomie. La vérité scientifique sur les effets de la télévision*, Max Milo, 2011.
3. Jean-François Bach, Olivier Houdé, Pierre Léna et Serge Tisseron, *L'Enfant et les écrans. Un avis de l'Académie des sciences*, Le Pommier, 2013, p.81. Disponible en ligne [www.academie-sciences.fr/pdf/rapport/avis0113.pdf].
4. Auxiliaires de vie scolaire. Ce sont majoritairement des femmes, rémunérées une misère par l'Éducation nationale, recrutées sans examen (une candidature spontanée et un entretien suffisent), avec des conditions précaires (elles sont souvent amenées à changer d'établissement en cours d'année et sont recrutées en CDD d'un an, renouvelable au maximum cinq fois) pour assister en classe un élève repéré en difficulté et inscrit à la MDPH (maison départementale des personnes handicapées).

5. Jacques Brodeur est décédé au Québec le 12 décembre 2019, emporté par le covid. Je partage son choix de vie, souvent répété: «Je préfère les enfants aux écrans.»
6. En 2015, je rejoins l'association Alerte écrans (Association pour l'éducation à la réduction du temps écran). En 2017, je crée, avec dix autres professionnels de l'enfance, le collectif CoSE (surexpositionecrans.fr), sur lequel je reviens plus loin.
7. Les recommandations de l'AAP en 2009 ciblent l'exposition des enfants à la violence dans les médias. Celles qui suivront se concentrent surtout sur l'âge de l'exposition des enfants aux écrans et sur leur accompagnement dans cette pratique. La question des contenus violents n'a plus été réabordée. Vous trouverez dans les annexes des extraits significatifs des recommandations de 2009, dont la traduction française est également publiée *in extenso* sur www.surexpositionecrans.fr/.
8. L'établissement dont je dépendais.
9. Elles ont créé une association «Joue, pense, parle», avec un programme qui remet le jeu et le lien au centre afin que la parole puisse émerger.
10. 489 000 vus le 23 décembre 2023.
11. Anne-Lise Ducanda, médecin de PMI; Sylvie Dieu Osika, pédiatre à l'hôpital; Éric Osika, pédiatre; Elsa Job-Pigeard, Carole Vanhoutte et Lydie Morel, orthophonistes; Christian Zix, neuropédiatre; Lise Barthélémy, pédopsychiatre; moi-même enfin. Nous rejoindront très vite: Bruno Harlé, pédopsychiatre, chef de clinique au Vinatier (Bron), infatigable combattant des absurdités de l'idéologie psychiatrique (c'est lui qui nous fera découvrir une psychiatrie pionnière qui s'incarne dans les figures de Peter Roger Breggin, Fred Baughman et Sami Timimi); Loys Bonod, professeur de lettres et créateur du formidable site laviemoderne.net, qui pose un regard critique, ironique et très bien documenté sur l'idéologie et l'usage du numérique dans l'Éducation nationale; Jérôme Gaillard, enseignant chargé du numérique dans les établissements privés au Pays basque, qui va créer le site surexpositionecrans.fr, l'organe de communication de CoSE, avant que sa gestion ne soit reprise par Éric Osika; la pédopsychiatre Marie-Claude Bossière, responsable de CMP et membre de l'API.
12 Le texte complet de cette tribune, («La surexposition des jeunes enfants aux écrans est un enjeu majeur de santé publique»), publiée dans *Le Monde* du 31 mai 2017, est reproduit en annexe.

13 Le créateur de vidéos et graphiste Benjamin Tardiff, bénévole qui a rejoint CoSE, finalisera le logo.
14. Trois longues heures de tournage, trois minutes de restitution!
15. Il critique habilement tous les effets graves imputables aux écrans que dénonce le collectif: la notion d'addiction et les troubles d'allure autistique.
16. Dans le domaine de la communication, le terme *gatekeeper* désigne les intermédiaires chargés de gérer l'accès de certaines informations ou certains événements à la sphère publique, par le choix de la médiatisation.
17. Le résultat de deux années de travail et de collecte de données paraîtra sous la forme d'un article référencé: «Intensive Early Screen Exposure as a Casual Factor for Symptoms of Autisitic Spectrum Disorder: the Case for "Virtual Autism"», *Trends in Neuroscience and Education*, décembre 2019, 17:100119 (voir aussi la postface).
18. L'affaire est relayée par les médias et, en février 2018, des plaintes seront déposées contre le docteur Ducanda devant le Conseil de l'ordre des médecins par quatre parents d'enfants autistes. Ces plaintes ont toutes été rejetées le 7 mars 2020.
19. Longtemps, les parents, en particulier les mères, ont été indirectement accusés de l'autisme de l'enfant. La piste génétique a évacué ces anciennes théories. Mais elle n'explique pourtant pas tous les TSA, comme je l'expliquerai plus loin.
20. Les trois orthophonistes: Carole VanHoutte, Elsa Job-Pigeard et Lydie Morel se sont retirées de CoSE, mais continuent d'être très actives sur le terrain.
21. En avril 2018, Anne-Lisa Ducanda a ainsi présenté huit cas au 12e Congrès de médecine générale France.
22. Marilyn Wedge, *A Disease Called Chilhood: Why ADHD became an American Epidemic*, Penguin Random House, mars 2015.
23. Manfred Spitzer, *Digitale Demenz*, Droemer-Knaur, 2012; *Les Ravages des écrans*, L'échappée, 2019.

## 1re PARTIE

1. J'ai exercé dans ce CMP jusqu'en août 2020. J'ai ensuite travaillé durant deux ans et demi dans une unité psychiatrique d'hospitalisation à temps plein pour adolescents puis ai rejoint de nouveau un CMP en janvier 2023.

2. Cette partie a été réécrite pour la nouvelle version 2024 de ce livre afin d'actualiser les données chiffrées.
3. www.unaf.fr/app/uploads/sites/3/2022/02/etude-openunafipsos-lv.pdf
4. www.commonsensemedia.org/sites/default/files/research/report/8-18-census-integrated-report-final-web_0.pdf
5. « Kids & Screens », étude citée.
6. «Exposure and Use of Mobile Media Devices by Young Children», American Association of Pediatrics, septembre 2015.
7. *Ibid.*
8. www.culture.gouv.fr/Thematiques/Etudes-et-statistiques/Publications/Collections-de-synthese/Culture-etudes-2007-2023/Enfants-et-ecrans-durant-les-six-premieres-annees-de-la-vie-a-travers-le-suivi-de-la-cohorte-Elfe-CE-2022-7
9. Voir Michel Desmurget, *TV Lobotomie, op. cit.*
10. statista.com/statistiques/137627/chiffre-affaire-marche-jeux-video-france/
11. «L'industrie du jeu vidéo prend la défense de Fleur Pellerin», *Le Monde*, 13 février 2016.
12. «L'élargissement du crédit d'impôt aux jeux vidéo +18 officiellement adopté», *Le Monde*, 25 juin 2016.
13. L'expression vient d'Éric Sadin, *La Silicolonisation du monde*, L'échappée, 2016.
14. «"Mon Dieu, qu'est-ce qu'on a fait ?": les ex de Facebook et Google ont des états d'âme», *Usbek&Rica* [usbeketrica.com/fr/article/temoignages-ingenieurs-facebook-google-economie-attention-addiction-reseaux].
15. Jean-François Bach, Olivier Houdé, Pierre Léna et Serge Tisseron, *L'Enfant et les écrans. Un avis de l'Académie des sciences, op. cit.*
16. Voir à ce sujet Michel Desmurget, *TV Lobotomie. La vérité scientifique sur les effets de la télévision, op. cit.*
17. C.A. Anderson, A. Shibuya, N. Ihori *et al.*, «Violent Video Game Effects on Aggression, Empathy, and Prosocial Behavior in Eastern and Western Countries: a Meta-analytic Review», *Psychol. Bull.*, 2010, 136:151-173; B.J. Bushman, H.R. Rothstein et C.A. Anderson: «Much ado about Something: Violent Video Game Effects and a School of Red Herring: Reply to Ferguson and Kilburn», *Psychol. Bull.*, 2010, 136:182-187.
18. Selon une étude réalisée en juin 2017 par Dscout, spécialiste de la création d'applications, qui a enregistré pendant cinq jours toutes

les interactions de 94 utilisateurs avec leur smartphone. Chez les plus accros au portable, le chiffre est même grimpé à 5 247 interactions par jour en moyenne.

19. Jesús Bermejo Berros, *Génération télévision. La relation controversée de l'enfant avec la télévision*, De Boeck, 2007.
20. Rachel Barr et Harlene Hayne, «Developmental Changes in Imitation from Television During Infancy», *Child Development*, 1999, 70:1067-1081.
21. Jean-François Bach, Olivier Houdé, Pierre Léna et Serge Tisseron, *L'Enfant et les écrans. Un avis de l'Académie des sciences*, *op. cit*, p. 54-66 et p. 81-106.
22. *Grandir avec les écrans. La règle des 3-6-9-12*, Yabaka.be, p. 19. Le texte complet est disponible en pdf [www.yapaka.be/sites/yapaka.be/files/publication/ta-64-ecrans-tisseron-web.pdf].
23. Julie Delalande, *La Récré expliquée aux parents*, Louis Audibert Éditions, Paris, 2003.
24. Serge Tisseron, *Grandir avec les écrans. La règle des 3-6-9-12*, *op. cit.*, p. 21.
25. Collectif, *Troubles des conduites chez l'enfant et l'adolescent*, Inserm, 2005 [www.ipubli.inserm.fr/handle/10608/60].
26. Serge Tisseron, *Grandir avec les écrans. La règle des 3-6-9-12*, *op. cit.*, p. 26.
27. *Ibid.*
28. P. Amey et S. Salerno, «Les adolescents sur Internet: expériences relationnelles et espace d'initiation», *Revue française des sciences de l'information et de la communication* [doi.org/10.4000/rfsic.1283].
29. «Entre 9 et 12 ans, c'est l'âge du téléphone mobile et de la découverte des jeux vidéo en réseau. La pratique des écrans interactifs peut continuer à développer certaines capacités» (Serge Tisseron, *Grandir avec les écrans. La règle des 3-6-9-12*, *op. cit.*, p. 24).
30. ESF, 2017.

## 2e PARTIE

1. Par opposition, le flot verbal continu qui jaillit de l'écran est insensé pour le petit enfant car, en s'adressant à tous, il ne s'adresse à personne. C'est un flux verbal qui traverse le tout-petit, mais avec lequel il ne peut rien construire.
2. Le film sous-titré en français est visionnable sur le site sabineduflo.fr, ou sur YouTube.

3. L'hôpital de jour de l'intersecteur où je travaille est destiné aux enfants présentant des troubles du spectre autistique associés à des déficits cognitifs massifs.
4. Un article du docteur Harlé confirme la dimension internationale de ce constat: «Intensive Early Screen Exposure as a Causal Factor for Symptoms of Autistic Spectrum Disorder: The Case for "Virtual Autism"», *Trends in Neuroscience and Education*, décembre 2019, vol. 17, 100119.
5. Il existe deux types de classification et description symptomatique des troubles psychiatriques: le DSM, une classification américaine révisée tous les dix ans environ, et la CIM 10, la classification internationale utilisée en France. Les deux sont très semblables.
6. Leo Kanner, «Autistic Disturbance of Affective Contact», *Nervous Child*, 1943, 2:217-250.
7. Victor Lotter, «Epidemiology of Autistic Conditions in Young Children», *Social Psychiatry*, décembre 1966, 1:124-135 (1966).
8. C.J. Newschaffer, M.D. Falb et J.D. Gurney, «National Autism Prevalence Trends from United States Special Education Data», *Pediatrics*, 2005, 115: e227-e282.
9. Centers for Disease Control and Prevention (Centres pour le contrôle et la prévention des maladies). Ces agences gouvernementales dépendent du département de la Santé.
10. Peter Bearman et Marissa King, «Socioeconomic Status and the Increased Prevalence of Autism in California», *American Sociological Review*, avril 2011, 76:2, 320-346; Karen Weintraub, «The Prevalence Puzzle: Autism Counts», *Nature*, 3 novembre 2011, 479:22-24.
11. Karen Weintraub, «The Prevalence Puzzle: Autism Counts», art. cit.
12. J'ai travaillé pendant huit ans dans un hôpital de jour qui recevait principalement des enfants avec un diagnostic de TSA. J'ai mis très longtemps à faire le lien entre leurs symptômes et une surexposition aux écrans, car je n'avais alors que rarement accès aux familles de ces enfants.
13. Karen Krankel Heffler et Leonard M. Oestreicher, «Causation Model of Autism: Audiovisuel Brain Specialization in Infancy Competes with Social Brain Networks», *Medical Hypotheses*, juin 2016, 91:114-122.
14. M.C. Frank, E. Vul et S.P. Johnson, «Developpment of Infants' Attention to Faces during the First Year», *Cognition*, février 2009, 110(2):160-70.

15. P.K. Kuhl, S. Coffey-Corina, D. Padden et G. Dawson, « Link Between Social and Linguistic Processing of Speech in Preschool Children with Autism: Behavioral and Electrophysiological Measures», *Developmental Science*, 2005, 8(1):9-20; P.K. Kuhl, F.M. Tsao et H.M. Liu HM, «Foreign-Language Experience in Infancy: Effects of Short-term Exposure and Social Interaction on Phonetic Learning», *PNAS*, 2003, 100(15):9096-101.
16. G. Dawson, S.J. Webb et J. McPartland, « Understanding the Nature of Face Processing Impairment in Autism: Insights from Behavioral and Electrophysiological Studies», *Developmental Neuropsychology*, 2005; 27:403–424.
17. W. Chonchaiya et C. Pruksananonda, «Television Viewing Associates with Delayed Language Development», *Acta Paediatrica*, 2008, 7:977-982.
18. D.A. Christakis, J. Gilkerson, J.A. Richards, F.J. Zimmerman, M.M. Garrison, D. Xu *et al.*, «Audible Television and Decreased Adult Words, Infant Vocalizations, and Conversational Turns. A Population-based Study», *Archives of Pediatrics and Adolescent Medicine*, 2009, 163:554-558.
19. Karen Krankel Heffler et Leonard M. Oestreicher, « Causation Model of Autism: Audiovisuel Brain Specialization in Infancy Competes with Social Brain Networks», art. cit.
20. X. Wu, S. Tao, E. Rutayisire, Y. Chen, K. Huang et F. Tao, «The Relationship Between Screen Time, Nighttime Sleep Duration, and Behavioural Problems in Preschool Children in China», *European Child and Adolescent Psychiatry*, mai 2017, 26(5):541-548.
21. SDQ et Clancy Behaviour Scale (CABS).
22. Marius Teodor Zamfir, «The Consumption of Virtual Environment more than 4 Hours/days in the Children between 0-3 Years Old Can Cause a Syndrome Similar with the Autism Spectrum Disorder», *Journal of Romanian Literary Studies*, mars 2018.
23. V. Dunckley, « Autism and Screen Time: Special Brains, Special Risks. Children with autism are vulnerable to the negative effects of screen time», *Psychology Today*, 31 décembre 2016.
24. C'est ce qu'écrit Michael Stora dans son livre *Hyperconnexion*: « Il existe un autre domaine où l'informatique en général – et le virtuel en particulier – offre une dimension thérapeutique: l'autisme» (Larousse, 2017, p. 200).
25. Le site www surexpositionecrans.fr publie régulièrement ces témoignages.

26. Aujourd'hui, nombre de CRA (centre ressources autisme) chargés du dépistage et du diagnostic précoce de l'autisme ont pris l'habitude de questionner la place des écrans dans l'environnement de l'enfant et de ses parents . Le CDAA-45 (centre de diagnostic et d'accompagnement précoces de l'autisme), présent au sein de l'établissement de santé mentale où je travaille, le fait systématiquement.
27. Nous mettons de côté les critiques d'une très faible poignée de parents d'enfants atteints d'autisme qui s'en sont pris très violemment, via les réseaux sociaux, à la vidéo du docteur Ducanda.
28. «Les écrans rendent-ils vraiment les enfants autistes», *L'Express*, 16 septembre 2017 [www.lexpress.fr/societe/les-ecrans-rendent-ils-vraiment-les-enfants-autistes_1924351.html].
29. Cf. l'article cité «Les écrans rendent-ils vraiment les enfants autistes». Il s'agit des méthodes d'apprentissage de type PECS (*Picture Exchange Communication System* ou «Système de communication par échange d'images»). Cette méthode mise au point par deux Américains, Lori Frost (orthophoniste) et Andy Bondy (psychologue), repose sur l'échange d'images, plus facile d'accès que le langage oral pour les enfants souffrant de TSA.
30. Conférence à l'École normale supérieure en mars 2014 dans le cadre de la semaine du cerveau [savoirs.ens.fr/expose.php?id=1674].
31. «Les écrans rendent-ils vraiment les enfants autistes», art. cit.
32. Nom donné dans le DSM IV (classification américaine des troubles psychiatriques) et la CIM (classification internationale des troubles psychiatriques) et que l'on désigne aujourd'hui comme TSA (trouble du spectre autistique).
33. Les REE réunissent l'enseignant, la directrice de l'école, le médecin scolaire, la psychologue scolaire, les parents et la responsable de la maison départementale des personnes handicapées (MDPH). Ces réunions très coûteuses en temps pour tous les partenaires (elles durent une heure et ont lieu dans l'école où est scolarisé l'enfant) sont mises en place quand l'équipe éducative estime que la situation de l'enfant en classe pourrait nécessiter un recours rapide à un dispositif de soins comme le CMP. À cette préconisation se joint souvent la demande d'une accompagnante des élèves en situation de handicap (AESH) pour l'enfant, via le montage d'un dossier MDPH. Ce dossier comporte un volet médical et un volet rempli par l'école. Les demandes d'AESH ont littéralement explosé au cours de ces dix dernières années.

34. CARS-T (*Childhood Autism Rating Scale* ou échelle d'évaluation de l'autisme infantile) permet d'évaluer le degré des troubles par des tests réalisés avec l'enfant et un questionnaire aux parents. Chez Ali, l'échelle verbale était la plus basse (QIV 66) tandis que l'échelle évaluant le raisonnement logico-spatial était beaucoup moins atteinte (QIP 85), de même que celle évaluant la vitesse de traitement (QVT 86).
35. À l'époque, on disait TED (troubles envahissants du développement). Le TED incluait, dans le DSM III, les troubles autistiques proprement dits et les troubles envahissants du développement non spécifié, qui sont les plus fréquents.
36. Il s'agissait cette fois de la BECS (batterie d'évaluation cognitive et sociale) qui porte sur le développement cognitif et social des enfants entre 4 et 24 mois. Pour Ali, 3 ans, ce test venait un peu tard.
37. Le CATTP reçoit des enfants présentant un retard mental et des difficultés sociales importants, sans troubles organiques avérés.

## 3e PARTIE

1. G.V. Polanczyk, E.G. Willcutt, G.A. Salum, C. Kieling et L.A. Rohde, «ADHD Prevalence Estimates across Three Decades: an Updated Systematic Review and Meta-regression Analysis», *International Journal of Epidemiology*, avril 2014, 43(2):434-442.
2. La molécule est commercialisée sous les noms Ritaline ou Concerta.
3. L'hyperkynésie ou trouble hyperkynétique est la dénomination psychiatrique de l'hyperactivité chez l'enfant.
4. F. Papin, «Le DSM-5 : un meilleur outil clinique que le DSM-4», *L'Actualité médicale*, 20 novembre 2013.
5. J.-C. Saint Onge, *Tous fous ?*, Montréal, Écosociété.
6. Victoria Dunckley, « Electronic Screen Syndrome: an unrecognized desorder ? », *Psychology Today*, 23 juillet 2012.
7. «Est-il hyperactif ? Origines, critères, vécu», dossier dirigé par Boris Cyrulnik, *Sciences psy*, mars 2016.
8. Dans ce dossier, seuls les articles de Bruno Harlé («Enfants hyperactifs et écrans») et de François Gonon («Le discours de la psychiatrie biologique»), les plus référencées d'ailleurs, émettent un doute sur la dimension génétique du trouble. Dans «Est-il hyperactif? Origines, critères, vécu», *op. cit.*, respectivement p. 59 et p. 169.

9. Russel Barkley, «Un tableau du TDAH», dans «Est-il hyperactif? Origines, critères, vécu», *op. cit.*
10. *Ibid.*
11. *Ibid.*
12. François Gonon, «Le discours de la psychiatrie biologique», dans «Est-il hyperactif ? Origines, critères, vécu», *op. cit.*
13. *Ibid.*
14. Ce médicament est un psychostimulant puissant. Paradoxalement, et sans que le mécanisme de son mode d'action soit connu, il permet de réguler l'hyperactivité. Il est utilisé pour traiter les déficits de l'attention avec hyperactivité chez l'enfant de plus de 6 ans.
15. *Ibid.*
16. F. Gonon, J. Guilé et D. Cohen, «Le trouble déficitaire de l'attention avec hyperactivité: données récentes des neurosciences et de l'expérience nord-américaine», *Neuropsychiatrie de l'enfance et de l'adolescence*, n° 58, 2010, p. 273-281.
17. F. J. Zimmerman et D.A Christakis, «Associations between Content Types of Early Media Exposure and Subsequent Attentionnal Problem», *Paediatrics*, vol. 120, n° 5, 2007, p. 986-992.
18. C.E Landhuis, R. Poulton, D. Welch et R.J Hancox, «Does Chilhood Television Viewing Lead to Attention Problems in Adolescence? Results from a Prospective Longitudinal Study», *Paediatrics*, vol. 120, n° 3, 2007, p. 532-537.
19. Le paragraphe qui suit reprend en partie celui développé par Bruno Harlé et Sabine Duflo-Compoint, «Psychopathologie quotidienne de l'enfant au pays des nouveaux médias», in *Neurosciences, psychothérapie et développement affectif de l'enfant*, dir. Joël Monzée, Liber, 2015, p. 129-134.
20. R. Kubey et M. Csikszentmihalyi, «Television Addiction is no mere Metaphor», *Scientific American*, vol. 286, n° 2, 2002, p. 74-80.
21. J.G Johnson, P. Cohen, S. Kasen et J.S Brook, «Extensive Television Viewing and the Development of Attention and Learning Difficulties During Adolescence», *Archiv of pediatrics & Adolescent Medecine*, vol. 161, n° 5, 2007, p. 480-486.
22. D. A. Christakis, «The Effects of Fast-paced Cartoons», *Paediatrics*, vol. 128, n° 4, 2011, p. 772-774.
23. Le problème des tours de Hanoï a été inventé par le mathématicien Eduard Lucas (1842-1891). La tour se compose d'étages superposés, de taille décroissante et représentés par huit disques en bois percés au centre. Les disques sont enfilés dans l'un des trois piquets

fixés sur une tablette. Le jeu consiste à déplacer la tour en enfilant les disques sur l'un des deux autres piquets et en ne déplaçant qu'un seul étage à la fois. Il est défendu de poser un étage sur un autre plus petit.

24. C'est le cas entre autres d'une étude de Daphné Bavelier, citée de façon exclusive par Jean-François Bach, Olivier Houdé, Pierre Léna et Serge Tisseron dans l'*Avis de l'Académie des Sciences* (*op. cit.*), tous les autres travaux sur le sujet étant malheureusement passés sous silence.
25. 8 février 2013 [https://www.lemonde.fr/idees/article/2013/02/08/laisser-les-enfants-devant-les-ecrans-est-prejudiciable_1829208_3232.html].
26. Serge Tisseron, *Grandir avec les écrans*, *op. cit.*, p. 26.
27. Voir Michel Desmurget, *TV Lobotomie. La vérité scientifique sur les effets de la télévision, op. cit.*
28. Les LED sont par ailleurs extrêmement nuisibles sur le long terme pour la santé oculaire. Les ophtalmologues s'inquiètent de voir survenir chez des quadragénaires des problèmes de DMLA habituellement réservés aux octogénaires.
29. Les difficultés d'endormissement font partie des symptômes des effets secondaires «habituels» de la Ritaline, classiquement prescrite pour les enfants souffrant de TDAH. La mélatonine est alors souvent couplée avec la Ritaline pour en atténuer les effets.
30. Donald W. Winnicott, *Processus de maturation chez l'enfant*, 1965, Payot, rééd. 1988.
31. Les trois vœux à la fée ou au magicien font partie des questions que je pose systématiquement à l'enfant lors de la seconde séance, lorsque je le reçois seul.

## 4e PARTIE

1. Ce chapitre a été écrit 5 ans après la première parution de cet ouvrage en 2018. Entre temps, la montée en puissance des réseaux sociaux, la publication des études sur ce sujet mais surtout mon expérience professionnelle au sein de l'unité d'urgence psychiatrique m'ont conduite à insérer ce nouveau chapitre dans la réédition de ce livre.
2. J'ai exposé ce cas clinique le 15 mai 2023 devant le Sénat dans le cadre de la commission d'enquête TikTok menée par le ministère de

la Défense. Cette audition est consultable en ligne [https://videos.senat.fr/video.3478503_6460368b0896b.tiktok-menace-t-il-l-equilibre-psychologique-de-certains-adolescents].
Le rapport de la commission d'enquête est consultable aussi soit dans sa totalité, soit sous forme abrégée.

3. En deux siècles, l'âge moyen des premières règles n'a cessé de diminuer en France. Sans doute proche de 16 ans vers 1750, il est descendu à près de 15 ans vers 1850 puis 13 ans en 1950. En 1994, les premières règles arrivent, en moyenne, à l'âge de 12,6 ans. Dans tous les pays riches, les jeunes filles deviennent pubères plus tôt qu'autrefois. Source Ined, *Population 54* (6), *La Puberté des filles et des garçons en France.*
4. Le 15 octobre 2023 est paru le numéro 1186 d'*Okapi*, magazine pour les 10-15 ans. Avec un dossier spécial sur TikTok, «Que se passe-t-il dans ton cerveau quand tu es sur TikTok ?». La journaliste Olivia Villamy m'a longuement interviewée et a fait un bon travail de restitution et de recherche.
5. Ce concept est expliqué dans le chapitre «L'addiction aux écrans» de ce livre.
6. www.amnesty.org/fr/documents/pol40/7350/2023/fr/
7. www.senat.fr/travaux-parlementaires/structures-temporaires/commissions-denquete/commission-denquete-sur-lutilisation-du-reseau-social-tiktok-son-exploitation-des-donnees-sa-strategie-dinfluence.html
8. J'avais auparavant écrit deux tribunes dans *Le Monde* et été interviewée à ce sujet, ce qui a probablement conduit à ce que je sois convoquée. Toutes les auditions ont été filmées et sont donc en ligne. Elles ont donné lieu à un rapport disponible dans son intégralité [https://www.senat.fr/salle-de-presse/dernieres-conferences-de-presse/page-de-detail/commission-denquete-influence-tiktok-1268.html]. Voir aussi la version condensée du rapport [https://www.senat.fr/fileadmin/Presse/Documents_pdf/ESSENTIEL_Tiktok.pdf].
9. «Bannissement des réseaux sociaux: l'Union européenne demande au gouvernement de revoir sa copie» [www.bfmtv.com/tech/actualites/reseaux-sociaux/bannissement-des-reseaux-sociaux-la-mesure-phare-du-gouvernement-menacee-par-l-union-europeenne_AV-202310260465.html].
10. «Le règlement européen sur les services numériques (DSA) vise une responsabilisation des plateformes» [www.vie-publique.

fr/eclairage/285115-dsa-le-reglement-sur-les-services-numeriques-ou-digital-services-act].

11. Cette difficulté est très bien montrée dans le documentaire *Génération écrans, génération malade ?*, réalisé par le journaliste Raphael Hitier. À l'issue de ce documentaire, j'ai débattu sur le plateau de *Débats docs*,avec Serge Tisseron. et affirmé un point de vue très différent sur la politique de prévention qu'il faudrait mener.
12. Kelly Y, Zilanawala A, Booker C et al. «Social Media Use and Adolescent Mental Health: Findings From the UK Millennium Cohort Study»; *EClinicalMedicine* 2019, Published: January 04.
13. Viner, Russell M. *et al.*, «Roles of Cyberbullying, Sleep, and Physical Activity in Mediating the Effects of Social Media Use on Mental Health and Wellbeing among Young People in England: a Secondary Analysis of Longitudinal Data»; *The Lancet Child & adolescent health* vol. 3,10 (2019): 685-696. doi:10.1016/S2352-4642(19)30186-5.
14. «Everyone Says Social Media Is Bad for Teens. Proving It Is Another Thing », *New York Times*, 17 juin 2023.

## 5e PARTIE

1. Pour une revue sur le sujet, nous renvoyons aux travaux de l'Américain Craig Anderson, au rapport rendu par Blandine Kriegel en novembre 2002 pour le ministre de la Culture («La violence à la télévision: mission d'évaluation, d'analyse et de propositions relative aux représentations violentes à la télévision» [www.vie-publique.fr/rapport/25647-la-violence-la-television-rapport-de-mme-blandine-kriegel-m-jean]) et au chapitre «Violence» du livre de Michel Desmurget, *TV Lobotomie. La vérité scientifique sur les effets de la télévision* (*op. cit.*). Pour les jeux vidéo, nous renvoyons le lecteur à l'ensemble des travaux du professeur Laurent Bègue.
2. American Academy of pediatrics, «Media Violence, Commitee on Public Education», *Pediatrics*, n° 108, 2001 p. 1222-1223 *et passim*.
3. *Sciences humaines*, interview, 15 mars 2012. Voir aussi C.A. Anderson, Shibuya, N. Ihori *et al.*, «Violent Video Game, Effects on Agression, Empathy, and Prosocial Behavior in Eastern and Western Countries: a Metanalytic Review», *Psychological Bulletin*, vol. 136.

4. L'objectif d'une méta-analyse est de déterminer si un effet s'avère présent dans l'ensemble des études recensées, au-delà de possibles variations locales.
5. Michel Desmurget, «La TV cultive la peur et la violence», *TV Lobotomie. La vérité scientifique sur les effets de la télévision, op. cit.*, p. 207. Voir aussi «Policy Statement-Media violence», *Pediatrics*, n° 124, 2009, p. 1495 *et passim*.
6. C. Barlett, R. Harris et C. Bruey, «The Effect of the Amount of Blood in a Violent Video Game on Aggression, Hostility, and Arousal», *Journal of Experimental Social Psychology*, mai 2008, 44(3), 539-546; C.P. Barlett et C. Rodeheffer, «Effects of Realism on Extended Violent and Nonviolent Video Game Play on Aggressive Thoughts, Feelings, and Physiological Arousal», *Aggressive Behavior*, 2009, 35(3):213-24.
7. M.E. Ballard, C.D. Panee, R.H. Hamby et E.E. Nivens, «Repeated Exposure to Video Game Play Results in Decreased Blood Pressure Responding», *Media Psychology*, novembre 2006, 8(4):323-341; I. Hasan, L. Bègue et B.J. Bushman, «Violent Video Games Stress People out and Make them More Aggressive», *Aggressive Behavior*, 2013, 39(1), 64-70.
8. Pratique extrêmement répandue chez de très jeunes enfants dont les parents ignorent la toxicité des contenus violents.
9. H. Polman, B.O. de Castro et M.A. Van Aken, «Experimental Study of the Differential Effects of Playing versus Watching Violent Video Games on Children's Aggressive Behavior», *Aggressive Behavior*, mai-juin 2008, 34(3):256-264.
10. P. Fischer, A. Kastenmuller et T. Greitemyer, «Media Violence and the Self: The impact of personalized gaming characters, in aggressive video games on aggressive behavior», *Journal of Experimental Social Psychology*, 2010, 46:192-195 (cité par Laurent Bègue dans *L'Agression humaine*, Dunod, 2010, p. 101).
11. K.M. Lee, W. Peng et J. Klein, «Will the Experience of Playing a Violent Role in a Video Game Influence People's Judgments of Violent Crimes ?», *Computers in Human Behavior*, septembre 2010, 26:5, 1019-1023.
12. Ces deux études sont citées par citée par Michel Desmurget dans *TV Lobotomie. La vérité scientifique sur les effets de la télévision, op. cit.*, p. 213.
13. Worth K.A et al «Exposure of US Adolescents to Extremely Violent Movies», *Pediatrics*, n° 122, 2008, p. 306 *et passim*. Cité par Michel Desmurget dans *TV Lobotomie, op. cit.*, p. 215.

14. H.M. McAnally, L.A. Robertson, V.C. Strasburger *et al.*, «Jama Pediatrics, Bond, James Bond: a Review of 46 Years of Violence in Films», *JAMA Pediatrics*, 2013, 167(2):195-196.
15. Philip Pongy, *Traité de médecine psychosomatique*, Désiris, 2016.
16. Parmi ces experts, Serge Tisseron est un promoteur convaincu des écrans et de leurs prétendus bienfaits, comme en témoignent aussi bien ses livres que ses prises de position dans les médias. Il est très souvent l'expert invité des plateaux de télévision et de radio dès qu'il s'agit de parler des écrans.
17. L'analyse qui suit reprend en partie celle qui est exposée dans «Psychopathologie quotidienne de l'enfant au pays des nouveaux médias: une approche neuroscientifique», B. Harlé et S. Duflo-Compoint, dir. J. Monzée, *Neurosciences, psychothérapie et développement affectif de l'enfant*, Liber, 2014, p. 136-138.
18. Serge Tisseron, *Le Bienfait des images*, Odile Jacob, 2002, p. 170.
19. *Ibid.*, p. 84-85. Serge Tisseron va même plus loin quand il écrit, dans *Grandir avec les écrans* (*op. cit.*, p. 34): «Si vous connaissez les jeux auxquels joue votre enfant, vous vous apercevrez vite que les âges préconisés par la norme PEGI sont souvent un peu exagérés: un jeu noté 12+ peut souvent être joué dès 10 ans.»
20. *Ibid.*, page 170.
21. *GTA* VI est prévu courant 2025.
22. Michael Stora est cofondateur de l'Observatoire des mondes numériques en sciences humaines (OMNSH). Il travaille comme consultant pour le compte de plusieurs éditeurs de logiciels de jeux vidéo comme SEGA éditeur de *Condamned* (PEGI+18), Ubisoft, Electronic Arts, Microsoft, Mimesis, Activision (éditeur de *Call of Duty*)... voir le site omnsh.org.
23. Cité par Cécile Jaurès in «La guerre virtuelle fait un carton», *La Croix*, 6 décembre 2011.
24. Tout comme Michael Stora, Serge Tisseron a participé à la création de l'OMNSH. (Il s'en est depuis retiré.
25. https://www.senat.fr/notice-rapport/2021/r21-900-2-notice.html
26. «Porno, l'enfer du décor», avant-propos, p. 8.
27. Étude_Arcom_ p.11 [www.arcom.fr/sites/default/files/2023-05/La_frequentation_des_sites_adultes_par_les_mineurs%20-%20].
28. Chiffres cités dans l'article de Gaëlle Dupont, «Les dangers de la pornographie chez les jeunes», *Le Monde*, 16 juin 2018. Voir aussi [www.fondapol.org/dans-les-medias/lappel-solennel-des-professionnels-de-sante-contre-les-dangers-de-la-pornographie-chez-les-jeunes].

29. Rapport Arcom p. 20.
30. Je vous invite à lire le témoignage de P. sur le site du collectif surexpositionecrans [https://surexpositionecrans.fr/temoignage-dun-jeune-homme-surexpose-aux-ecrans-lenfance]. Ce jeune homme raconte comment il a pu avoir accès très jeune à des jeux vidéo violents et des images pornographiques et à quel point cette expérience a affecté sa jeune existence.
31. Cité dans l'article de Gaëlle Dupont, «Les dangers de la pornographie chez les jeunes», *art. cit.*
32. www.lemonde.fr/societe/article/2018/06/15/les-dangers-de-la-pornographie-chez-les-jeunes_5315536_3224.html
33. Selon une étude réalisée en 2012 par l'Internet Watch Fondation, 88 % des images à caractère sexuel mises en ligne par des adolescents seraient récupérées par des sites pornographiques.
34. Jean-Pierre Bellon et Bertrand Gardette, *Harcèlement et cyberharcèlement à l'école. Une souffrance scolaire 2.0*, ESF Sciences humaines, 2017.
35. M. Wood, C. Barter, N. Stanley, N. Aghtaiea et C. Larkins, «Images across Europe. The Sending and Receiving of Sexual Images and Associations with Interpersonal Violence in Young People's Relationships», *Children and Youth Service Review*, 2015, 59:149-160.
36. Justin W. Patchin et Sameer Hinduja, *Sexting: a Brief Guide for Educators and Parents*, Cyberbullying Research Center, 2010 [cyberbullying.org/].
37. Les SEGPA sont des classes proposant de la 6e à la 3e un enseignement général et professionnel adapté pour des élèves ayant des difficultés d'apprentissage graves et durables.
38. Cela signifie qu'il a obtenu une note de 130 ou plus aux WISC IV, test adapté des échelles de Wechsler et qui évalue les compétences intellectuelles de l'enfant dans quatre domaines: le langage, le raisonnement logique non verbal, la mémoire et la vitesse de traitement.
39. Les deux premiers jeux sont déconseillés au moins de 18 ans, le troisième aux moins de 7 ans.
40. Le jeu de tir en vue subjective, souvent appelé Doom-like et FPS (*first person shooter*), est un type de jeu vidéo fondé sur des combats en vision subjective («à la première personne»), c'est-à-dire que le joueur voit l'action à travers les yeux du protagoniste.
41. Le syndrome du grand méchant monde est un concept créé en 1976 par le psychologue américain George Gerbner, qui établit un lien entre les représentations du monde proposées par la

télévision et un sentiment d'insécurité ressenti ensuite dans la vraie vie.

42. L'unité pédagogique d'intégration (UPI) est une classe de collège ou de lycée pour enfants ayant des difficultés psychologiques. Depuis 2010, elles sont devenues des unités localisées pour l'inclusion scolaire (ULIS).

## 6e PARTIE

1. L'addiction aux jeux vidéo a été formellement reconnue comme une maladie par l'Organisation mondiale de la santé (OMS), le 18 juin 2018, au même titre que celle à la cocaïne ou aux jeux d'argent. Dans la version définitive du document, l'OMS considère l'addiction aux jeux vidéo comme «un comportement lié à la pratique des jeux vidéo ou des jeux sur Internet, qui se caractérise par une perte de contrôle sur le jeu, une priorité accrue accordée au jeu, au point que celui-ci prenne le pas sur d'autres centres d'intérêt et activités de la vie quotidienne, et par la poursuite ou la pratique croissante du jeu en dépit de répercussions dommageables». Pour qu'un diagnostic puisse être établi, le texte précise en outre que ce comportement extrême doit avoir des conséquences sur les «activités personnelles, familiales, sociales, éducatives, professionnelles [et] en principe se manifester clairement sur une période d'au moins 12 mois». Cependant, cette reconnaissance officielle ne lève pas les réserves de certains professionnels de la santé qui estiment que si certains joueurs ont tendance à s'enfermer dans le jeu, c'est en raison de pathologies préexistantes. Serge Tisseron avance même l'argument que la reconnaissance de cette addiction comme maladie va faire le jeu des laboratoires pharmaceutiques dans la commercialisation de molécules ciblant les dépressions adolescentes avec comportements compulsifs. Quoi qu'il en soit, si cette reconnaissance par l'OMS permet d'assurer la prise en charge des soins, il faut encore que les pouvoirs publics s'en emparent pour allouer des ressources et moyens à cette prise en charge.
2. La synaptogenèse est le processus de formation des synapses, qui permet la connexion entre deux neurones. Si ce processus se maintient tout au long de la vie, il est très intense dans les premières années de la vie de l'enfant, pendant la période de développement précoce du cerveau.

3. Voir «Manuel: l'enfant qui ne jouait pas», p. 94.
4. Voir «Hubert: des cauchemars qui sortent de l'écran», p. 197.
5. Voir «Simon: seul face à la machine», p. 227.
6. Voir «Armand et Léo: accros de famille», p. 218.
7. F.J. Zimmerman, «Children's Media Use and Sleep Problems: Issues and Unanswered Questions», Kaiser Family Foundations, juin 2008.
8. Les impacts sur le sommeil, le poids et le risque cardiovasculaire sont particulièrement bien documentés par Michel Desmurget dans le chapitre «La télé menace la santé» de son livre *TV Lobotomie*, *op. cit.*, p. 139-200. À lire également sur le sujet: Pascale Santi, «Libérez les enfants de la prison des écrans», *Le Monde – Sciences et techno*, 23 octobre 2017 [www.lemonde.fr/sciences/article/2017/10/23/liberez-les-enfants-de-la-prison-des-ecrans_5204859_1650684.html].
9. Nous avons à ce jour environ 5000 signataires de la charte du collectif CoSE, dont 2800 en France et le reste réparti sur 21 pays issus de tous les continents.
10. https://www.hopital-marmottan.fr/wordpress/?page_id=158
11. Oscar Barda, «Une dernière fois: l'addiction au jeu n'existe pas», *L'Obs/ Rue89*, 16 janvier 2016 [ www.nouvelobs.com/rue89/rue89-extension-du-domaine-du-jeu/20160116.RUE1931/une-derniere-fois-l-addiction-au-jeu-video-n-existe-pas.html].
12. Il est aujourd'hui directeur artistique chez Alt Tab Productions
13. Programme d'étude sur les liens et l'impact des écrans sur l'adolescent scolarisé [www.ofdt.fr/publications/collections/tendances/ecrans-et-jeux-video-ladolescence-tendances-97-decembre-2014].
14. La Game Addiction Scale (GAS), dite échelle de Lemmens, est une des rares échelles de mesure de l'addiction aux jeux vidéo qui aient été validés pour les adolescents (source OFDT [www.ofdt.fr/aide-aux-acteurs/reperage-precoce])
15. Pour l'explication de ce processus, nous nous appuyons principalement sur celle fournie par Jean-Philippe Lachaux au chapitre 9 de son excellent livre, *Le Cerveau attentif. Contrôle, maîtrise et lâcher-prise*, Odile Jacob, 2011.
16. H.S Crombag *et al.*, «Opposite Effects of Amphetamine Self-administration Experience on Dendritic Spines in the Medial and Orbital Prefrontal Cortex», *Cerebral Cortex*, 2005, 3:341-348.
17. Depuis, j'ai découvert l'existence d'un service dédié à l'addiction aux jeux vidéo à l'hôpital Marmottan, à Paris.
18. Cette réponse du parent est extrêmement fréquente. À dire vrai, je n'ai jamais rencontré d'autres objets ou situations qui engendrent

des réactions de détresse et de crise aussi fortes chez les enfants que les menaces de retirer l'écran ou leur mise à exécution.

19. Jeu vidéo avec des Lego virtuels.

## 7e PARTIE

1. Le collectif CoSE reçoit quant à lui une vingtaine d'e-mails par semaine. L'émission *Envoyé spécial* du 11 janvier 2018 a véritablement permis de lancer l'alerte, en plus de la vidéo du docteur Anne-Lise Ducanda, sur YouTube. Le regroupement avec des associations partenaires, sans conflit d'intérêts, comme Lève les yeux notamment, permet de répondre au flux incessant des demandes.
2. Je donne en annexes une traduction d'extraits de ces recommandations.
3. https://publications.aap.org/pediatrics/ article/138/5/e20162591/60503/Media-and-Young- Minds? autologincheck=redirected
   Vous trouverez en annexes, p. 288 un extrait plus détaillé des recommandations 2016 de l'American Association of Pediatrics.
4. American Association of Pediatrics, « Media and young minds », *Pediatrics*, vol. 138, novembre2016.
5. Ce questionnaire peut se faire en simplifiant les questions, avec des questions fermées, pour les enfants dès 3 ans. Quand les enfants ne parlent pas comme c'est le cas pour des enfants déficitaires, les questions bien entendu s'adressent seulement aux parents.
6. Le site commonsensemedia.org recense presque toutes les applis, les films et jeux vidéo, et donne une explication claire de leur contenu avec le point de vue des enfants, des parents et des professionnels de l'enfance (malheureusement, il n'existe qu'en anglais). Signalons aussi le site filmspourenfants.net, qui fournit une explication très détaillée et neutre des films jeunesse.
7. Pour le contrôle parental et les sites qui permettent de vérifier si le contenu est adapté, voir les annexes.

## POSTFACE

1. Seuil, 2019.
2. L'échappée, 2019.
3. L'échappée, 2022. Les auteurs, Yves Marry et Florent Souillot sont comme moi engagés dans un combat de longue haleine. Ils gèrent une association partenaire de CoSE, Lève les Yeux. Ils ont réussi en deux ans à fédérer l'ensemble des associations engagées dans la lutte contre la numérisation forcée de nos sociétés, en un collectif, «Attention».
4. Depuis d'autres internes en médecine ont conçu le même projet.
5. Cette notion de surexposition aux écrans a été inventée par le collectif CoSE.
6. M. Davidovitch *et al.*, «The Role of Cellular Phone Usage by Parents in the Increase ASD Occurrence: a Hypothetical Framework», *Medical Hypothesis*, août 2018, vol. 117, p.33-36.
7. «Intensive Early Screen Exposure as a Causal Factor for Symptoms of Autistic Spectrum Disorder: The Case for "Virtual Autism"», *Trends in Neuroscience and Education*, décembre 2019, vol. 17, 100119.
8. Si on prend l'article de Kanner paru en 1943 comme point de départ de la diffusion de ce diagnostic.
9. Vous trouverez sur mon site Internet l'article intégral en anglais, ainsi que sa traduction [www.sabineduflo.fr/the-case-for-virtual-autism].
10. Karen Heffler *et al.*, «Association of Early-life Social and Digital Media Experiences with Development of Autism Spectrum Disorder-like Symptoms», *Jama Pediatrics*, avril 2020. doi:10.1001/jamapediatrics.2020.0230.
11. Je veux parler ici des neurosciences, de la neuropsychologie et de la neuropédiatrie, qui sont devenues les disciplines à la mode.

## ANNEXES

1. Traduction Sabine Duflo et Michel Brillié.

# SOMMAIRE

**PRÉFACE** ........ **7**

INTRODUCTION
**SCOTCHÉS DEVANT L'ÉCRAN** ........ **15**

1re PARTIE **ÉCRANS**
**LE GRAND BAIN POUR TOUS** ........ **35**

— I. DES FAMILLES ENGLOUTIES DANS UN BAIN D'ÉCRANS ........ 36
— II. ALERTER LES PARENTS ........ 43

2e PARTIE **DE 0 À 5 ANS**
**LE RISQUE DE COMPORTEMENTS DE TYPE AUTISTIQUE** ........ **53**

— I. EXPOSITIONS AUX ÉCRANS : CE QUI SE JOUE CHEZ LE TOUT-PETIT ........ 54
— II. LES TROUBLES D'ALLURE AUTISTIQUE GUETTENT ........ 59
— III. HISTOIRES DE CAS ........ 77

3e PARTIE **DE 5 À 10 ANS**
**DES TROUBLES DE L'ATTENTION MASSIFS** ........ **105**

— I. TDAH : DE QUOI S'AGIT-IL ? ........ 106
— II. LA GÉNÉTIQUE, UN POINT C'EST TOUT ? ........ 112
— III. ÉCRANS ET TDAH : UNE TRISTE CORRÉLATION ........ 118
— IV. HISTOIRES DE CAS ........ 123

4e PARTIE **DE 10 À 15 ANS**
**LES TROUBLES DE L'HUMEUR : ANXIÉTÉ, IDÉES NOIRES ET DÉPRESSION** ........ **139**

— I. POURQUOI LES ADOLESCENTS VONT-ILS DE PLUS EN PLUS MAL ? ........ 142
— II. LE RÔLE DES RÉSEAUX SOCIAUX DANS LA CONSTRUCTION PSYCHIQUE DES ADOLESCENTS ........ 145
— III. TIKTOK : UN RÉSEAU SOCIAL PLUS PUISSANT OU DIFFÉRENT ? ........ 150
— IV. LES CHERCHEURS SONT-ILS VRAIMENT AU SERVICE DU MIEUX-ÊTRE DES ENFANTS ET DES ADOLESCENTS ? ........ 160

5e PARTIE **ÉCRANS**
**UNE ÉCOLE DE LA VIOLENCE** ........ **167**
— I. COMMENT LA VIOLENCE AUDIOVISUELLE NOUS AFFECTE ........ 168
— II. JEUX VIDÉO : ZOOM SUR DEUX SUCCÈS ........ 176
— III. UNE VIOLENCE PARTICULIÈRE : LA PORNOGRAPHIE ........ 180
— IV. HISTOIRES DE CAS ........ 187

6e PARTIE
**L'ADDICTION AUX ÉCRANS** ........ **203**
— I. UNE ADDICTION BIEN RÉELLE ........ 204
— II. HISTOIRES DE CAS ........ 218

7e PARTIE
**LA MÉTHODE DES « 4 PAS »**
**POUR AGIR CONCRÈTEMENT** ........ **237**
— I. UNE SOURCE D'INSPIRATION :
LES RECOMMANDATIONS DE L'AAP ........ 240
— II. LA MÉTHODE DES « 4 PAS » EN PRATIQUE ........ 245

**CONCLUSION** ........ **257**

**POSTFACE À L'ÉDITION DE 2020** ........ **261**

**POSTFACE À L'ÉDITION DE 2024** ........ **269**

**ANNEXES** ........ **275**
UN TEXTE FONDATEUR : LA PREMIÈRE TRIBUNE
DU COLLECTIF CoSE PARU DANS *LE MONDE* ........ 276
LA CHARTE DU CoSE ........ 280
VIOLENCES À L'ÉCRAN : PROTOCOLE POUR COMPRENDRE
ET PROTÉGER ........ 283
EXTRAIT DES RECOMMANDATIONS 2016 DE L'AAP ........ 288
REMERCIEMENTS ........ 291

**NOTES** ........ **292**